DAL Y
MELLT

I fy rhieni

DAL Y MELLT

IWAN ROBERTS

Diolch i Gwenlli am ei hamynedd a'i chariad, i Guto Hywel
am fy ysbrydoli, i Elis Penri am wneud yn siŵr fy mod yn
dal ati i sgwennu ac i weddill fy nheulu.

Diolch i fy ffrindiau annwyl am eu cefnogaeth.

Diolch hefyd i Lefi ac i griw'r Lolfa ac wrth gwrs
i Alun Jones a'r anhygoel Marged Tudur.

Argraffiad cyntaf: 2019
© Hawlfraint Iwan Roberts a'r Lolfa Cyf., 2019

Cynllun y clawr: Sion Ilar
Llun y clawr: iStock (DutchScenery/twinsterphoto)

Rhif Llyfr Rhyngwladol: 978 1 78461 769 1

Dymuna'r cyhoeddwyr gydnabod cymorth ariannol
Cyngor Llyfrau Cymru

Cyhoeddwyd ac argraffwyd yng Nghymru
ar bapur o goedwigoedd cynaliadwy gan
Y Lolfa Cyf., Talybont, Ceredigion SY24 5HE
e-bost ylolfa@ylolfa.com
gwefan www.ylolfa.com
ffôn 01970 832 304
ffacs 01970 832 782

Rhan 1

Sugno yr ola o'i smôc oedd Carbo y tu allan i ddrws y Canton, tafarn ar gyffordd Cowbrij Road Caerdydd. Fel y cododd ei golar rhag y meinwynt, tynnodd cerbyd reit o'i flaen – Fford Capri glas gola.

Diddorol meddyliodd. Roedd Carbo yn nabod ei geir ac mi roedd hwn yn lwmp o fashîn a thri lityr o leia o beiriant dan ei fonat. Roedd rhywun wedi gwario oria o lafur cariad yn ail-wneud yr hen Ffordun hwn i'r safon gora posib.

Gofynnodd y pasinjyr; 'Scuse me, mate. Do you know where Drope is?'

'Turn right and follow the sign for Ely,' oedd ei atab.

'Can you show me on this map then?'

Mae isio mynadd. Dydyn nhw ddim wedi clywad am sat nav mae'n rhaid. Ac fel y gwyrodd at ffenast y car, daeth braich allan a chydio am ei war a'i dynnu i mewn.

'Ti mewn traffath, dwyt?' medda'r dreifar.

'Ffac off,' atebodd Carbo wrth ga'l ei dagu drwy'r ffenast. Aeth y car yn ei flaen yn ara deg a gorfodi Carbo i gerddad gyfochrog – hannar i mewn a hannar allan o'r car. Cyflymodd y Capri rywfaint a thriodd ei draed ynta ddal i fyny.

'Wt ti am siarad efo ni?'

'Ffac off,' oedd ei atab yr eildro hefyd. Gwasgodd y fraich yn dynnach am ei wddw nes bod ei glustia'n dechra troi'n binc. Rhoddodd y gyrrwr ei droed ar y sbardun a chafodd ei lusgo lawr Cowbrij Road. Collodd un o'i dreinars a'i hosan, nes bod y lôn yn dechra gwisgo drwy groen ei droed i'r cnawd. Gwyddai ei fod mewn perygl mawr.

'Ocê, ocê,' meddai dan boeri. 'Tynna fyny, wir Dduw.'

Trodd y car i fyny lôn gefn gul ac mi arafodd i stop. Disgynnodd Carbo yn un swp fel clwt ar lawr y maes parcio ac ogla'r tarmac yn gryf yn ei ffroena. Tagodd a mygodd 'run pryd wrth drio ca'l ei wynt ato. Codwyd o ar ei draed gan Les Moore, y pasinjyr.

'Ŵan, callia'r cwd gwirion.' A rhoddodd fonclust go hegar iddo gan achosi gwaed i gronni ar ochor ei geg. Cododd Carbo ei fraich er mwyn rhoi clec 'nôl iddo, ond mi gafodd hed-byt sydyn, reit ar bont ei drwyn a'i roi ar wastad ei gefn. Pan ddaeth ato'i hun roedd yn ista'n dwt ar sêt gefn y Capri a'i wynab yn gynnas o waed, a hwnnw'n diferu'n dew lawr ei ên ar ledar y set gefn fel sŵn tipian cloc. Roedd fel y ci bach hwnnw, wedi colli un o'i sgidia a dim ffordd adra ganddo ar ôl y ffasiwn swadan.

'Reit, be ydi'r crac, hogia? Be 'da chi isio gynno fi?'

Trodd Michael Finnley, y gyrrwr, i'w wynebu. 'Iawn, Carbo?' a phasiodd glwt llnau winsgrin a photal fach o ddŵr iddo ga'l sychu ei wynab. Toedd 'na'm drysa cefn yn y Capri ac felly dim dihangfa iddo heno. Gwyddai ei fod mewn miri go fawr. Roedd y fagl wedi bod yn tynhau amdano ers rhai wythnosa ac ynta wedi bod yn chwara gêm o guddio ymhob twll a chongol o'r brifddinas. Ond doedd ei bupur gora ynta ddim wedi bod yn ddigon cryf i daflu'r cŵn yma oddi ar ei lwybyr. Dylsai fod wedi gwrando ar ei reddf gynhenid a symud yn ei flaen i rwla arall, yn ddigon pell o fama.

* * *

Tarodd Gronw ei fys ar wydr y baromedr a gwylio'r nodwydd yn neidio ryw fymryn, cyn glanio ar y geiria '*Wind easing. Less rain*'.

'Rybish,' meddai dan ei wynt. 'Tydi'r diawl peth rioed 'di bod yn iawn.' Ond roedd yn ddefod y byddai'n ei dilyn yn foreol, er cof am ei wraig yn fwy na dim. Cofiai fel y byddai hitha'n arfar chwerthin iddi hi ei hun yn dawal, gan ategu, 'Mae'n rhaid fod y bladi baromedr 'na'n gorfod bod yn iawn weithia,' a thinc ei hacen Eidalaidd ym mhen bob brawddeg.

Cartra ei deulu ers canrifoedd oed Bwlch y Gloch. Tŷ ff333erm o wenithfaen gwych, mewn pant ym mynydd-dir dihafal yr hen Sir Gaernarfon ac mi roedd y tywydd, fel y gwyddai pob dyn a'i gi, yn rheoli patryma bywyd yn ddyddiol. Mi fydda'n cymryd diléit yn ei broffwydoliaeth o'r tywydd, gan na allai ddibynnu dim ar y baromedr a oedd yn hŷn na'r rhan fwya o betha sy'n Sain Ffagan. Cysidrodd ei daflyd filoedd o weithia, ond roedd yr atgofion yn ei wneud yn gyndyn o'i adael i fynd. Gwyddai ynta'n iawn pan roedd terfysg ar y gorwel a phan fydda'r awyr las am aros uwch ei ben am sbelan. Roedd o'n ddyn yn ei oed a'i amser a'r ddynas a fu'n chwerthin lond y tŷ wedi ei chladdu ym mloda cynnar ei bywyd. Ond nid cyn esgor ar fab a merch. Mi fagodd Gronw nhw ar wres y tân a chrystyn o gariad pur ac er ei fod bellach mewn oedran teg, ag yn ca'l traffath darllan y print mân ar labeli'r tunia sŵp yn y cwpwr, roedd ei feddwl fel rasal a phrofiada bywyd wedi naddu ohono ddyn doeth.

Cododd y glicied i agor drws ffrynt Bwlch y Gloch, sgrialodd ei ieir dan ei draed ac anadlodd i mewn yn ddyfn awyr iach y ffriddoedd yn gymysg ag ogla cachu defaid. Daeth Ffred, ei gi defaid ufudd a ffyddlon, o'i gartra hannar casgan a gwylio'i feistr yn syllu i'r nen a chysgod y cymyla yn creu gwledydd bychin ar hyd y tirlun.

* * *

'Rwân, weli di'r car 'na fancw?' holodd Michael Finnley. Syllodd Carbo ar draws y maes parcio. Oerodd ei waed a thyfodd stwmp tyn yng ngwaelod ei stumog. Gwyddai yn iawn pwy oedd yn ista yno – pedwar llabwst a phob un ohonyn nhw hefo llygid lladd eu mama. Mae'n rhaid eu bod nhw wedi talu i'r ddau Gymro yma i'w ffendio. Aeth Mici yn ei flaen:

'Mi wt ti a ni'n nabod nhw, dydan? Yn dydan?'

'Yndan,' ebychodd.

'Felly, mae gen ti ddewis, does? Eu gwynebu, a mynd hefo nhw draw i Syli Eiland efo welingtyns sment am dy draed ac angor rownd dy wddw, a disgwl i'r llanw ddod mewn, neu aros hefo ni a thrafod petha.'

Gwyddai'n iawn fod y rhedag wedi dod i ben a hyd yn oed os basa fo'n gallu miglo hi o 'na rwsut fysa bownd Dduw o ga'l bwlat yn ei ddwy ben glin gan y llygid lladd eu mama am drio denig oddi wrthyn nhw eto. Ydi, meddyliodd, mae hi o hyd yn haws trafod pan toes 'na'm dewis arall.

Mecanic ydi'r term i ddisgrifio rhywun fatha Carbo. Dyn da hefo'i ddwy law a sgilia heb eu hail. Dechreuodd drwsio injans ceir hefo'i dad pan oedd yn fychan. Ffidlan hefo rwbath neu gilydd byth a beunydd. Tynnu petha'n gria a'u hailadeiladu'n well. Ailaddasu moduron a moto beics i'w gneud yn gyflymach byth. Syrjan o fecanic. Fe raddiodd yng ngholega garejis y strydoedd cefn a dechra ca'l tâl da am ei dalent naturiol. Roedd ei ddawn o agor cloua wedi gwneud iddo fynd yn bellach fyth, nes cyrradd clustia pobol ddrwg a pheryglus iawn. A rwân, roedd o mewn picil chwilboeth. Bu'n gweithio i 'llygid lladd eu mama' ers tua blwyddyn, neu yr Anhysbys fel y'u gelwid, ond mi gafodd flas ar ei feddyginiaeth ei hun pan gollodd o rwbath oedd yn perthyn iddyn nhw. Ac mi drodd ei gyfeillion hael yn hunlla. Joban syml oedd hi fod – pigo car newydd o'r ffatri yn Ingolstadt yn yr Almaen y tro yma. Ceir *top end* fyddan nhw fel arfar, ceir newydd sbon, syth o'r ffatri, ond eu bod yn ffendio'u ffordd allan drwy'r drysa cefn am bris llawar rhatach. Awdis, Mecedez a Bi Em Dybliws gan amla ac mi fydda ynta yn eu dreifio 'nôl i Walia wen. Byddai'n gwneud y tripia'n reit amal i'r Anhysbys. Mi fydda'n parcio'r cargo'n dwt yng nghyrion Caerdydd, bwcio mewn i westy, ca'l cachiad, shêf a chawod sydyn, a disgwyl tan y bora i drosglwyddo'r Awdi A7, a gawsai y tro hwnnw, a chymeryd ei gyflog am ei draffath. Ond mi bisodd rhywun ar ei jips ynta y tro dwytha a rwân roedd arna fo bres iddyn nhw, am yr Awdi A7 na drosglwyddwyd i'r Anhysbys.

Rowliodd Carbo smôc i ga'l ei wynt ato. Sugnodd yn galad ar y mwg a chwythu allan drwy'i drwyn gwaedlyd.

'Cŵl hed ŵan, iawn Carbo? 'Da ni ar dy ochor di, sti, ac os oes gin ti unrhyw sens, mi wnei di wrando ar be sgynna i ddeud,' medda Mici.

'Neu mae dy *options* di'n mynd i redag allan, dydyn?' ategodd Les Moore, 'Ac os y bysa ti'n meiddio denig oddi wrtha ni de – jyst meddylia am hyn, synshain, 'da ni'n gwbod be oedd enw cath dy fam di!'

Chwerthodd drwy'r gwaed ar dristwch ei sefyllfa. Cymrodd swig go ddofn o'r dŵr a sychu'i wep eto cyn gofyn, 'Go on ta! Be oedd enw cath Mam?'

'Terry,' meddai'r ddau.

'Ffac,' medda Carbo. 'Ocê ta, ocê. Be 'di syrnem hi, ta?'

'Griffiths,' meddai y ddau hefo'i gilydd fel côr adrodd gangstars.

'Oedd hi wrth ei bodd hefo snwcyr, doedd?' meddai Mici.

Dybl ffyc, meddyliodd. Roedd y ddau yma wedi gwneud eu gwaith cartra.

Ryw fis 'nôl oedd hi pan daflodd ei jaced ledar ar gefn y stôl wrth far y Plow and Harrow a chodi peint o seidar a phacad o sgampi ffreis iddo'i hun. A dyma lle roedd o heb yn wybod, wedi cachu ar ei ben ei hun o uchder mawr. Roedd o wedi dechra mynd i'r un llefydd i wneud ei fusnas handofyrs. Bwcio mewn tua'r un amser – cam gwag a chamgymeriad enbyd. Er bod mynd a dod prysur yn y dafarn hon ger yr erport, mi oedd 'na o hyd gi tawel o flaen y tân yn gwylio a gwrando. Mi oedd 'na rhywun wedi dechra dallt y dalltings a manwfyrs yr hen 'ogyn a thra oedd llgada mawr brown Carbo'n syllu ar din yr hogan ddel tu ôl i'r bar, mi ddaeth 'na ddynas mewn oed heibio iddo a dau bwdyl fflyffi yn iap iapian. Mi danglodd un o'r cŵn ei dennyn rownd coesa ei stôl. Bu cryn helbul a chyfarth cyn datgymalu'r myt, a'r hen wreigan yn diawlio ac ymddiheuro 'run pryd wrth adael. Rôl peint neu dri wrth y bar, bu'n trio ei ora glas i ddenu'r fodan i ymuno hefo fo am ddrinc nes mlaen, a gofynnodd iddi be oedd hi'n neud y noson honno ar ôl darfod ei shifft.

'Cysgu,' oedd yr atab gafodd ganddi.

Ofer fu ei berswâd gora, roedd hi'n 'taken', medda hi. Ond mi gafodd wên serchus iawn a pheint am ddim am ei ymdrechion. Croesodd y lôn i fynd am ei stafall yn y trafyl loj gyferbyn. Aeth i bocad ei jaced ledar i nôl y cardyn allwedd, ond dim ond ei faco a'i leitar zippo oedd yno. Aeth i ofyn am gardyn allwedd arall. Feddyliodd o ddim mwy am y peth tan iddo agor y drws ac aeth ei galon fyny at ei wddw, wrth deimlo fod presenoldeb rhywun arall wedi bod yn ei stafall. Roedd y rhywun hwnnw wedi bod trwy ei betha'n drylwyr a'i focs bach tŵls agor cloua a goriad yr Awdi A7 wedi magu traed i rwla. Steddodd ar y gwely a theimlo'i asgwrn cefn yn toddi lawr i'w ffera.

Esboniodd ei ddau 'gyfaill newydd' eu bod nhw am ei helpu fo i dalu ei ddyled i'r Anhysbys, os gwnâi o'u helpu nhw. Roedd 'na 15 mil o bunnoedd mewn bag Tesco 'di landio ar ei lin – i gyd mewn papura ffiffti, a lastig bands amdanyn nhw i ddal pob wadan yn dynn. 'Hannar ei ddyled,' medda Mici ac mae'r Anhysbys yn gwybod ei fod o ar y funud hon yn ista yn y Capri hefo nhw. Roedd hi'n *check-mate* arno a'r cwbwl fydda angan iddo wneud oedd mynd â'r bag llawn arian draw iddyn nhw. Cysidrodd ei sefyllfa.

'Iawn, ond no ffwgin wê dwi'n mynd â fo atyn nhw. Dw i'm am neud yr handôfyr.'

'Pam?' medda Les.

'Mond un treinar sgin i ar 'y nhroed a sgin i'm awydd chwara *hop scotch* ar hyd y car parc 'ma yn trio dojo bwlets.'

'Fyddi di'n iawn, siŵr,' meddai Les.

Chwerthodd Mici a gwneud iddo deimlo'n waeth nag roedd o'n barod. Gyrrwyd y Capri ymlaen nes cyrradd car ei elynion. Gwenodd Les wrth godi sêt i adael Carbo allan o'r cefn. Agorwyd ffenast gefn y ffor-bei-ffor yn ara deg wrth iddo hopian draw atyn nhw. Cododd y bag Tesco llawn pres a'i roid i un o'r mwncwns. Ond mi geisiwyd ei dynnu i mewn drwy ffenast car am yr eilwaith y noson honno. Mewn chwinciad daeth Mici ato a gollyngwyd Carbo'n rhydd. Cafodd ordors i fynd 'nôl i'r Capri at Les. Gwyrodd Mici drwy'r ffenast gefn at y pen bandit, a gyda llgada llonydd a goslef isal, dywedodd wrthyn nhw nad oedd am eu gweld yn dod ar gyfyl yr un o'r tri eto heb wahoddiad. Mi fydda Carbo'n gweithio iddo fo o hyn ymlaen a châi gweddill ei ddyled ei thalu mewn da bryd. Gadawodd y cyfeillion Anhysbys, a gweiddi draw at Les, 'Ffendia esgid arall hwn nei di.'

Rifyrsiodd Les y Capri yn ôl fflat-owt drwy'r maes parcio nes bod y gerbocs yn canu noda ucha'r peiriant. Gnaeth handbrec tyrn taclus am yn ôl, reit o flaen y bympsan, cyn hel Carbo o'r car a deud wrtho i'w cyfarfod fora trannoeth yn y *City Museum* am ddeg y bora ar y dot.

Roedd cwestiyna yn fflio drwy ben Carbo wrth iddo drio ffendio'i hosan a rho'i dreinar yn ôl am ei droed, ond o leia mi roedd o'n dal yn fyw ac wedi ca'l achubiaeth gan y ddau yma a oedd yn honni eu bod yn gyfeillion newydd iddo. Beit ddy bwlet fysa'r peth gora iddo wneud dan yr amgylchiada ac aros tan y bora nes y cyfarfod. Aeth trwy ei bocedi i chwilio am ei ffôn, dim lwc. Chwiliodd ar hyd y lôn ond toedd ddim golwg ohono. Toedd 'na ddim ond un peth amdani, mynd i rwla lle byddan nhw'n fodlon gadal i foi i mewn drwy'r drws, hefo dwy lygad ddu fel panda a golwg arno fel 'sa fo 'di disgyn o'r goeden ucha bosib ac wedi hitio pob branshan ar y ffor i lawr. Lle hŵrs, lladron a phobol ffair ydi'r 'Dyrti Cassi's,' lle mae gwehilion y gymdeithas yn treulio'r noson ac yn ofni haul y bora. Ar ôl dal tacsi i'r fangre sglyfaethus a'r bownsars ar y drws yn ei holi oedd o'n iawn gan fod golwg y ffwc arno, mi gafodd fynd i mewn. Aeth yn syth am y toilet i ga'l molchi a studio'r damij. Mi oedd o wedi edrych yn well, ond wedi gweld gwaeth lawar tro. Rhwygodd risla yn strips i drio dal y croen yn dynn at ei gilydd ar bont ei drwyn. Aeth at y bar, a gan fod ei wefusa fel dau diwb olwynion cefn tractor, bu'n rhaid iddo sugno ei facardi mawr a rhew drwy welltyn. Gofynnodd i Slim y barman am fagiad o rew i fwytho ei wynab poenus.

* * *

Ymhell o firi'r ddinas roedd cymyla ddoe wedi bachu am y copaon ac awelon o'r glanna yn dadwisgo'r mynyddoedd yn ara deg i ddatgelu eu gwir urddas. Gorweddai Ffred, y ci defaid, yn ufudd dan ei hannar casgan a'i glustia wedi codi wrth wylio Gwilym Posman yn ffri-wilio i lawr yr allt at y buarth. Fydda Ffred y ci byth bythoedd yn cythru at Gwil, roddan nhw'n fêts, ond hefyd mi roedd Gwil 'di dysgu pob ci yn y dalgylch, hefo blaen troed ei sgidia hoelion, nad oedd ei ffera fo byth ar y meniw. Agorwyd drws derw Bwlch y Gloch cyn i Gwilym ga'l y cyfla i godi'r cnociwr pedol a chyfarchodd Gronw ei hen, hen gyfaill.

'Mond un llythyr heddiw,' meddai a'i osod yng nghledar llaw y ffarmwr cyn troi ar ei sawdl a gadael hoel fel planed fechan ar y llechan. Peth rhyfadd ar y naw na fysa wedi aros am banad a sgwrs, meddyliodd Gron. Rhywbeth elwach yn galw Gwil Posman heddiw mae'n rhaid. Wrth i'r fan fach goch fynd dros y bryncyn a'i hechal yn dod i'r golwg, sylwodd Gronw ar y cymyla'n creu cysgodion difyr ar y moelydd a'r awyr las yn gefndir annherfynol. Cerddodd i mewn i'r parlwr at y tân. Rhoddodd gnoc ar wydr y baromedr, ond symudodd y nodwydd ddim. Gosododd y llythyr ar y bwrdd a oedd cyn hyned â'r drws derw. Roedd o wedi ama erioed mai o'r un goeden y gwnaed hwy am fod ceincia'r ddau bren 'run ffunud â'i gilydd. Aeth trwodd i'r gegin fach a thywallt llond jwg o ddŵr a ddeuai o'r nant fach groyw a fu'n sisial ar ei siwrna o grombil y ddaear cyn dechra dynoliaeth. Rhoddodd rew a lemon 'di chwarteru yn safn y jwg ac wedi llenwi'r gwydryn, eiteddodd yn ei gadair arferol. Mi wyddai yn iawn pwy oedd awdur y llythyr. Cymerodd jochiad go lew a thynnu ei gyllall bocad i dorri'r geiria'n rhydd o'r amlen.

Annwyl Dad,
Goliath yn yr harbwr. Hogia Trenchtown 'di ffendio'r ddolen.
Wedi gneud be fedran ni. Edrych mlaen i'ch gweld.
Toni xxxx

Cododd o'i gadair ac estyn llun ei wraig oddi ar y pentan. Rhoddodd gusan ysgafn iddi reit ar ei gwefusa, lle roedd hoel ei swsys dyddiol i'w weld yn y llwch. Sleifiodd Ffred i mewn i'r tŷ, mynd o dan y bwrdd a rhoi ei ên yn addfwyn ar lin ei fistar, fel 'tai o'n dallt pob emosiwn. Sbiodd Gronw ar ei oriawr bocad a thynnu allwedd fechan oddi ar ei chadwyn. Agorodd y cwpwrdd congl. Tynnodd ohono focs pren lle'r oedd potal o wirod clir a hwnnw'n beryg bywyd – y math sy'n gneud rhywun yn hollol honco bonco a hyd yn oed yn ddall wrth ddal ati i yfad y sglyfath peth. Estynnodd am ei getyn a thamad o faco cachu jiráff i'w sugno drwy'i biball. Tynnodd y corcyn o wddf y botel, a thywallt smijyn i'w wydryn. Prociodd fflam o'r tân a thanio'i getyn gyda darn a rwygwyd o'r amlen. Steddodd 'nôl, yn frenin yn ei gaer.

★ ★ ★

Crwydrodd Carbo strydoedd gwlyb y bora cynnar a derbyn bod 'na ryw hud yn yr oria mân – sgrechian y gwylanod yn ffraeo byth a beunydd am sbarion a lleisia merchaid a dynion yn dadla am yr un hen gachu a hwnnw wedi hen anweddu i aer y bora bach. Roedd yn gwybod y câi groeso da pan âi drwy ddrws ochor y farchnad cyn iddi agor i'r pyblic, ac y câi fechdan becyn a phanad am ddim gan genod y caffi ar y gongol.

Teimlai demtasiwn cryf i redag i ffwrdd i rwla arall. Ond gan fod hogia'r Fford Capri yn gwybod enw llawn cath ei fam, buan iawn fysan nhw'n dal i fyny hefo fo a'i din dwy geiniog eto, a gneud fwy o ddamij iddo.

* * *

Yn nhafarn y Golden Lion ar gongol stryd yn Soho Llundan roedd Cidw ar ganol ca'l y bib mwya echrydus a dagra'n tywallt o gongl ei llgada. Roedd yn trio'i ora i weld yr amsar ar wynab ei rolecs. Gwyddai fod yn rhaid iddo fod yn rwla mewn cwta naw munud ond toedd ei frên na'i din ddim yn cytuno. Gwasgodd ei ora gan ddamio'r Sake a'r Sushi a'r nialwch arall gafodd yn *China Town* y noson cynt. Ond roedd yn rhaid iddo adal rŵan. Gwasgodd eto wrth 'neud sŵn fel wiwar yn ca'l ei chrogi, a sŵn hisian fel pynctiar yn dod o'i berfadd. Mi gymrodd slemp o olchiad sydyn yn y sinc a sychu'i ddwylo a'i wep dan yr hand dreiar, taclusodd ei siwt, taro'i gap stabal mlaen a throedio i fyny'r grisia i gyfarfod y stryd. Roedd ei galon a'i din yn mynd am yn ail. Cerddodd ryw ddeugian llath, sbio ar ei oriawr, roedd o *bang-on* ar amsar. Disgwyliodd a gwylio'r adlewyrchiad tu ôl iddo yng ngwydr y ffenast o'i flaen. Smaliodd ei fod ar ei ffôn a heb dynnu dim sylw ato'i hun, gwelodd y drws gyferbyn yn agor. Clywodd sŵn y *buzzer* a'r drws yn agor a chau fel caead arch. Dilynodd y ddau ddyn a ddaeth allan trwy'r drws, un efo briffcês yn dynn yn 'i law a'r llall hefo lwmp o agwedd. Y cwbwl roedd yn rhaid iddo neud oedd eu dilyn, mor agos â phosib, heb dynnu eu sylw. Ond toedd y Sushi na'i din ddim yn helpu petha. Mi ddilynodd nhw lawr i'r Tiwb ac yna yn ei flaen i Stesion Euston. Mi aeth ar yr un trên â'r ddau a chadw ei bellter, yn union fel roedd i fod i ddigwydd. Mi aethon yn eu blaena, a newid yn Crewe, lle cafodd gyfla i brynu pacad o *panty pads* i arbed twll ei din a oedd wedi wislo trwy bob stesion. O'r diwedd clywodd y llais yn deud 'Calling at North Wales, Landydno Jyncshyn, Bangyr, Holyhead.' Rôl cyrraedd Caergybi gwyliodd y ddau yn gadal y trên i ddal y llong am Iwerddon. Toedd ei stumog o'n dal ddim yn iawn. Mi fydda'n rhaid iddo ga'l toilet ac aros uwch ei ben am rai oria.

★ ★ ★

Roedd Carbo wedi cyfri grisia'r amgueddfa droeon. Cyn mentro i mewn roedd yn ymwybodol, yn sobrwydd oer y bora, fod golwg y diawl arno a phawb arall i'w gweld mor barchus. Safodd yng nghanol y gwagle, yn union yn y man lle disgynnodd 'na geiliog y gwynt drwy'r to uchel flynyddoedd 'nôl a gadal 'i hoel. Safodd lle craciodd pigyn dur y ceiliog y llawr marmor Eidalaidd. Toedd 'na ddim llawar o hwylia arno y bora 'ma a llai fyth o amynadd. Toedd 'na'm sôn am Mici Ffinn na Les Moore yn unman. Gwaeddodd ar dop ei lais, 'Dwi yma'. Mi atseiniodd ei lais drwy'r adeilad. Stopiodd pawb a phopeth yn eu hunfan a thaerodd ei fod wedi gweld gwenci mewn cês gwydr yn troi'i ben i sbio arno. O fewn eiliada fe'i hebryngwyd allan at y grisia. Yr ail waith y mentrodd i mewn sleifiodd fel cath i byramid. Ffindiodd sêt ar lawr cynta'r amgueddfa a gwenodd o ga'l gwg gan ryw seciwriti giard a oedd yn torri ei fol isio bod yn blisman erioed. Tywalltodd yr haul drwy'r gwydr lliwgar, a sychu'r dafna gwaed a oedd yn gymysg â'r cagla yn ei wallt. Roedd y sgriffiad ar bont ei drwyn wedi dechra ceulo. Mi oedd hi'n braf yma, a theimlai gynhesrwydd haul y bora ar ei war, ond brafiach fyth, ac yn falm i'w enaid, oedd ca'l pum munud bach tawel iddo'i hun, ymhell o annibendod y byd tu allan.

'Ti'n lecio hi?' holodd Mici gan dorri ar draws ei bensyndod.

'Pwy?' oedd ei atab.

'Y Blŵ Ledi,' meddai am y llun mawr a oedd gyferbyn â Carbo. "La Parisienne" ydi enw'r llun go iawn sti, ond Y Blŵ Ledi mae pawb yn 'i galw hi.'

Toedd ganddo ddim mynadd ca'l gwers mewn celf, na dim arall a deud y gwir.

'Renoir baentiodd hi yn êtin sefnti ffôr. Del 'di de?'

'Mae llygodan eglwys yn ddel tydi, ac eniwe, gwell gin i lunia Turner,' meddai'n ddigon swta. 'Rŵan, llai o'r *chit chat* a'r malu cachu 'ma. Be yn union 'da chi isio gynna i? Ac os wt ti'n meddwl torri i mewn a dwyn y Beti Blŵ 'ma de, mae 'na gamra ar bob cysgod a chloua electronig drwy'r lle. Neu os wt ti'n meddwl am ddod drw'r to, ma llathenni o blwm i'w dynnu a'i rolio, *lath and plaster* i falu trwyddo, wedyn ti isio gosod *anchor points* i glymu rhaffa i ddod lawr a wedyn dojo *beams* o ola na fedri di mo'u gweld. Ac i ffwgin be? Am lun bach del o'r ddynas las, peti cash y coffi siop a mamoth 'di stwffio? No thanciw feri mytsh. Dwi allan o hon, sori i'ch siomi chi. Weithia i chdi, ond dim mond er mwyn talu 'nyledion a wedyn mi a' i yn ffor yn hun 'li.'

Clapiodd Mic yn ara deg. 'Uffar o *speech*, Carbo.' Ond roedd o wedi ei siomi ar yr ochor ora am fod y boi yma wedi gweithio allan sut i dorri i mewn i'r lle'n barod. Ond toedd o ddim am ddangos hynny i'r cocyn ifanc. Gofynnodd Mici iddo pam roedd rhaid iddo weiddi dros bob man pan ddaeth i mewn i'r amgueddfa yn gynharach? 'Di petha fel 'na mond yn cadarnhau iddo faint o dwlsyn ydi o go iawn ac nad oedd ganddo ynta, na Les yr amsar am falu cachu plentynnaidd. Os bysa yr Anhysbys wedi ca'l lliw ei din o pan oddan nhw'n ei hela, a nhwytha eisoes wedi rhoi ei fflat o ar dân ac wedi llosgi'r lle'n ulw, heb hidio dim am neb arall a oedd yn digwydd bod yn yr adeilad ar y pryd, mi fysa fo erbyn hyn yn gaethwas iddyn nhw. Ei brif waith fysa chwistrellu gwythienna genod ifanc o dramor hefo *heroin* a gwerthu eu cyrff i ddynion creulon chwyslyd, nes y bydda ynta yn y diwedd yn gaeth ac yn methu torri'n rhydd o'u crafanga mileinig.

'Maen nhw wedi gorffan hefo chdi, Carbo. Cnawd yn cerad wt ti iddyn nhw rŵan a dim arall. Ti wedi dwyn gin y diafol a'i wraig, cheith dy ddylad di iddyn nhw rŵan byth mo'i thalu'n ôl yn llawn, a gwaeth na hynny, ti wedi denig oddi wrthyn nhw.'

Teimlodd Carbo ias oer yn rhedag lawr ei gefn.

'Felly, be dwi fod i 'neud ta?'

'Dos i'r cyfeiriad yma. Mi gei di gyfla i sortio dy hun allan.'

Rhoddodd ddarn o bapur a goriada car yn ei law.

'Mi wnawn ni edrach ar dy ôl di o hyn 'mlaen, a mi gysylltwn ni'n fuan.'

Rhoddodd ei ffôn 'nôl iddo, ond roedd am ga'l gwbod be oedd y fargan newydd. Cyn iddo ga'l cyfla i holi daeth Les Moore o nunlla a gosod ei din mawr wrth ei ochor a deud yn dawel,

'Gwna fel mae o yn 'i ddeud, synshein. Wi wul si iŵ sŵn. Ti'n saff hefo ni ocê? Trystia fo, ond paid â 'nhrystio fi. Ŵan dos.'

Roedd gas gan Carbo bobol a oedd yn ei alw yn 'synshein' neu 'washi' neu eiria cyffelyb. Ond caeodd ei geg am unwaith. Troediodd lawr y grisia am ddrysa'r amgueddfa. Gwasgodd fotwm bach du ar gylch goriad a daeth sŵn chwiban a fflach o oleuada. Yno, roedd Fford Capri yr hogia yn disgwyl amdano a thrwy un o ffenestri'r amgueddfa fe wylion nhw fo'n gadael. Trodd Les at Mici.

'Well iddo beidio â'i falu o, neu mi fala i o.'

Agorodd Carbo ddrws y Ffordun a throi'r allwedd i ddeffro'r peiriant tri lityr a ganai grwndi fel llewpart bodlon.

* * *

Nôl yn nhwll din Llundan roedd dyn a fu yn hwylio 'nôl a blaen i Iwerddon ar ddec y *Celtic Pride* newydd droedio i dderbynfa gwesty moethus yr Hazlitts. Cyfarchwyd o gan y risepsionist a rhoddodd ddarn o bapur yn ei law. Cymerodd olwg arno a rhoi ugian punt yn ei llaw hitha. Cerddodd am y stafall ddarllen. Yno roedd cadeiria crand cefna uchel jorjan, rhesi o lyfra ar y silffoedd a phapura newydd wedi eu gosod yn dwt ar y byrdda. Eisteddai merch brydferth a'i choesa wedi eu croesi o flaen tanllwyth o dân. Ar y bwr o'i blaen roedd jwg a'i lond o rew a lemons a dau wydryn. Mi gyfarchodd o yn gynnas a thaflodd ynta ei freichia amdani. Dilynwyd yr un hen ddefod – Susnag crand cachu gynta, 'cofn bod rhywun yn gwrando ac yna ista lawr a deud be 'di be yn eu hiaith naturiol eu hunan. Brawd a chwaer ydi Antonia a Dafydd Aldo, sydd heb gyfarfod na chydio llaw ers hafa lawer. Ond mae Gronw, eu tad, wedi penderfynu bod eu llwybra am groesi unwaith yn rhagor.

* * *

Pwysodd Carbo gloch drws ffrynt y tŷ a'r sŵn ohoni'n chwara noda 'Four Seasons' gan Vivaldi. Daeth hen wreigan a'i gwallt blw rins i agor y drws iddo, a phŵdls 'run lliw â'i gwallt, yn iap iapian o'i chwmpas. A'r geiria cynta ddudodd hi,

'Aráit lyf? Paid ti â meindio'r cŵn bach! Dwi wedi bod yn disgwyl amdana chdi a dwi wedi rhedag bàth. Mae dy stafall di fyny llofft, leffd ar y landing.'

Roedd 'na rwbath cyfarwydd am y ddynas hon. Ond roedd y cyfla i ga'l socian am awran neu ddwy mewn bàth cynnas braf a chael ei ben i lawr am 'chydig oria yn bwysicach o lawer iddo na thrio cofio ble welodd o'r hen wreigan 'ma o'r blaen. Aeth yn syth i fyny'r grisia ac i'r stafall wely ac yno, 'di plygu'n daclus ar y gwely, roedd dillad glân iddo. Stripiodd o'i garpia gwaedlyd budron a phlymio i'r bàth cynnes, perffaith.

* * *

Roedd gwynt traed y meirw wedi rhewi'r cachu'n galad yn nhina'r adar bach dros nos a Gronw'n damio, wrth newid plygia'r cwad y bydda'n ei ddefnyddio i ddal i fyny efo Ffred y ci, wrth hel a didol y defaid ers talwm. Ond dim ond llond llaw o anifeiliaid oedd ganddo bellach ar y fferm. Rhentu'r tir allan i ffarmwrs erill roedd o'n ei wneud erbyn hyn. Roedd yr awyr yn biws o regfeydd am nad oedd petha'n mynd yn hwylus iddo ac am fod poltan fach 'di magu traed ac wedi denig i rwla. Damiodd eto. Teimlodd aer cynnes lawr ei war. Roedd Chief, y stalwyn, wedi codi ei ben dros ddrws y stabal, fel 'tai o'n dallt ei rwystredigaeth. Cododd, er mwyn sythu a chricio'i gefn a mwytho'r ceffyl; dechreuodd Ffred gnewian i ddeud bod rhywun yn agor giât ym mhen y lôn, filltir i ffwrdd. Un da ydi Ffred y ci a'i synhwyra. Felly, down tŵls wnaeth Gronw a brasgamu am y tŷ a'i wên yn lletach na'r giât roedd newydd ei hagor o'i chliciad. Ciciodd ei welingtyns oddi am ei draed wrth fynd i mewn i'r tŷ a chodi'r lliain bwrdd a phob dim arall a oedd yn digwydd bod arno a'i gau yn un swpyn fel sach cyn ei roi o'r neilltu. Cuddiodd y botal gwirod, peryg bywyd, yn y cwpwrdd, taflodd rawiad ar y tân ac eistedd yn ei gadair, cyn cofio'n reit handi rhoid clwtyn gwlyb dros y bwrdd. Roedd yn gwbod pwy oedd yn dyfod ac yn llawn cynnwrf wrth ddisgwyl gweld ei ferch annwyl yn croesi'r trothwy unwaith yn rhagor. Gwrandawodd arni'n agosáu ac yna'n cyfarch y ci gyda, 'Haia, Ffredrico,' ei gynffon ynta'n troelli fel melin wynt ac yn udo'n uchel, fel bydd cŵn yn neud pan na fyddan nhw ddim 'di gweld rhywun ers talwm.

Ond roedd ei theimlada hi, wrth ddychwelyd adra i Fwlch y Gloch, mor gymysg â'r cymyla. Cymerodd anadl ddofn, gan obeithio bod hwylia go lew ar ei thad. Yma y magwyd hi a'i brawd, a thrwy'r cwbwl, ei law gadarn o a ddaliodd y drws ynghau i'w gwarchod rhag y stormydd. Ei law ynta roddodd gadach gwlanen oer ar eu talcen pan oedd gwres y fall yn creu hunllefa. Byddai'n deud wrthynt am glustfeinio ar gân hudol y nant. Ym mherfedd ofnus y nosweithia di-gwsg dywedodd wrthynt mai cwch bychan oedd y ciando yn hwylio ar foroedd y freuddwyd ac mai bysadd bach y tylwyth teg yn trio cyfri'r sêr er mwyn eu harwain i harbwr saff oedd sŵn y glaw diddiwedd yn taro ar y ffenestri. Wedi iddyn nhw gysgu, caent hwytha hwylio i wlad y tylwyth teg a deffro'n holliach ar doriad y wawr. Atgoffwyd nhw mai gwên eu mam oedd cynhesrwydd haul teg y bora drwy'r ffenestri – hyn oedd ei ffordd hi o yrru ei chariad atyn nhw gan bwysleisio ei bod hi'n bresennol ym mhopeth oedd ynghlwm wrth

natur a bod ei phersawr yn dal yno ym mloda'r eithin fel y
gallent ei hogleuo.

★ ★ ★

Cododd Carbo yn syth fel pin, yn hollol ffrising. Mi roedd
o wedi disgyn i gysgu yn y bàth. Cydiodd mewn tywal a
feibretiodd 'nôl i'r bedrwm a'i ddannadd yn clecian. Neidiodd
o dan y cynfasa a deifio i mewn i drwmgwsg.

Yn garij 'Ceir Finnley's Autos', roedd Mici a Les yn ca'l
lwmp o ffrae ar gownt Carbo. Toedd Les ddim yn or hoff o'r
'new kid on the block'. Roedd o'n ormod o 'loose cannon' ar gyfar
be roddan nhw ei angan. Mi roedd 'na fai arnyn nhw hefyd,
ond fel ddwedodd Mici, roedd hi'n rhy hwyr i newid y plania
bellach. Roedd 'na betha mawr i'w trefnu, ond Duw a ŵyr sut
y gwnâi Carbo ymateb pan gâi wybod y gwir.

★ ★ ★

'Wel sut ydach chi, ta?'

A heb dynnu ei lygad o'r tân, 'Lot gwell rŵan, 'ym mach
i,' meddai Gronw cyn troi a chodi ati er mwyn ei chofleidio'n
dyner. 'Dwi'n falch bo chdi'n ôl, Antonia. Ro'i de yn y tebot i
ni, yli.'

Edrychodd hitha o'i chwmpas a gweld bod yr hen gartra
angan llaw dynas. Ar ôl y cyfarchion arferol bu tawelwch braf.
Dim ond sŵn y glo yn llithro'n glincars i waelod y grât tra bod
y dail te yn bragu, cyn i'w thad ddeud y câi hi fod yn 'myddyr'
a thywallt y te. Wrth i'r siwgwr doddi yng nghwpana gora'r
ddresal mi argyhoeddodd Toni ei thad bod ei hymchwil
trylwyr yn caniatáu i betha symud mlaen: 'Cidw wedi dilyn

pawb a phob dim fel y cynffon ydi o; Dafydd Aldo wedi gneud be y medra fo ac yn aros am y dyddiad i adael yr harbwr, a hogia'r Sowth wedi bachu ei sgodyn. Mae pob dim mwy neu lai yn i le, mond y tywydd a'i weledigaeth o fedrai benderfynu rŵan sut a phryd y byddan nhw'n mynd amdani.'

Ar ôl darn o dost a dau wy wedi ferwi yr un, fe ddwedodd Gronw mai y torrwr cerrig fydda'n allweddol i'r holl fentar, oherwydd mai hwnnw fydda'n amcangyfri eu gwir werth er mwyn eu trosglwyddo ymlaen i'r prynwyr. Os âi petha'n reit handi o hyn ymlaen fe gaen nhw ddod â'r criw dethol at ei gilydd. Oherwydd hon fydda'r joban fwya a'r bwysica iddyn nhw ei chyflawni er mwyn talu'r pwyth hirddisgwyliedig yn ôl i'r rhai oedd yn ei haeddu.

Gwrando nath Toni a nodio cyn ymateb. 'Mi wnawn ni'n gora, Dad. Cofiwch chi, tydi pawb ddim yn eu llefydd eto. Mynadd sydd ei angan, fel bydda Mam yn arfar deud, de.'

Cusanodd ef ar ei foch a mynd am ei char i nôl ei phetha.

* * *

Canodd Les gloch drws ffrynt cartra unnos Carbo a chyn i Vivaldi ddechra mynd drwy ei betha eto, chwiliodd yn ddiamynadd am ei oriad. Daeth Meri Jên i'r drws a'i groesawu fel y mab afradlon yr oedd. Ond toedd ganddo ddim amsar am banad a jinjyr nyt hefo hi heno 'ma. Rhoddodd wadan o bres yn ei llaw, sws ar ei thalcian, cyn cicio un o'r pŵdls 'nôl drwy ddrws y lownj am ei fod o'n iap iapian a mynd ar ei nyrfs. Wrth iddo gamu fyny'r grisia i ga'l gweld be oedd hanas Carbo, mi ddwedodd hitha na chlywsai hi'r un smic ganddo.

'Mond gobeithio fod o heb farw yn fy ngwely sbâr i, usynt ut!'

Byddai o hyd yn deud na toedd hi ddim yn lecio mela ym musnas yr hogia o gwbwl, ond y gwir amdani oedd ei bod hi'n torri ei bol isio gwbod be oedd yn mynd mlaen. Cnociodd Les ar ddrws stafall wely Carbo a'i wthio ar agor yn ara deg, a chyn i'r wich ddarfod, gwelodd fod y gwely wedi'i wneud yn daclus a'r stafall yn wag, fel sa neb wedi bod ar ei chyfyl. Diawliodd ei hun am beidio â gwrando ar ei reddf a pheidio trystio'r twat bach tena.

* * *

Rôl deffro'n chwys doman yn nhŷ Meri Jên ac yn hollol ddryslyd, penderfynodd Carbo ei fod angan mynd am sbin i glirio'i ben, yn anad dim, a thrio gwneud synnwyr o'r dyddia dwytha. Rhuodd y Fford Capri allan o dwneli Bryn Glas a thrwyn y car yn amneidio wrth iddo ei yrru i'r eitha. Taniodd smôc a throi'r nobyn i diwnio'r radio, ond mi gafodd y car woblan go hectig wrth neud tua hyndred and ten heibio Pentwyn. Mi achosodd hyn i din y mashîn sleidio, fel hwch fagu ar lyn 'di rhewi. Triodd ei ora i gywiro'i gamwedd, ond toedd 'na ddim tracshyn control na ffansi ffrils ar hen gar fel hwn a dim maddeuant wedi i rywun golli rheolaeth arno. Handla fo, neu gobeithia am wal o gotyn *wool*. Trodd yr olwyn i mewn i'r sgid hwch a chywiro'r car. Chwalodd chwistrell o adrenalin drwy'i gorff. Gwelodd ola glas yn dod o belltar. Cadwodd yn cŵl a thynnu'n galad ar ei fwgyn gyda'r gobaith gora posib na Sam Tân neu Ambiwlans oedd yn dilyn. Mi ffliciodd ei smôc drwy'r ffenast fach nes bod gwreichion bach orinj yn downsio ar hyd y draffordd. Croesodd draw at y lôn ara. Mi ddaeth y gola glas yn agosach gan lenwi pob drych a oedd yn y Capri.

'Copars! Polîs! Plîs pasiwch!' gweddïodd. Ond mewn dim

roddan nhw wedi weldio'u hunan i fympar crôm y Capri. Diawliodd am dynnu sylw ato'i hun. Rŵl nymbar wan, paid â thynnu ffagin sylw.

Y twat, Carbo. Ffac! Y dybl twat 'fyd, meddai wrtho'i hun. Tynnodd ei droed oddi ar y pabwr ryw fymryn a chwilio am arwydd i'r ecsit nesa. Mi oedd car y copars fel rwbath o'r ffair erbyn hyn, hefo'i hedlaits, pob gola'n fflachio a'r seiren yn diasbedain yn ei glustia. Mi dynnon nhw gyferbyn ac ystumio iddo dynnu i mewn, ond mi ddropiodd Carbo ddwy gogsan drwy'r gerstic ac arafu, cyn tynnu allan y tu ôl iddyn nhw i'r lôn gyflym, gan bishio'r copars reit off. Sbardunodd y tri lityr drwy'r gerbocs a dybl clytsio i godi'r refs. Hannar milltir cyn yr ecsit nesa, sugnodd y twin carbyretors yr holl ocsijen y medran nhw i'w cylla a ffrwydrodd y petrol i weithio'r pistons yn gletach a chreu mwy o bŵar dan y bonat. Hitiodd y nodwydd gant tri deg milltir yr awr. Roedd 'na awyr iach rhyngddo fo a'r glas o'r diwedd – canllath o leia.

Gwelodd fod yr ecsit o'i flaen, neidiodd ar y brêcs nes bod hoel dwy sgidsan ddu hir ar y tarmac a mwg glas yn codi'n gwmwl trwchus o'r teiars. Doedd gan y plisman, a fu mewn coleg dreifio arbennig, ddim abadeia be ffwc oedd yn mynd mlaen drwy'r mwg. Bu'n rhaid iddo gompynsetio drwy frecio a swerfio heibio'i Carbo a methu'r troiad. Y fo a'i Volvo chwim gola ffair wedi methu'r tric tra chwalodd y Capri electrig blŵ ar draws y briffordd a fyny'r *slip road*. Diffoddodd ola'r car a waldiodd hi am y rownd abowt cynta cyn mynd yn syth am y lonydd cefn. Gwyddai fod 'na ffordd gul yn mynd dan bont rheilffordd gulach fyth a arweiniai at yr hen lôn gefn rhwng Niwport a Chaerdydd. Ond roedd yn ca'l traffath cofio lle roedd hi – toedd pob un tŷ yn edrach 'run fath 'di mynd! Gwelodd, drwy lwc, arwydd triongl *Low Bridge*. Mi falodd y ddau *wing mirror* yn rhacs a sgriffio'r trim wrth fynd oddi tani. Toedd 'na'm sŵn rhy dda yn dod o'r Carpri erbyn hyn, a chlywai sŵn clecian a dobio yn dod o dan y bonat. Felly'r peth gora iddo wneud fydda chwilio am le i'w guddio am 'chydig a gadal i betha gwlio i lawr.

Gwelodd gwt gwair to sinc yn hannar gwag ac mi rwygodd y bympar blaen a hannar y wing ochor chwith i ffwrdd wrth chwalu drwy'r giât i ga'l mynd ato. Diffoddodd y mashîn ac aeth pob dim yn dawal, blaw am dincian y gwres yn dod o'r injan. Dim sŵn seirens na dim arall i'w glywad. Neis wan. Cuddiodd bob darn a oedd wedi dod ffwrdd o'r cerbyd cyflym yn y bŵt. Cydiodd mewn amball felsan gwair i guddio cefn y car a dragio'r giât 'nôl i'r bwlch lle y bu. Roedd lliw inc y nos yn ara droi yn llwydni yng ngola gwan y bora. Cerddodd â'i ddwy law ym mhocad cefn ei jîns tuag at y foryd a gwaedd y gylfinir yn ei hebrwng tua'r glanna. Roedd y byd yn deffro, y llif yn troelli yn ei unfan a fynta mewn traffath unwaith eto. Mi steddodd yng nghanol brwyn y môr fel na fedrai neb ei weld, a thaniodd smocsan. Tynnodd ei ffôn o'i bocad a ffendio rhif Mici Ffinn. Oedd hi'n rhy hwyr, neu yn rhy gynnar i'w ffonio? Penderfynodd ei decstio i sôn am ei benbleth. Cododd gwrid y wawr dros ysgwydd y dwyrain gan ddechra dinoethi ei bryderon. Sbiodd ar ei ffôn – dal dim atab gan Mici Ffinn. Mi oedd yn rhaid iddo benderfynu ar ei gam nesa.

Cododd ei ben uwch y brwyn a'i mentro hi yn y car. Cyrhaeddodd tu allan i iard sgrap Mr Ferry ar Rover Way ger y docia a dŵr yn piso allan o'r redietyr a stêm, fel stêm trên bach yr Wyddfa, yn codi o'r modur. Ysgydwodd giatia'r iard sgrap. Ond mi neidiodd droedfadd dda i'r awyr pan ddaeth Zorro, yr Alsatian mwya welodd neb erioed i'w groesawu, ei ddannadd blaidd yn clecian yn erbyn ei gilydd, a ffroth gwyn yn diferu o'i wefla. Safodd fel arth ar ei ddwy goes gefn, ei bawenna blaen enfawr a'i grafanga miniog yn trio llarpio trwy'r giât. Tawelodd y ci a diflannu i'r cefna fel oen bach pan chwibanodd merch tua deg oed arno, tylwythen deg mewn ffrog patrwm briallu. Agorodd hitha glo y giât a neidio i mewn i'r car, fel tasa fo'r peth mwya naturiol iddi neud a'i ddreifio'n ara deg i mewn i'r iard. Dilynodd Carbo hi i mewn a'i helpu i dynnu tarpolin tros gorff y Capri. Tarodd ddeg punt yn ei llaw a diolch iddi yn iaith y Romani.

'*Nais tuke.*'

Troediodd drwy'r mwd a tharo'i fysidd un ar ôl llall, gan neud sŵn carna ceffyl ar ddrws y giarafán. Teimlai yn eitha balch am ga'l get awê, a rwân câi warad ar y car a cha'l sofran am 'i draffath. Agorwyd y drws gan ddyn tal main a'i wynab lledar Sbaen wedi crebachu rôl gweithio tu allan ymhob tywydd. Cyn i Carbo ga'l y cyfla i'w gyfarch cafodd Mr Ferry y blaen arno.

'*You can fuck rite off, Carbo. I ain't gettin' rid of that. And if you've gor y'er head screwed on son, you'll take it straight back, you daft twat.*'

Toedd yr hogyn ddim yn coelio'i glustia. Cafodd warad ar bob math o betha yn y iard sgrap yma a chael addysg gerbron dwylo medrus y dyn hwn. Mae'n rhaid fod gan y cyfeillion newydd gryn ddylanwad os oedd gan Mr Ferry eu hofn. Esboniodd iddo fod y car yn 'fudur', hynny ydi, fod 'y Glas' yn infolfd. Sgydwodd Mr Ferry ei ben a wislo nodyn isal.

'*You don't have a clue what you'r dealin' with, lad.*'

Gorchmynnodd iddo llnau'i draed cyn dod i mewn i'r giarafán. Sylwodd yn syth nad oeddan nhw ar eu penna eu hunain. Yn eistedd yn y gongol yn sipian panad wrth neud ei groswyrd, roedd Mici Ffinn, fel sa fo ar ei wylia mewn carafán yn Trecco Bay.

'Mae'n ffast, tydi?' meddai heb godi ei ben. 'Pam na stopist di i'r cops Carbo?'

'Dwi'm yn siŵr iawn. Ond mae gen i ffeins heb eu talu, de,' atebodd.

Edrychodd Mici arno ac ysgwyd ei ben.

'O hyn ymlaen rhaid i chdi stopio rhedag, ocê? A chyn i ti agor dy dwll cacan, 'da ni'n trio dy warchod di, coelia ne' beidio. Sa ti wedi aros yn tŷ i ni dy nôl di bora 'ma, sa ni'm yn goro ca'l y ffacin sgwrs flinedig 'ma. Ac mi fysa titha wedi ffendio dy dŵls a'r car gollist di yn ochra'r erport 'na'n saff yn ein garij ni. Ond na, roedd rhaid chdi hopian ffwr, toedd? Fatha'r llyffant hurt yr wt ti.'

Bu tawelwch a theimlodd braidd yn stiwpyd. Mi syllodd Mici'n syth drwy lygaid brown Carbo a'i ddal yn ei lonyddwch.

'Oedd 'na dracar ar y car 'na, Carbo, a dwi wedi bod yn dy ddilyn di. Mi rwyt ti'n dwat anghyfrifol. Lle mae dy ben di dwad 'ogyn? Ag mae arna chdi lot o bres i mi ac i Les, yn does? Mae'n rhaid bod 'na rywun yn rwla yn rili lecio chdi Carbo, achos dwi 'di goro wastio'n amsar yn trio ffendio chdi iddyn nhw. Mae dy elynion di wedi methu sawl gwaith. Felly mi dduda i wrtha chdi'n garedig, iawn? Paid byth â ffwcio hefo fi byth eto. Iawn?'

Nodiodd Carbo'n ddiniwed.

'Ac os 'da ni'n ysgwyd llaw, o hyn ymlaen mae'n rhaid i chdi yn nhrystio fi a finna dy drystio ditha.'

'Be am y cops ta? Mae rhif y car gynno nhw, dydi?'

'Mae Les 'di riportio i fod wedi ei ddwyn. A mae gynno ni bobol ar y tu mewn hefyd, cofia di hynny, sy'n handi iawn ar gyfar clirio dy lanast di, de Carbo? Ti ddim yn gneud petha'n hawdd i 'run ohona ni ar hyn o bryd. Mae'n rhaid i ni weithio ar yr un weflength o hyn ymlaen, iawn?'

Roedd Carbo yn dechra lecio'r boi yma.

'Ac *all being ship shape*, gei ditha dy siâr, mond i chdi setlo a gwrando am unwaith.'

Cyn iddo ga'l cyfla i ysgwyd llaw Mici Ffinn a gaddo iddo nad oedd o am sgrapio car yr hogia, dechreuodd Zorro gyfarth tu allan a chlywsant lais yn gweddi dros yr iard,

'*Where is he? Keep that dog away from me, or I'll ring its fuckin neck.*'

Roedd Les 'di landio yn tampio mewn tempar, yn enwedig ar ôl iddo dynnu'r tarpolin a gweld y golwg ar ei gar. Daeth drwy ddrws y giarafán fel taran.

'Y bastyn bach! Be ffwc o chdi'n trio neud? Ti 'di gweld golwg ar 'y nghar i, do? Dwi newydd goro blagio'r cops fod o wedi ca'l 'i ddwyn, a bod y moch o Roath wedi ei ffendio fo yn abandynd a bo fi newydd bigo fo fyny ganddyn nhw. Lwcus bo gynno ni gontacts, de synshein?'

'Wel, mi ddwynoch chi gar gynna i, yn do?'

Mi roth hynny ddŵr ar dân Les am eiliad.

'A mond mynd am sbin i glirio 'mhen o'n i. Ar ôl i mi glicio bo fi 'di gweld yr hen wrach 'na a'i phŵdls pathetic yn rhwla o'r blaen. Be nest di, Les? Gofyn iddi wneud y gwaith budur drosta chdi, ia? A dwyn 'y nghar i o ochra'r erport 'na?'

Collodd Les ei limpyn yn lân. Rhoddodd biwtar o *upper cut* dan ên Carbo a gwelodd hwnnw ei nain yn hogan bach wrth hedfan yn syth allan drwy ddrws y giarafán a glanio ar wastad ei gefn yn y mwd. Cydiodd Les yn y cadwyni a'r clo a ddefnyddir i gloi'r giata ac wrth fytheirio a phoeri, clodd y dolenni am ffera Carbo. Gwaeddodd ar Mr Ferry i nôl y craen,

wrth iddo ddal Carbo yn sownd ar y ddaear. Ufuddhaodd Mr
Ferry yn syth – toes 'na neb am groesi Les Moore pan mae'n
ca'l un o'i folcanic erypshyns – a toedd Mici Ffinn ddim haws
â thrio darbwyllo ei hen ffrind chwaith. Mi roedd y ffiws wedi
ei thanio a rhaid gadael iddi chwythu ei phlwc. Bachodd draed
Carbo am fachyn y craen a'i godi ypseid down nes bod ei gorff
a'i freichia yn swingio fel gibon a dwedodd wrtho,

'Ti'n meddwl bo chdi mor ffycin clyfar, dwyt? Tyd allan o
honna ta, y coc dol!'

Ac mi aeth 'nôl i'r giarafán a chau y drws yn glep, a gadal yr
hogyn fel pendil yn siglo yn y gwynt. Roedd Mici yn dal i neud
ei groswyrd ac yn nabod Les yn ddigon da erbyn hyn i beidio
ymyrryd, ond roedd golwg be 'na i mawr ar Mr Ferry. Toedd
Les ddim am gymyd dim gan neb am dipyn. Estynnodd Mr
Ferry botal o Benderyn a thair cwpan heb glustia a'u gosod
ar fwr bach crwn teircoes, y bwrdd y bydda ei wraig yn ei
ddefnyddio i ddarllan ffortiwn pobol am fforti-cwid-y-pop.
Tywalltodd glyg go lew i'r cwpana, er mwyn lleddfu 'chydig
bach ar y tensiwn. Ond toedd neb am ddeud gair, 'cofn i Les
chwythu eto. Roedd hi'n seilent pictiyrs. Dim ond sŵn blw
botyl fel helicoptyr oedd yr unig beth a darfai ar dawelwch y
giarafán.

Rhoddodd Mici ei bapur lawr a mentro,

'Iawn, Les?'

Dim ebwch. Ond roedd Mr Ferry yn falch bod y tawelwch
'di dorri a dywedodd,

What the ffagin hell is goin' on, gents? I mean, you're in my
yard, callin the shots and I ain't too tidy with that. Warever he's
done to rattle you Les, stealin' your motor o watever, tha' kid has
done nothing to me. Now let's get him down, for fuck sake. As far
as I'm concerned, gentlemen, it's got nowt to do with me. So you

can take your troubles elsewhere.' Ac mi neciodd gynnwys ei gwpan.

* * *

Daw sŵn udo o gorn llong y *Celtic Pride* yng Nghaergybi a sudda ceir a loris i'w safn, cyn i'r drysa godi a chau unwaith yn rhagor. Mae wal hir, sy'n rhedag o'r harbwr, yn cadw'r tonna garw draw, cyn i'r *Celtic Pride* fentro dros y môr gwyllt am Iwerddon. Mae Dafydd Aldo wedi bod yn dilyn y rota a'r drefn yn yr harbwr hwn ers misoedd – y rhai sy'n dod ac yn gadael, aros a gwylio, gwylio ac aros a disgwyl eto, astudio y mynd a'r dod a gwylio'r rhythm, oherwydd mae pobol yn tueddu i ddilyn yr un patrwm a thueddu i neud yr un fath, dro ar ôl tro. Os ydi ymchwil Cidw y Ci Du a fynta yn agos i'w le, mi ddylia weld be mae o isio ei weld heddiw. Sylla ar ei oriawr gan ddechra tywallt ei ddiodydd cynta i'w gwsmeriaid newydd ar fwrdd y *Celtic Pride*. Ac fel y tybiodd, daw y ddau gwsmar bu'n aros amdanyn nhw i'r bar, un hefo *briefcase* yn ei law ar llall yno i ddal llaw y boi arall fel petai. Brawd bach Antonia ydi Dafydd Aldo a phan fydd angan tamad o jigsô i'w ffitio'n dawel, y fo fydd yn ail-siapio'i hun i greu pwy bynnag sydd ei angan ar gyfer y gwaith. Gŵyr fod pymtheg mlynadd o chwerwder 'di mudferwi yn Gronw, a heblaw am ei deulu mi fysa fynta 'di colli'r cwbwl oll. Roedd ei chwaer wedi cadw'r teulu'n agos a diogel. Mae gan bawb eu gwendida – rasys ceffyla, chwara cardia a'r rhifa coch a du ar olwynion y casinos oedd rhai Dafydd Aldo. Roedd o wedi ennill arian mawr ar adega ac wedi ei rannu yn deg, yn rhy deg weithia. Eto, colli ydi hanas pob gamblar yn y diwedd, yn enwedig y rhai sy'n cuddio y tu ôl i gelwydd y botal, ond roedd yn ddigon gonast hefo fo'i hun i wybod wrth ennill yn hawdd, rhaid bod yn ddigon dewr i'w golli o'n galad. Mi fydda'n mynd ar sesiyna yfad a gamblo am rai wythnosa ar y tro, ond o hyd yn sobri yn y diwedd, boed o i fyny neu i lawr yn ariannol. Mynd 'nôl i ennill ei grystyn drwy weithio'n galad a wnâi bob tro. Mi oedd Gronw a'r teulu wedi bod yn aros yn hir am eu cyfla a bodolai cytundeb penagored rhyngddyn nhw ers rhai blynyddoedd – pan fydda'r teulu yn gofyn am gymorth, roedd o yno fel siot.

Esgusoda ei hun o'i orchwyl fel stiward. Cyrhaedda lolfa y gweithiwrs, ffendio'r rhif ar ei ffôn a galw Cidw.

'Iawn, Cidw? Yndw, rêl boi. Mond gadal i chdi wybod, de, mae'n amsar mynd i weld yr Iddew... Ia, dwi'n gwbod, mae'r ceffyl yn y stabal, ocê... Ia, iawn, grêt... Ia... Ia, iawn... A chditha, mycyr. Wela i di.'

Dyna dameidia eraill yn dechra ffendio'u lle yn y jigsô.

* * *

Synhwyro'r aer oedd Zorro yr Alsatian a Carbo yn ei wylio fo ypseid down, ac yn cyfansoddi padar dawal na fysai'r arth o gi yn ei ogleuo. Arhosodd mor llonydd ag y medrai o dan yr amgylchiada. Grêt, gwelodd fod y ci gwallgo yn anelu am ei ffau wrth ddrws y byngalo. Ond, fel roedd o'n anadlu allan ei ryddhad, disgynnodd ei ffôn a'i bowj baco o'i bocad tu mewn i'w jaced ledar a hitio'r mwd yn un sglatsh. Mi aeth Zorro yn hollol ffycin bananas. Rhedodd fatha bythéig tuag at y sŵn, yn brathu a snapio 'tha crocedeil ar unrhyw beth oedd yn digwydd symud. Copiodd wenynen a dau flŵ botyl mewn dim ac yna sgidiodd ei bawenna drwy'r mwd reit o dan Carbo. Cododd ei ben i synhwyro'r aer eto, a gweld ei brae yn hongian fel mochyn mewn lladd-dy. Roedd Carbo'n meddwl yn siŵr iddo weld yr Alsatian yn cilwenu a llyfu ei wefla. Dechreuodd y blaidd neidio o'i draed ôl a sbringo fyny ac i lawr i drio ca'l brathiad ohono. Lapiodd Carbo ei ddwy law dan ei geseilia, 'cofn iddo golli un o'i freichia. Roedd gwynab Carbo druan ryw droedfadd o ddannadd miniog y blaidd, ond yn ddigon agos i ogleuo'r tri tun mawr o Bedigri *Chum* a lowciodd ci Satan i'w ginio. Gwyliodd Mici, Mr Ferry a Les Moore y syrcas drwy ffenast y giarafán a theimlada'r tri yn dra gwahanol. Toedd 'na ddim y medrai Carbo ei wneud, mond hongian fatha bat, a gobeithio i'r nefodd na fedrai Zorro neidio yn uwch ac y bysa o leia un o'r gynulleidfa yn y giarafán yn dod i'w achub. Ond.troelli wnaeth o, fatha pelan ar goedan Nadolig, a Zorro yn cyfarth a glyfeirio oddi tano, yn ysu am damaid o'i gnawd.

Diolch byth, daeth yr hogan fach ffrog bloda briallu i chwibanu o ddrws y byngalo gyferbyn a choleru'r ci i'w gadwyn, a sbio'n hurt ar Carbo yn troelli yn yr awyr. Ddudodd hi ddim, mond edrych arno a gwyro'i phen i'r ochor, er mwyn ei weld o y ffordd iawn, cyn dychwelyd i'r byngalo i chwara gyda'i dolia.

Reit, ffyc ddis, meddyliodd Carbo. Triodd dynnu ei hun i fyny a phlygu yn ei hannar wrth ymestyn am y bachyn. Ond mi lithrodd ei fysidd chwyslyd. Roedd o 'nôl yn yr un twll ac yn troi yn ei unfan. Dechreuodd siglo'i gorff 'nôl a blaen. Gwyliodd Mr Ferry ei gampa o'r tu ôl i gyrtans y giarafán. Roedd y *trapeze artist* ar gychwyn. Cododd Les a Mici a'i wylio'n swingio'n ôl a blaen i godi momentwm ac yna, plygodd fel cyllall bocad yn ei hannar nes cyrradd ei draed a chodi ei hun ddolen wrth ddolen yn uwch bob tro, nes ei fod uwchben ei ffera. Tynnodd ei felt o'i ganol **ag** un llaw a dal un pen rhwng ei ddannadd. Defnyddiodd y pin dur sy'n mynd drwy dylla'r belt i drio agor y clo. Ond roedd yr ymdrech yn achosi i'w gorff grynu trwyddo. Caeodd ei lygaid a rheoli ei anadl drwy gyfri'n ara deg i ugian. Ymlaciodd cyhyra ei gorff. Llonyddodd trwyddo a gweithiodd pin ei felt yn ofalus yn nhwll y goriad, a gwrando'n astud am y gliciad fechan fydda'n agor pob clo.

Disgynnodd yn slwtsh i'r mwd.

★ ★ ★

Sychodd Toni ei gwallt a'i daflu'n ôl yn un chwip y tu ôl i'w phen. Gollyngodd y tywal wrth weld llygaid ei mam yn syllu arni drwy'r drych. Gwenodd tu mewn a theimlo'r egni da unwaith eto. Ar y dresing tebl roedd atgofion – llunia'r teulu, trincets a'i brwsh gwallt – yn union fel y'u gadawodd rai misoedd 'nôl a hoel ei thad yno hefyd, wedi iddo gadw ei stafall hi'n glyd a chynnas.

Rhoddodd binna i ddal ei gwallt 'nôl a thynnu pâr o jîns tyn amdani. Caeodd fotyma ei chrys a thynnu tafod y belt am ei chanol. Heb damad o golur na phaent ffaeledda, roedd hi'n naturiol hardd. Disgynnodd cudyn o gyrlen ddu wlyb o'i thalcen gan guddio'r gwir felltith a drigai ym mhylla gwyrddlas ei llygaid. Caeodd ddrws ei stafall wely ac mi aeth lawr y grisia am y buarth.

Roedd Gronw yno'n dal ffrwyn Chief a gollyngodd o'n rhydd pan welodd hi. Gweryrodd y ceffyl ei gydnabyddiaeth a chroesi ati ei ben wedi gwyro er mwyn teimlo ei dwylo. Sbiodd Ffred y ci yn unllygeidiog o'i gartra hannar casgan, un glust i fyny a'r llall i lawr, yn genfigennus o'r holl sylw a gâi Chief.

★ ★ ★

'Coda 'nei di, y twat bach,' medda Les. 'Ti'n lwcus bo chdi wedi datod dy hun, neu 'swn i wedi dy adal i hongian i sychu 'tha cipar a gadal i'r brain bigo dy lygid di allan.'

Llusgodd Carbo ei hun ar ei draed, yn fwd ac yn gachu drosto. Gwenodd a deud, 'Bysat, mwn. Be ddigwyddodd i chdi ta, Les? Cal dy fwlio yn yr ysgol 'nest di mae'n siŵr, ia?'

Syllodd Les arno mewn dirmyg pur.

'Ac eniwe,' plygodd lawr i nôl y clo. 'Sa hwn byth 'di dy ddal di, na fasa, y ffwcsyn tew.'

Cyn i Les ga'l cyfla i ymateb daeth Mici rhyngddyn nhw â'i awdurdod tawel yn llwyddo i'w gwahanu.

'Dos di â 'nghar i adra am heno, Les. Neith Carbo a fi sortio'r Capri.'

* * *

Cododd carna'r Chief dywyrch y tir yn lympia a rythm ei garlam yn cyd-fynd â dawns naturiol y ddaear. Cyrhaeaddwyd yr ucheldir, a llian bwrdd o niwl wedi ei osod dros Ynys Môn, a goleudy Llanddwyn fel potyn halan ar erchwyn y bwrdd, bron fel 'tai ar ddisgyn i mewn i'r glasfor. Trafaeliodd sŵn nodyn isel y corn niwl ei rybudd ar wynt y gorllewin. Tynnodd Toni ar ledar y ffrwyn, gwyrodd pen y ceffyl naill ochor a'r stêm yn troelli'n gynnas o'i ffroena a dim ond gola'r lloer yn llewyrch i'w llwybr adra.

* * *

Mi ddaeth Mr Ferry o hyd i *top hose* arall i'w osod ar y Capri a llanwyd y rheiddiadur â dŵr. Mi daniodd yr hen Ffordyn y tro cynta. Talodd Mici iddo'n hael am ei gymwynas a rhoid deg punt yn llaw yr hogan fach bloda briallu wrth ddreifio drwy'r giât. Roedd o'n dynerach ar sbardun y car na'r gyrrwr blaenorol. Prysur fusnesu yn y glyf bocs roedd Carbo, 'cofn fod 'na rwbath i'w fyta neu smocio ynddo, ond y cwbwl a welodd oedd sbectols sbâr a nycyl dystyr Les Moore. Llyncodd ei boer a'i gau yn glep. Rhoddodd Mici ei ffôn a'i bowj baco 'nôl iddo.

'Diolch Mic, o'n i'n meddwl bod y ffycin blaidd 'na 'di lowcio fo. Ych a fi, y bastad thing.'

Mi gafodd Mici bwl o chwerthin mwya uffernol wrth drio gyrru yn ei flaen a'i basinjyr yn methu dallt be oedd mor hileriys. Trodd Mici drwyn y car i stad ddiwydiannol a thynnu o flaen drysa glas garej anferth a'r arwydd arno'n deud, 'Ceir Finnley Autos. Arbenigwyr mewn ceir o bob math.'

'Reit, Carbo, mae hi fel hyn, 'li. Ti'n dipyn o lond llaw, dwyt?'

Ddudodd Carbo ddim gair.

'Dwi'n fodlon dy helpu di i dalu'r ddylad 'ma sgen ti, iawn, ond gwranda di arna i am unwaith. Mae'n rhaid i chditha yn helpu ni hefyd. Mi fysa hi'n lot haws gen i dy adael di fynd, ond mae gen i gyfrifoldab drosta chdi. A cyn chdi ofyn pam, tydi'r atebion i gyd ddim gynna i chwaith. Mae o i fyny i chdi rwân.'

Tydi Carbo ddim yn dwp. Mae ei synnwyr cyffredin yn deud bod y boi yma'n bod yn hollol deg hefo fo ac wedi achub ei groen unwaith yn barod a toedd ganddo ddim i'w golli wrth aros i weld be oedd ganddyn nhw ar y gweill iddo.

'Iawn, ta. Sticia i o gwmpas,' oedd ei atab ac ysgydwodd ei law.

Gwasgodd Mici fotwm ar allweddi'r car ac mi rowliodd un o'r drysa mawr glas i fyny.

★ ★ ★

Tynnodd Toni frwsh ar hyd cefn llydan Chief a oedd wrth ei fodd yn ca'l crafiad iawn ar ôl ca'l tynnu ei gyfrwy. Canodd cloch y ffôn uwch drws y ffrynt dros y buarth fel larwm injan dân stalwm. Yr hen ffordd oedd hi yn fan hyn. A phe basa rhywun yng nghyffinia'r tŷ yn ei glywad, rhaid fydda gollwng eu gorchwyl i'w atab, 'cofn bod rhywun yn un o'r ffermydd cyfagos mewn helbul. Doedd 'na ddim signal mobeil ffôn i'w ga'l ym Mwlch y Gloch.

'Bwlch, tri wyth saith. Be dach chi isio?' meddai Gron wrth atab y ffôn.

Mi glywodd lais Les yn ei gyfarch hefo, 'Trench Town yn galw.' Dywedodd wrtho eu bod angan mwy o amsar, 'Am fod y prentis newydd sgynnon ni ddim yn helpu petha wot so efyr. In ffact, tw bi onest wudd iw, mae o fwy o draffath na ydi o o werth. Mi gysylltai eto pan gawn ni fwy o drefn ar betha.'

Un rheol oedd gan Gronw, peidio trystio neb na dim, yn enwedig y dechnoleg newydd. 'Y dârc seiensus,' fel roedd o'n eu galw nhw. 'I be uffar mae rhywun isio deud wrth y byd a'r betws am bob holidê maen nhw'n ga'l a phob rhech maen nhw yn 'i tharo? Tynnu llunia wedyn o'r bwyd sydd ar eu platia. I'r siwrej mae o i gyd yn mynd yn diwadd beth bynnag. Rybish 'di o siŵr Dduw.Tydi rhywun 'im yn ca'l llonydd i brynu pacad o polo mints yn siop y pentra fel mae hi, heb ga'l i holi'n dwll.' Na, toedd ganddo ddim ffydd yn y peth. Pan welodd arwydd yn deud *Free wi-fi* tu allan i ryw dafarn neu gilydd, arhosodd yno tu allan efo'i beint o Ginis drwy'r pnawn, yn disgwyl ca'l symthing for nything. Byddai'n hoff iawn o ddeud y stori honno ond gobeithio ca'l gwraig newydd oedd o, go iawn.

Daeth Toni i mewn i'r tŷ a rhoi prociad i'r glo a chynffon Ffred y ci yn codi aer i din y tân.

'Gymrith ddwrnod ne ddau i roi pob poltan yn ei lle,' meddai ei thad, wrth roi fflic go hegar i wydr y baromedr a symudodd ryw smijyn. 'Ac yn ôl Leswold, tydi'r sgilffyn bach 'na ddim yn bihafio. Mae'n wastio'n hamsar prin ni, dwi'n deutha chdi 'mach i. Mi fydd yn rhaid i chdi ga'l gair yng nghragan y Mici 'na. Fedr Dafydd ddim dal Goliath 'nôl lawar hirach ac mae Cidw'r Ci Du wedi deud yn barod bod y cerrig gora ar eu ffordd.'

Teimlai ynta forthwylion bychan yr amheuon yn dechra pigo ar seilia ei benderfyniad. Y fo a neb arall oedd wedi dechra rhoi petha ar waith ac ar ei sgwydda o'n unig fydda'r beia yn glanio. Dechreuodd hefru dan ei wynt a dobio'r bwrdd â'i ddwrn mewn rhwystredigaeth. I'w ymdawelu, mi ddywedodd Toni fod Mici Ffinn a Les Moore yn hogia cadarn ac yn hollol ddibynadwy a toedd dim diben hel gwynt i'w fol rwân. Beth bynnag, mi fedran ni dynnu'n ôl o'r fargian os bydd rhaid. Ond yng nghrombil meddwl ei thad gwyddai y bydda dod ar draws Carbo unwaith eto'n fendith fawr iddynt, neu y methiant mwya a welson nhw erioed.

* * *

Caeodd y drysa glas tu ôl i'r Capri a gwelodd Carbo y garij daclusa a welsai o erioed. Dau ramp ceir a llinella i ddynodi lle roedd pob cerbyd i fod a llwybra melyn ar y lloria'n arwain at lefydd gwahanol. Roedd 'na le arbennig i sbreo ceir yn y cefna, meincia dur yn sgleinio, cypyrdda coch *snap on* a thŵls gwerth miloedd wedi eu cau yn dwt ynddynt, a rolia o glytia glân ar y walia. Poteli ocsiasetylin a pheipia'r gêr llosgi 'di lapio am eu gyddfa'n daclus, ffeiar ecstingwishar o fewn pob gafal a phetha asio'r weldar wedi eu cadw'n drefnus o dan y meincia. Cynhyrfodd wrth weld y fath drefn a'i gyfareddu wrth weld fod y fath daclusrwydd gogoneddus yn bodoli mewn garij. Lle fel hyn oedd garij i fod, nid rhyw hen le chwit-chwat budur a blêr fel roedd o 'di arfar gweithio ynddo, a phawb yn treulio hannar y diwrnod yn chwilio am eu tŵls o dan y llanast. 'Gofaint taclus, ceffyla hapus,' oedd un o ddywediada ei dad. Roedd 'na hen Fford Anglia du ar un o'r ramps a'i din yn uwch na'i du blaen; Triumph Spitfire ar i echal a dim hoel o'r paneli oedd i fod arno; hen Fersidis Benz ar ramp arall – roedd y lle'n fwy o ysbyty i geir na garej. Hen geir oedd yma gan fwya, ond yn y gongl bella daliodd rwbath ei lygaid – Awdi A7. Wrth iddo agosáu ato a gweld ei fod wedi ca'l ei ailsbreio, fe wyddai mai fo a ddaeth â'r modur hwn o dramor. Agorodd y drws a gweld ei focs tŵls ar y sêt gefn. Roedd Mici yn deud y gwir felly, fan hyn roedd y car. A chyn iddo ga'l cyfla i ddeud 'ffyc mi pinc', mi orchmynnodd Mici ei fod yn ei ddilyn. Aethon nhw i fyny'r grisia i'w swyddfa.

'Reit, dwi am fynd adra i ga'l pum munud. Ffendia ditha le i roi dy ben i lawr am dipyn. Mae Les yn deud bod y soffa fawr ddu 'na'n gyfforddus. Os wt ti isio mynd allan am unrhyw reswm, mae'r ffeiar esgep yn fanna. Mae 'na larwm arno fo, iawn? 1992 ydi'r cod.'

'Duw rhyfadd – y flwyddyn ges i 'ngeni.'

'Dw i'n gwbod,' oedd atab Michael Finnley. 'Cymra dip gynna i, Carbo, paid â denig oddi wrtha ni byth eto.'

* * *

Ar lôn y gogledd sy'n arwain allan o ddinas Caerdydd roedd lori craen a bachyn yn mynd dow-dow a Les Moore wrth y llyw. Trodd i mewn i'r *showroom* moto beics a cheir drud newydd sbon ac yno roedd hen ddynas wedi torri lawr yn ei char bach a phŵdls yn bowndian i fyny ac i lawr ar y sêt gefn. Bagiodd Les Moore ei dryc 'nôl er mwyn bachu'r car a'i dowio o 'na. Ond yn lle mynd yn ei blaen at y lori towio, mi rifyrsiodd ei char yn union fel roedd hi fod neud yn syth drwy'r ffenestri drudfawr, nes bod y car bach i mewn yn y *showroom*. Dechreuodd y larwm sgrechian a chyn pen dim mi oedd 'na gar copar wedi cyrraedd i ganol y gyflafan a'r offisyrs yn trio eisoletio'r sefyllfa. Mae'n amlwg be oedd wedi digwydd; esboniodd Les y sefyllfa a'r hen wraig mewn panig llwyr, yn mynnu cymeryd y bai am bob dim. Wrth roi ei manylion celwyddog, dywedodd na toedd hi ddim yn teimlo'n dda o gwbwl a'i bod hi'n poeni'n ofnadwy am ei chŵn bach a oedd yn iap, iap, iapian ac yn dangos eu dannadd i'r plisman. Roedd hi'n annibendod llwyr yno. Hefo'r holl oleuada'n fflachio mi ddywedodd wrth y copar fod ei phen hi'n dechra troi ac yn meddwl yn siŵr bod un o'i ffitia ar fin cychwyn. Poerodd i gongol i cheg a gwthio set gwaelod ei dannadd gosod allan cyn colapsio i freichia y copar.

Galwodd y plismon ifanc ambiwlans ar fyrder. Roedd ynta wedi dechra panicio erbyn hyn. Yng nghanol y miri yma, daeth transit fan wen at ddrws yr ochor. Tynnwyd hannar planc sgaffold o gefn y fan a chyn i neb wybod be uffar oedd yn digwydd, roliwyd dau foto beic newydd sbon i'r trwmbal. Mi aeth yr hen ddynas i mewn i'r ambiwlans ac am yr ysbyty lle y bydda hi'n distsharjio'i hun o fewn yr awr wrth gwrs. 'Sgydwodd Les law y plismyn, bachu'r car wrth gefn y tryc cyn gadael a gyrrodd Mici Ffinn y transit 'nôl am y garij, gan adal y ddau gopar yn sbio ar ei gilydd drwy'r ffenast fawr a honno wedi ei malu'n racs jibadêrs.

Mae 'na bob amser hogia eraill ar y cyrion sydd yn fodlon gwneud y math yma o waith am y pres iawn. Ond fel y gwyddai'r ddau gyfaill, o brofiad, tydyn nhw'n ddim ond traffath yn y pen draw, gan eu bod nhw'n tueddu i adael i'w tafoda lacio ar ôl un ne ddau yn ormod, a rhoid pawb arall mewn perygl wrth gwrs. Hîros dwy a dima rôl dau beint a snowtan dan eu trwyna ydyn nhw, yn rwdlan bod yn gymaint o hogia yn dragywydd a meddwl bo nhw rêl giangsdars. Mae 'na fwy o berygl mewn bocs o fatsis o lawar.

* * *

Cododd Carbo ei ben pan glywodd sŵn drws y garij yn agor, yna cofiodd ei fod ar y soffa ledar. Craffodd ei lygid wrth i'r goleuada llachar gynna. Sbeciodd drwy ffenast y swyddfa lawr ar y garij. Daeth transit fan wen i mewn a gwelodd mai Mici oedd wrth y llyw a'i 'nemysis' yn ista wrth ei ochor. Heb ddeud gair wrth ei gilydd, tynnon nhw'r ddau foto beic newydd sbon o gefn y fan a gosododd Les amlen yng ngena'r feis ar un o'r meincia. Agorwyd y drws mawr glas unwaith yn rhagor ac mi adawodd y ddau heb ddeud bw na be wrth ei gilydd.

Roedd rhain yn rêl pros, meddyliodd. Wel, os oedd o'n conffiwsd cynt, mi oedd o'n fwy conffiwsd rŵan. Be uffar oedd yn mynd mlaen? Cradur bach incwisitif fuodd o rioed a bu'n rhaid mynd lawr i fusnesu. Studiodd y ddau foto beic newydd sbon ac i rai sy'n dallt moto beics, fel fo, amhosibl fydda ca'l dau foto beic mwy gwahanol. Roedd un ar gyfer reidio *off road*, sef beic sgramblo a'r llall yn feic i'w yrru ar lôn neu ar drac rasio, neu yn *road bike*, fel y'i gelwid, a'r ddau yn werth miloedd. Ta waeth, cymerodd y cyfla hefyd i fusnesu yn y car roedd o i fod wedi ei drosglwyddo i'r Anhysbys. Agorodd ddrws y dreifar ac eistedd yn y car a ddygwyd oddi wrtho, gan obeithio nad oedd neb 'di bod â'i bysidd o dan y *dashboard*. Mi stynnodd ei declynna o'i fag yn y cefn a dechra datgymalu'r panal plastig o dan y llyw. Mi dynnodd o i ffwr mewn chwinciad ac i'w law disgynnodd bag plastig a wadan go drwchus o *euros* ynddo. Chwerthodd yn uchal a gneud dawns fach, drwy wiglo ei din yn ei sêt. Roedd o'n meddwl yn siŵr bysai'r pres wedi hen fynd. Meddyliodd am rwla i fynd i ddathlu a chael parti bach. Er ei fod o'n gwbod sut i adael a dod 'nôl, bysa hi'n haws aros, gan iddo redag law yn llaw â'i gysgod ers wythnosa. Rhywsut neu gilydd, mi drodd rhech *lady luck* yn awyr iach o bersawr melys, mwya sydyn. Dawnsiodd draw at y fainc, lle roedd yr amlen a adawodd Les. Roedd y dyn bach busneslyd yn ei ben yn mynnu ei agor.

Cymerodd yr amlen ddi-enw a chwibanu dros y lle wrth fynd 'nôl i fyny i'r swyddfa. Rhoddodd y teciall 'mlaen i neud panad a stemio'r amlen. Mi agorodd hi'n ofalus heb rwygo dim, ond cyn tynnu'r cynnwys allan tolltodd goffi cryf iddo'i hun ac ista'n ôl yng nghadair esmwyth Mici i ddarllen y nodyn.

'Gan dy fod mor ffycin busneslyd ac wedi agor hwn cyn i ni roid o i chdi – rodd gen i fet o twenti cwid hefo Mici y bysat yn ei agor, felly diolch, y TWAT.'

Roedd yn gegrwth a phoerodd lond ceg o goffi dros y ddesg. Mi aeth y nodyn ymlaen i ofyn a fedra fo ddechra gweithio'i fajic ar y ddau foto beic y cyfla cynta gâi o. Hynny ydi, bei-pasio'r ignisiyn a thynnu pob dim a oedd yn dangos marcia eu gwneuthuriad, fel 'na fydda hi'n bosib i neb olrhain eu hanas. Wedyn câi ddechra trwsio'r damij rodd o wedi neud i'r Capri.

Ar un llaw roedd o'n *pissed off* fod o'n sysd-owt, ac ar llaw arall roedd yn reit impresd hefo'r cyfeillion newydd. Y fo oedd wedi meddwl erioed ei fod o gam ymlaen ar bawb arall. Ond roedd y digwyddiada diweddara wedi agor ei lygaid ac wedi bod yn wers fach, yn chwip sydyn iddo ar ei ben ôl hefo danadl poethion glyb.

Gorweddodd ar y soffa ledar ddu. Teimlai ei galon yn dyrnu yn ei fron a'i ben yn troelli fel chwrligwgan. Toedd y compiwtar clyfra a grëwyd erioed ddim am ddiffodd. Roedd ei ddiffyg cwsg yn gneud iddo hel hen feddylia gwirion a mwmblan lleisia cas yn sibrwd yn ei ben. Bu'n troi a throsi a thrio'i ora glas i ga'l 'chydig o gwsg, ond ofer fu ei ymdrechion. Mi wnaeth hyd yn oed ddechra cyfri o fil am yn ôl fesul saith, ond roedd ei ymennydd yn gynt na fo – cyrhaeddodd un deg tri mewn dim. Roedd ei gorff wedi blino, ond nid ei ben, yn amlwg. 'Ffyc it.' Cododd i fynd lawr i'r garij. Tynnodd ei focs twîls o'r Awdi, lle'r oedd ei drugaredda drygioni yn dal i fod a'r manion eraill roedd o eu hangan ar gyfer yr orchwyl.

★ ★ ★

Ar ochor lôn allan o'r hafn uwchben Bwlch y Gloch, eisteddai Antonia yn ei char. Doedd Huwcyn Cwsg ddim isio'i chymeryd hitha. Deffrodd yn yr oria mân yn teimlo'n anniddig gan iddi fethu swatio 'nôl. I fyny yma ar y ffridd roedd yn gallu ca'l signal ar ei laptop ac arno roedd y sgrin wedi ei rhannu'n chwech. Gwelodd ola a symudiad yng nghornal ei sgrîn. Cliciodd arno. Yno, gwelodd yr hogyn y clywsai cymaint amdano yn glir fel cardyn post o flaen ei llgada. Nid dyma roedd hi wedi disgwyl ei weld o gwbwl. Plentyn o hogyn oedd y darlun yn ei phen ohono, rhyw *teenage rebel* bach, yn bimpyls i gyd ac yn gofyn am glustan, nid James Dean wedi bod mewn ffeit.

Gwyliodd Carbo yn gosod y moto beic rasio ar *stand* i ddal yr olwyn ôl o'r llawr. Eisteddodd ar gefn y beic a gyda phin hir tena aeth ati i weithio yn nhwll clo yr *ignition*. Bu'n chwara â'r teclyn am 'chydig eiliada, fel tasa fo'n gneud y llun bach lleia yn y byd yn nhwll y clo. Yna gwthiodd bin hir arall o dan yr un cynta a gwrando'n astud ar be a oedd yn digwydd ym mherfedd yr *ignition*. Daeth y gola mlaen ar y clocia, gwasgodd y botwm tanio ac mi ruodd y beic i fodolaeth. Gwyliodd Toni ei sgrin mewn anghrediniaeth. Roedd o rwân ar ei gwrcwd, yn syllu ar yr injan ac yn gwyro'i ben o'r naill ochor i'r llall fel sbanial hela yn sbio ar ei fistar. Mi gydiodd mewn sgriwdreifar hir a throi rwbath yng nghrombil yr injan. Er bod golwg 'di bod mewn cwffas go hegar arno, roedd 'na rwbath am y boi 'ma. Gwnaeth yr un ddefod hefo'r ail foto beic, ond sylwodd fod 'na un sgriw fach ar goll o un o'r paneli plastig. Toedd ganddo ddim mynadd chwilio amdani rwân, deuai o hyd iddi yn y bora. Rhoddodd bin hir uwch ben y carbiwretors, er mwyn i'r beics ga'l rhedag am awran cyn iddyn nhw nogio allan o betrol. Diffoddodd oleuada'r garej, ond gadawodd y ffania awyru ymlaen 'cofn iddo fygu i farwolaeth. Aeth i fyny i'r swyddfa i roid ei ben lawr. Tynnodd ei bymps a'i jîns a gorweddodd ar y soffa ledar fawr a thynnu hen gwilt amdano'i hun yn dynn. Gwrandawodd ar y ddau feic yn canu grwndi a'u murmur yn mynd ymhellach a phellach. Ac o'r diwedd daeth Huwcyn Cwsg i hebrwng ei feddylia i lonyddwch.

* * *

Deffrowyd Carbo gan sŵn rhochian ei chwyrnu ei hun. Mi roedd yn brifo drosto, roedd hyd yn oed ei wallt o'n brifo a'i geg yn sych fel cedor fyltshyr. Tywalltodd y bora newydd ei liw llachar drwy'r ffenestri. Cododd ar ei eistedd a sylwi fod 'na res o golomennod yn ista ar sil y ffenast, yn cŵ-cŵian ar ei gilydd fel 'taen nhw'n ca'l cwarfod boreol. Roedd o wedi bod yn hoff o adar erioed ac yn gweld hi'n braf arnyn nhw oherwydd pan fyddan nhw mewn traffath, neu wedi ca'l llond bol ar fod yn rwla'n rhy hir, medran hedfan i ffwrdd ymhell i rwla gwell. Bechod na fysa gynna fo adenydd, meddyliodd.

Dechreuodd ei berthynas hefo'r petha bach pluog pan aeth ar wylia hefo'i fam at Yncl Geoffrey i Leim Rejis pan oedd o tua chwech neu saith oed. Roedd Yncl Geoffrey yn fridiwr a chasglwr caneris a byjis brwd a chwt mawr pren pwrpasol yng nghefn yr ardd ar eu cyfar. Mi fydda'n galw'r cwt yn *'My inner sanctum'*, *'My aviary and my haven'* a toedd neb mond Yncl Geoffrey i fod fynd ar gyfyl y jêl adar. Ond fel mae plant, yn ddiniwad fusneslyd, mi aeth Carbo yno un bora i wrando ar eu trydar mwyn. Mi gododd ar flaena'i draed i ga'l ei gweld, a rhyfeddu at liwia'r plu llachar a'u llygid bach gloyw yn sbio mor ddiymhongar arno drwy weiars eu caethiwed. Gwirionodd ar y siarad di-baid oedd rhyngddyn nhw ac mi deimlodd y dyliai'r adar bach a fo ga'l mynd am dro rownd 'rardd i ga'l awyr iach o'u cawella llychlyd. A chyn i'r jac-y-do agosa weld be oedd yn digwydd, fe ddatgymalodd y plentyn glo drws yr 'innyr sanctym' mewn jiffiad ac agor pob cawell oddi mewn. Y peth nesa, roedd Yncl Geoffrey yno'n sgrechian 'tha 'sa rhywun 'di gwasgu ei geillia mewn feis, ac yn rhedag rownd 'rardd ar ôl Carbo gan ei waldio hefo brwsh llawr ar draws 'i gefn, tra bod cannoedd o fwjis a chaneris yn codi'n un fflyd o gonffeti lliwgar o'u cwmpas. Mi redodd Carbo i'r tŷ at ei fam a gadal Yncl Geoffrey yn neidio i fyny ac i lawr rownd yr ardd yn trio dal yr adar bychin. Pan ddychwelodd i'r tŷ a'i wep yn fflamgoch ac yn chwythu fel megin mi ddudodd, gan gymryd anadl ddofn rhwng pob gair, *'You... are... going... home. Full fuckin stop.'*

Roedd eu siwtcesys wedi eu pacio cyn pen dim a phob cath

yn yr ardal yn hogi gwinadd ar y goedan agosa. Mi oedd hi am fod yn *easy pickings* i'r hen gathod heddiw. Sodrwyd y fo a'i fam yng nghefn yr Austin Maxi lliw brown hyll, car a oedd Yncl Geoffrey o Leim Rejis yn ei addoli ac yn ei bolisio a stwna hefo fo bob dydd Sul yn ddi-ffael. Roedd am fynd â nhw yn syth i'r stesion lle caen nhw ddisgwl am y trên i fynd adra. Ond i neud petha'n waeth nag oddan nhw'n barod, wrth rifyrsio allan o'i ddreifwe bloc pefing, mi hitiodd y carcharor adar ei wing mirror gloyw *chrome* yn deilchion, nes ei fod yn danglo ac yn sgathru'r *paintwork*. A bai Carbo oedd hynny hefyd.

'*Don't you ever, ever bring that lad back here, Moira.*' Roedd dragra mawr yn cronni yng nghongol ei lygada llyffant.

'*I've been breeding my little beauties for donkey's years.*' Roedd yn ca'l traffath ca'l ei eiria allan gan ei fod dan gymaint o deimlad.

'*Winning...*' powliodd y dagra lawr ei focha tewgoch, a chwythodd ei drwyn i mewn i'w hancas bocad llunia bwjis. '*Winning...*' sniffyls eto. '*Winning all the competitions up and down the country, with my innocent little chippers. And now this little, little, little...*' Fedrai o ddim ffendio'r geiria i ddisgrifio ei gasineb tuag at y plentyn diniwed oedd yn ista yn y sêt gefn a'i wynab bach yn wyn fel blawd. A thra roedd Yncl Geoffrey yn bytheirio am ei 'licyl birdis,' a chrensian gêrs wrth yrru'n manic, fe ddigwyddodd yr uffernol. Mi ddaeth sŵn ofnadwy – sglaj... sglaj... sglaj wrth i'r adar bach hitio'r winsgrin, un ar ôl y llall. Mi gollodd Yncl Geoffrey y plot yn llwyr a dechra sgrechian,

'*My babies, my babies! What the fuck has he done, Moira?*'

Wrth agor drws y car er mwyn llusgo Carbo bach a'i fam allan, mi darodd y weipars mlaen ac mi drodd y winsgrin, reit o flaen ei lygada yn goch o waed ac arni blu lliwgar yn gymysg â phiga fflat a thraed bach. Ymddangosodd ewyn gwyn ar ochor ceg Yncl Geoffrey wrth iddo daflyd siwtcesys y ddau allan o'r bŵt. Triodd ei ora i roi blaen troed front o dan din Carbo, ond llithrodd ar wastad ei gefn ar un o'r caneris celain. Cydiodd ei fam yn llaw fach Carbo a miglo hi reit handi lawr y stryd am y ffordd fawr, gan adal Yncl Geoffrey yn sgrechian mewn *frenzy* ar y pafin.

Ar y trên ar y ffor adra mi ddudodd yr hogyn bach wrth ei fam ei fod o'n sori ofnadwy, ddim dros ei Yncl, ond dros yr adar bach lliwgar.

'Mond gneud be oeddach chdi'n feddwl oedd yn iawn 'nest di, washi, a dyna sydd yn bwysig.' Tynnodd o i'w mynwes a'i gadw'n saff yn nyth glyd ei chariad. Hen dwat oedd Yncl Geoffrey beth bynnag. Mond perthyn trwy gacan oddan nhw a'i gydwybod o fydda'n ei bigo digon i gynnig holidê iddyn nhw bob yn hyn a hyn, gan iddo briodi ei chwaer. Mae honno'n pydru yn y fynwant ers blynyddoedd bellach hefo drain a chwyn 'di tyfu dros fedd y graduras. Roedd Yncl Geoffrey 'di bod yn agosach at ei ganeris a'i fwjis nag at ei wraig erioed. A beth bynnag, gwae neb rhag rhoid brwsh bras dros gefn ei phlentyn hi! Yr hen fastyn brwnt.

Daeth sŵn cnocio nes bod drws glas y garij yn clecian a tharfwyd ar ei fyd bach llawn colomennod ynta. Mae'n rhaid bod y mecanics 'di cyrradd i ennill diwrnod arall o gyflog. Yn ei sana tyllog a phâr o drôns na fysa rhywun yn sychu dipsdic ei gar ynddyn nhw, mi aeth i lawr y grisia pren a'i ddwy folsan flewog fel llgada gwdihŵ yn hongian rhwng ei goesa. Mi stopiodd yn ei unfan a chysidro'r ffaith, pam ddiawl fysa'r gweithiwrs yn cnocio? Mae'n rhaid bod gynnon nhw oriada. Mi aeth yn syth am y swyddfa. Mi ratlwyd y drws eto ac mi aeth i ama yn syth mai'r plismyn oedd yno. Jest 'u steil nhw, ratlo rhywun ben bora. Toedd ganddo ddim clem be i neud nesa, felly swatio ar y soffa fysa'r peth gora a rhoi'i jaced ledar rownd ei glustia. Canodd y ffôn ar ddesg Mici. Be ddiawl oedd yn mynd ymlaen? Mi benderfynodd atab y ffôn.

'Good morning. Welcome to Sheila's Sauna Parlour.' Cymrodd ei amsar i feddwl be i ddeud nesa. 'We are very sorry but we are fully booked today. Please leave your name and number and we shall get back to you as soon as possible to book you an appointment.' Roedd o'n reit falch ohono'i hun am feddwl mor sydyn.

'Haia, Carbo,' medda Mici. 'Paid ag agor y drws, ocê. G'na ffafr i mi, dyro rwbath dros y ddau foto beic. Mae 'na rywun fysa'n gallu dangos gormod o ddiddordeb ynddyn nhw tu allan. Dwi ar 'yn ffor yna ŵan.' A mwya hamddenol mi ddudodd, 'Fydda i ddim yn hir, ocê? Cadwa dy cŵl.'

Felly roedd ei amheuon yn iawn. Bosib na copars oddan nhw. Mi saethodd lawr y grisia am y garij a chwilio am orchudd i'r moto beics. Ond toedd 'na'm byd i'w weld fysa'n gneud y tro, toedd y lle mor blydi taclus. Penderfynodd mai'r peth calla i wneud fysa eu cuddio yn y *spraying booth* allan o'r golwg. Yn ei drôns cadach llawr a'i sana tylla tatws, gwthiodd y moto beics o'r neilltu. Clywodd leisia diarth yn siarad y tu allan ac yna llais cyfarwydd – roedd Mici wedi landio, diolch byth. Cofiodd yn sydyn am yr Awdi A7. Mi roedd hwnnw'n boethach na tho sied tun yn India! Ffac, be ffwc oedd o'n mynd i neud?

Roedd hi'n rhy hwyr – clywodd yr allwedd yn mynd i mewn i dwll clo y drws bach. Mi aeth fyny'r grisia fel fflach, ond mi safodd ar rwbath miniog. Roedd y poen yn un annioddefol a brathodd ei fysidd i'w nadu rhag sgrechian. Hopiodd am y soffa fawr ddu a thynnu ei hosan dyllog yn ofalus. Cododd ei sowdl i ga'l edrych be oedd yn achosi'r fath ing a gwelodd ben sgriw fechan, un selff taping, wedi sincio'i hun yn sownd i'w sowdl. Cyn iddo ga'l cyfla i neud unrhyw beth, roedd Mici a'r ddau ymwelydd i mewn yn y garij. Sbiodd yn slei drwy waelod y ffenast ac mi oedd y tri yn anelu am y swyddfa. Mi gafodd banics llwyr a lwmp o baranoia 'run pryd. Be os na chwilio amdana fo roedd y plismyn? Am ei *'non-payments of fines'* sy 'di hel yn docyn mawr del o arian dros y blynyddoedd? Mae'n rhaid fod o'n filoedd erbyn hyn. Oedd hi'n dyngedfennol ei fod o'n cuddiad yn rhwla, ond lle?

Gwingodd mewn poen difrifol a fedrai o ddim denig i nunlla yr eiliad honno – roedd o mewn cyfyng gyngor mawr. Cododd un o'r clustoga eistedd o'r soffa ledar fawr a rhoi ei ddwrn drwy'r leining. Rhwygodd o'n agorad a gwthio'i hun i'r gwagla tu mewn a thynnu'r glustog dros ei ben a chuddio yng nghrombil y soffa. Daeth Mici a'r ddau arall i mewn i'r offis a sŵn eu traed i'w glywed yn glir drwy'r llawr pren. Cynigiodd Mici goffi i'r ddau a chyn i Carbo druan wybod be oedd yn digwydd tu allan i'w ogof ddu, mi steddodd y ddau lwmp uffar ar y soffa! Fedrai o'm coelio'i lwc – roedd o rŵan yn mynd i ga'l ei fygu i farwolaeth! Wrth i'r adrenalin ildio o'i gorff daeth y boen 'nôl i'w sowdl. Poen fel tasa 'na hoelan wynias wedi ei chwistrellu i waelod ei droed. Caeodd ei lygada'n dynn ac anadlu'n ara deg. Roedd 'na ddigon o le iddo ga'l ei wynt o leia.

Plismyn oedd y rhein yn bendant. Medrai o ddeud yn syth ffor oeddan nhw'n siarad a holi. Roddan nhw isio Mici gadw ei glustia'n agorad am ddau foto beic a gafodd eu dwyn o showrwm ar North Road. Hefyd, roeddan nhw'n ama eu bod nhw'n gwybod pwy oedd y boi ddwynodd y Capri. Fuo bron i Carbo ga'l rhech lyb yn ei ogof. Mi dorrodd Mici ar eu traws yn syth: *'Don't worry, gents, that's all been resolved. It was an error on our behalf and you need not chase it up. Thank you all the same.'*

Ffagin nais wan, Mici! A Susnag crand gin ti fyd, meddyliodd Carbo. Toedd o ddim yn lecio pobol oedd yn ffrindia hefo plismyn ac mi roedd hi'n amlwg fod y tri yma'n nabod ei gilydd yn eitha da. Ar ôl ryw 'chydig mwy o fân siarad a malu cachu a'i ddwy fraich yn mynd i gysgu yn trio dal yr horwth plisman uwch ei ben, deallodd Carbo fod y moch isio prynu'r Awdi A7. Ei Awdi o!

Addawodd Mici cyn gynted ag y derbyniai y gwaith papur anfonodd o i ffwrdd, y caent y modur am y pris teg a drafodwyd eisoes, dim problem. 'Sgafnodd y pwysa oddi ar Carbo – roedd y ddau fochyn yn codi i adael. Haleliwia, dyn bob lliwia!

Steddodd Mici yn ei gadair ac anadlu allan ei ryddhad. Daeth llais o'r tu mewn i'r soffa: "Sna jans am banad, ta?'

Neidiodd Mici yn ei sêt. 'Ffagin hel, Carbo, fu jest i ti roid hartan i mi! Be ddiawl ti'n neud mewn yn fanna?'

'Be ffwc wt ti'n neud yn delio hefo copars, dwi isio 'wbod?' oedd ei atab a'i lygada'n tanio wrth straffaglu allan o'r soffa yn ei drôns fel rwbath allan o *Lord of the Rings*.

'Dwi mewn ffogin agoni, i chdi ga'l dalld, Mici. Sgen ti sgriwdreifar yn handi?' Cododd ei droed er mwyn dangos i Mici achos ei wewyr. Edrychodd hwnnw ar ei broblam a dwedodd,

'Be wt ti di bod yn drio'i neud Carbo, trio pedoli dy hun?'

'Ffac off ia, a jyst tynna fo allan i mi nei di! Plîs, Mici.' Daliodd ei droed a thrio rhoi troad i ben y sgriw, ond roedd y boen yn ormod i Carbo. Cydiodd Mici ym mhen y sgriw a thrio rhoi plwc sydyn iddi allan. Gwichiodd Carbo fel cwningan mewn magl. Mi oedd hi'n styc yn nghnawd ei sowdl.

'Cashiwalti amdani. Tyd a'i â chdi yna, ŵan.'

'Ffwc o beryg,' medda Carbo. 'Dos i nôl pleiars o'r garij.'

Gwingodd wrth i Mici droi'r sgriw allan o'i sowdl a chafodd ryddhad enfawr o weld y pistyll o waed yn sbowtio o waelod ei droed. 'Ffagin Nora, diolch byth! Dangos y bastad peth i mi.'

* * *

Cododd Antonia un o garna Chief i ga'l gweld pa bryd y bydda angan sgidia newydd arno. Ym mhen 'chydig o amser mi fydda'r stalwyn yn mynd ar ei siwrna flynyddol draw am Iwerddon i roid ei hada mewn caseg er mwyn creu ebol gwerthfawr. Ond y flwyddyn hon ni fydda'n dychwelyd i frynia teca yr hen Sir Gaernarfon. Bydda'n ymddeol yn un o stabla fferm yr ynys werdd, gyda ffrindia teuluol Bwlch y Gloch. Colled anfarth i Antonia. Mi roedd Chief yn rhan allweddol o'i bywyd ers yn blentyn ac roedd y cyfnod hapus rhyngddyn nhw ar fin dod i ben.

Rhedag stabla a chadw ceffyla i wragedd pêl-droedwyr na fedrai sgorio gôls yn ochra Chestar 'na oedd ei gwaith bob dydd. Roedd wrth ei bodd ymysg y ceffyla ac yn fodlon iawn ei byd, nes disgynnodd hi mewn cariad a phriodi'r dyn roedd hi'n barod i rannu ei heinioes gydag o. Ond, ar ôl gaddo iddi ei fod yn llawn o berla, yn anffodus, cragan wag oedd o. Sylweddolodd yn sydyn iawn na hen fastyn brwnt oedd o yn y bôn, ac yn mynnu rheoli pob agwedd ar ei bywyd. Waldiodd ei hun sawl gwaith am lithro mor sydyn amdano fo a'i gariad sebonllyd. Glanio'n galad wnaeth hi yn y diwedd, yn y gwaelod un, yn deilchion. Gwnaeth bopeth y medrai er mwyn ailadeiladu ei hunan-barch.

Mwythodd o dan ên Chief, rhoi ei throed yn y warthol a thynnu ei hun i fyny i'r cyfrwy. Chwifiodd ynta ei gynffon a'i chludo'n urddasol am lôn y mynydd.

* * *

Steddodd Mici yn gwylio Carbo yn diawlio pob dim dan yr haul wrth roi tamad o wadin ar sowdl ei droed hefo mascin têp i'w ddal yn ei le. Daeth un o'r mecanics i gnocio ar ddrws y swyddfa a rhoi tocyn o lythyra i Mici. Holodd a oedd pob dim yn iawn a sbio'n od iawn ar y boi ar y soffa yn griddfan wrth drio gwisgo ei jîns. Ar ôl iddo adael bu tawelwch reit annifyr rhwng y ddau cyn iddyn nhw ddechra siarad ar yr un pryd, ond Carbo gafodd y blaen.

'Be ddiawl sy'n mynd ymlaen, Mici?'

'Hefo be?'

'Wel os wt ti yn llawia hefo'r copars 'na de, tydw i'm isio gweithio efo chi, iawn? Mi gewch chi'r pres sydd arna i i chi 'nôl drwy werthu'r Awdi 'na ddwynoch chi oddi wrtho i yn y lle cynta. Wedyn fyddan ni i gyd yn cwits byddan?'

'Fydda ni?' medda Mici. 'Dim dy gar di oedd o i gychwyn hefo hi, naci? Mond ca'l dy dalu am ddod â fo 'nôl o'r Almaen oedda chdi, ynde? A dim 'y mai i ydi o, bo chdi wedi bod yn ddigon gwirion i'w golli o, naci? Achos mewn ffor, dwi 'di achub dy groen di, do?'

Fedrai Carbo ddim anghytuno. Roedd o'n dallt na ei fai o'i hun oedd o am golli'r car i ddechra hefo hi, a gwyddai hefyd na Les Moore a'r hen wrach 'na oedd yn gyfrifol am y sting mewn tafarn wrth yr erport. Roedd y car heb ei gofrestru yn y wlad yma, felly matar bach oedd ailsbreo a rhoi hunaniaeth newydd i'r modur. Sut y medra fo 'di bod mor flêr? Roedd o'n teimlo'n uffernol o rwystredig a blin hefo'i hun.

'Am faint wt ti'n mynd i'w werthu o ta?' holodd Carbo.

'Deugian mil', medda Mici,

'Wel, mae 'na ddeg mil drosodd o'r ddylad felly, yn does Don Corleoni?'

Cythruddodd hyn Mici 'chydig, 'Oes, Carbo.'

'O, wela i! A pwy sy'n ca'l hwnnw ta?'

A dyna pryd y cododd Mici ato a deud yn dawal,

'Dwi'n cymryd pump, mae Les yn ca tair a ti'n ca'l dwy.'

'Be a dyna fo, ia? Mor syml â hynna? Dwi'n goro mynd drwy meri hel i ga'l 'chydig mwy na'n ffi gwreiddiol 'nôl? Ffaginel, Mici, cym on! Swnio ym bach rhy *cut and dried* i mi, ti'n dallt be dwi'n feddwl? So, os ti 'm yn meindio de, mi gymra i 'mhres rŵan ac mi a' i yn ffordd yn hun, thenciw feri mytsh. Ta oes gen ti a dy giangstar ffrend blania erill i mi, oes?' Toedd o ddim yn gwybod pa mor agos at y gwir roedd o. Roedd o'n dechra codi stêm.

'O, paid â deud 'thai, 'da chi am roid tenar i mi am 'y nhraffath 'fyd, i mi ga'l mynd lawr am y Bae 'na am eis crîm a sbin ar y ffycin meri go rownd, yndach? Dyna be 'di'r crac, ia Mici? Ffobio fi off ar ôl ca'l be da'ch chi isio. Wela i! Ddos inna ddim ar draws llyn mewn tun sardîns chwaith! Tala'n siâr i fi y funud 'ma ac mi a'i o dy wynt di am byth.'

'Ti 'di gorffan ŵan, do?' holodd Mici. 'Sgin ti ddim syniad, nag oes? Heblaw amdana i a'n giangstar ffrend, fel y galwist ti o, sa chdi 'nghanol y Bristol Channel mewn welingtyns sment. Pwy ddiawl wt ti'n feddwl wt ti, 'ogyn? Wel?'

Atebodd Carbo ddim. Roedd o'n gweld ei fod wedi gwthio Michael Finnley braidd yn rhy bell.

'Ti fatha hogyn bach, llawn sterics rôl colli ei lolipop yn y mwd ac yn meddwl fod o 'di ca'l andros o gam. Bechod drosta chdi. Oedd yr Anhysbys yn mynd i ga'l gwarad ohona chdi ar ôl y trip yma, i chdi ga'l dallt. Oedd gynnon nhw rywun gwell a rhatach na chdi.'

'Rhatach ella, ond ddim gwell,' oedd ymateb Carbo.

Roedd Mici yn berwi o dan ei groen.

'Os fysa ti wedi gwrando arna i yn y dechra a gneud fel y gofynnis i i chdi y tro cynta a pheidio mynd am herc yn y Capri oria mân y bora, fatha y coc oen anaeddfed yr wt ti, 'swn i 'di ista lawr a thrafod yn rhesymol a phwyllog hefo chdi. Ond na! Mae ego Carbo, hefo capital ffocin 'E' 'fyd, yn dy ddallu rhag y gwirionedd fel mae tomenni llechi'n cuddio'r wawr. A ti'n trio dy ora i gashio i mewn y *chips* nad wt ti ddim hyd yn oed wedi eu hennill eto. Felly, dduda i 'tha chdi be na i efo chdi, tyd 'nôl am bump pnawn 'ma ac mi gei di dy siâr, iawn? Rŵan esgusoda fi, ond mae'r ysgol feithrin yma 'di cau am y dwrnod!'

Syllodd Carbo drwy ffenast y colomennod ac yn ei ffor feiddgar ei hun, gofynnodd oedd 'na jans am *advance* ta? Pwsio'i lwc, ta' be? Cadwodd Mici ei cŵl cyn taro'r rhifa ar ddrws y sêff reit o flaen Carbo a thynnu wadan o fil o bunnoedd. Tynnodd y papur o'u amgylch, eu haneru a gosod pum cant union o arian sychion yn ei law, cyn ategu,

'Mae pob dim o dy eiddo di yng nghefn y garij. Mae'r gweddill yng nghefn yr Awdi fel y gwyddost ti. Les aeth i dy fflat di gyda llaw ac achub pob dim oedd gen ti, cyn i'r Anhysbys losgi'r lle yn ulw.'

Aeth ias trwy'i gorff. 'Pwy yda chi, ta?'

'Wela i di am bump,' oedd atab Mici.

★ ★ ★

Canodd cloch y ffôn uwch drws Bwlch y Gloch. Caeodd Toni ddrws y stabal a rhedag i'w atab.

'Haia, Tôn.'

'Iawn, Mici. Sut mae petha lawr yn fan'na?'

'Iawn, ond 'di petha ddim mor hawdd ag oddan ni'n 'i feddwl. Mae o angan ei ffrwyno!'

Roedd Gronw yn hofran uwch ei phen, yn trio clustfeinio ar ei sgwrs. Chwifiodd Toni ei braich i'w hel i'r gegin gefn i neud panad.

'Fydd on gallu gneud be 'da ni isio iddo fo neud ta, Mic?'

'Bydd, bydd, ond...'

'Ond dim byd, Mici. Sortia fo allan, wir Dduw. Yli, wn i be i neud. Dyro'r joban dod â'r moto beics fyny fama iddo fo.'

'Ti'n siŵr ŵan, Toni?'

'Wel, o leia ga i weld drosta i'n hun wedyn, caf? Ond paid ag esbonio dim byd arall iddo fo, iawn?'

'Iawn,' medda Mici. 'Siaradwn ni'n fuan.'

* * *

Sglaffiodd Carbo ei frecwast fel dyn ar ei gythlwng a sipian ei de cry melys yn swnllyd er mwyn ei oeri rywfaint. Achosodd sŵn ei slyrpio i amball un sbio'n fudur arno. Ond toedd o ddim yn ymwybodol o hynny o gwbwl am ei fod yn ei fyd bach braf ei hun – yng ngwlad yr wya meddal a haul y melynwy yn llifo rhwng dau gwch o sosijis ac ynysoedd o domatos ger traeth bychan o fara menyn lyfli. Lle clyd ydi bod ar goll ym mhlesera symla bywyd.

Roedd Les Moore yn ista mewn Vauxhall Nova bach du a'i gorff mawr trwsgwl yn llenwi'r car i'r ymylon. Gwelodd Carbo yn dod allan o'r caffi ac yn hoblan i fyny'r stryd tuag ato. Plygodd yn lletchwith i'r glyf compartment i stwna nes bod y car yn siglo, rhag ofn i Carbo ei weld a sylweddoli ei fod yn ei ddilyn. Ond roedd wedi ca'l copsan. Roedd y llanc wedi ei sbotio. Tarodd Carbo ei fys yn erbyn y ffenast a deud, 'Gobeithio y ffendi di be wt ti'n chwilio amdano,' a chwerthin cyn hoblan yn ei flaen i fyny'r stryd. Roedd hi'n ddiwrnod perffaith o wanwyn a mwg amball simna yn codi'n unionsyth a meddalu'n anweledig i'r awyr las. Galwodd heibio'i ffrind er mwyn prynu hannar owns o faco Brython Jameican a rowlio un fach dew i Ron, letar on.

Cerddodd yn ei flaen i fyny drwy Canton a mynd i'r parc i ffendio mainc er mwyn rhoi hoe i'w sowdl boenus. Taniodd ei smocsan a dechra cysidro ei ddyfodol. Roedd o wedi dod allan ohoni'n reit dda a theimlai fod petha ar i fyny iddo o'r diwedd. Clywai sŵn plant bach yn chwerthin a sgrechian, mama ifainc yn rhedag ar eu hola ac amball un o'r mama hynny'n codi awydd mwya sydyn arno. Am ennyd cwestiynodd be ddiawl oedd o'n mynd i neud hefo gweddill ei fywyd? Nid bod o isio setlo lawr na dim, gan fod hynny'n codi ofn arno braidd. Ond mi fysa ca'l bywyd reit normal yn beth braf, a chael cwmni merch ddibynnol yn brafiach fyth. Fysa hynny ddim 'di bod yn hawdd iawn iddo hyd yn hyn, roedd yr holl deithio 'nôl a blaen dramor a symud o un lle i'r llall wedi ei siwtio'n iawn. Ond teimlai fod angan 'chydig mwy o sefydlogrwydd arno. Tueddu i ga'l cwmni merchaid am noson neu ddwy oedd ei hanas a symud mlaen wedyn i ble bynnag roedd o'n gorfod mynd. Joban fel 'na oedd hi – dreifio am oria drwy Ewrop gyfa, clustog newydd bob yn ail noson. Cyffrous iawn am gyfnod, ca'l aros yn y gwestai gora un ond dro arall gorfod gwthio ei hun i'r *rac* dal bagia uwchben y seti i drio ca'l

'chydig o gwsg am fod y trên dros nos yn llawn, wrth fynd
â fo ar berwyl i rwla arall.

Gwenodd ar ferch ifanc wrth iddi blygu i godi plentyn bach
i'r bygi. Roedd gola haul y bora yn amlinellu ei chorff drwy
ei dillad a daliwyd yr eiliad rhyngddynt. Gwenodd hitha 'nôl
ato a gofyn, *'Rough night?'* Cofiodd ynta, mewn cywilydd, fod
ganddo ddwy sheinar.

*'Ai, you could say that. But it'll get better. I don't know about my
broken heart though.'*

Chwerthodd hitha'n ysgafn. Ond cyn iddo ga'l cyfla i'w dal
ymhellach yn nhalent ei sgwrs naturiol, roedd hi wedi troi
a mynd. Ond mi nath hi sbio 'nôl arno a gwenu'n serchus.
Fe'i gwyliodd hi'n gadal drw giatia'r parc a mentrodd weiddi
arni, *'Can I see you again?'* Ac er syndod mi drodd rownd a
deud,

*'Sort yourself out and maybe, maybe... I'm here most mornings,
if the sun's out.'*

Gwenodd ynta a chodi ei fawd arni.

Talodd ei buntan i ga'l mynd i ganol y dre ar y bys a
hwnnw'n llawn pobol a phlant o bob lliw a llun. Steddodd
ynta yn gwylio Cowbrij Road a'i chymeriada yn pasio
heibio. Sesami Street oedd y lle agosa y medrai rhywun
gymharu â'r stryd hon – roedd pob math o greaduriaid i'w
gweld yma.

Penderfynodd ei fod angan ffreshyn yp, yn enwedig ar
ôl ei *brief encounter* yn y parc. Felly mi aeth yn syth i siop
ddillad yn y dre, lle roedd cyfaill iddo'n gweithio, a bydda
hwnnw'n rhoi gostyngiad sylweddol iddo bob tro yr âi yno.
Cerddodd yn syth at shilff Levi's a chodi dau bar o jîns, dau
T-shirt, dau grys, paciad o dronsia da, sana ffresh a phâr o
dreinars Adidas i'w draed blinedig, yn ogystal ag un pâr o

drôns nofio. Yna aeth yn syth at y cowntar. Gwnaeth hyn i gyd mewn un cylch, heb ebwch na stop. Plonciodd ei siopa o flaen Gethyn Eda ac ysgwyd ei law yn wresog. Ar ôl y rigmarôl arferol o ofyn sut wt ti a ballu, mi ofynnodd Carbo a gâi o dalu mewn ewros. Cafodd ei dri deg y cant arferol i ffwrdd oddi ar y dillad a tharodd ugian ewro ym mhocad top Gethyn Eda. Bachodd bâr o sbectols haul ar ei ffor allan. Gweiddodd Gethyn arno i ofyn sut y cafodd y sheinars 'na? 'Ca'l ffeit hefo rhyw foi am ei fod yn fusneslyd,' oedd ei atab chwim. Diolch byth, roedd o'n meddwl iddo ga'l copsan am ddwyn y sbectol haul.

Nôl yn y garij, roedd Mici a Les yn sbio dros y ddau foto beic y buodd Carbo yn gweithio arnyn nhw. 'Mae o 'di gneud joban dda,' medda Mici. 'Wedi 'i stripio'n ôl a beipasio'r *ignition*.'

'O, a be ti'n ddisgwl i mi neud, Mic? Roid sws iddo fo, a deud diolch yn fawr wrth y twat bach, ia? Wt ti ddim yn disgwyl iddo fo fod yn rhan o'r trip 'ma go iawn, wt ti? Iw wêt and si ffor ior selff Michael Finnley, unwaith geith o'i bres pnawn 'ma welwn ni ddim lliw ei din o, siŵr Dduw.'

'Gawn ni weld, Leswold, gawn ni weld. Rŵan stopia dy hefru a tyd â hand i mi roid y beics 'ma yng nghefn y fan.'

Agorodd Carbo y locyr a rhoi ei fag o ddillad newydd i mewn ynddo. Rhoddodd y lastig dal y goriad am ei arddwrn a thaflyd ei ddillad budron i'r bin. Plymiodd i ben dyfn y pwll nofio, byrlymodd swigod yn braf ar hyd ei gorff a gwasgwyd y tu mewn i'w glustia gan y dyfnder. Golchodd y *chlorine* y budreddi'n lân oddi ar ei gorff. Roedd wrth ei fodd yn nofio ac fel sliwan yn y dŵr. Wedi nofiad galad oddeutu deugian length, safodd am hydoedd o dan ddŵr poeth y cawodydd, golchodd ei wallt a sgwrio ei hun hefo tamad bach o sebon a adawyd gan rywun arall. Cerddodd yn goc noeth at ei locyr a chofio nad oedd ganddo dywal. Damiodd ei hun. Estynnodd am ei walat o'r bag dillad newydd a thynnu pin reit hir a phlyg yn ei phen.

Toedd 'na neb o gwmpas felly aeth ati i dorri i mewn i locyr rhywun arall ac wrth dynnu'r llian allan, disgynnodd walad ledar drwchus i'r llawr, ynghyd â goriada i gar reit grand. Agorodd y waled ac ynddi roedd llu o gardia banc a thocyn reit ddel o bres. Gwelodd gyfla i dorri'n rhydd yn agor o'i flaen, ond gwelodd hefyd lun gwraig a phlant yn sbio 'nôl arno. Meddyliodd am wagio'r walad, ond mi gafodd bigiad o gydwybod a phenderfynu gadal y walad a'r car lle roddan nhw a mond bachu'r tywal. Mi oedd 'na adag pan fysai'r car crand yn gwibio am shandri Mr Ferry a chynnwys y walad ar fin ca'l ei sbydu ar bob math o hen gachu. Sychodd ei hun reit handi a theimlo'n fodlon ei fyd. Rhoddodd drôns newydd am ei din a chododd ei droed i ga'l sbio ar ei ddolur diweddaraf. Gwelodd fod y twll bach coch, lle bu'r sgriw selff taping, yn lân neis. Gwisgodd weddill ei ddillad newydd a tharo'i ben dan y sychwr dwylo i dwtio'i wallt nyth brain. Roedd y cleisia o dan ei lygad 'di dechra melynu fel y machlud ar derfyn dydd. Gwisgodd ei sbectol haul a theimlo'n falch ei fod yn edrach yn fwy fel fo'i hun unwaith eto.

Cerddodd i mewn i garij 'Ceir Finnley Autos'. Roedd hi'n brysurdeb gwyllt yno a sylwodd fod un o'r mecanics 'di dechra'r gwaith o drwsio'r Capri a falodd o. Aeth i 'nôl ei *holdall* o drwmbal yr Awdi. Paciodd 'chydig o betha personol oedd ganddo ac aeth i fyny i'r swyddfa.

'Be wt ti am neud hefo gweddill dy betha sy yn y cefn 'na ta? Cario nhw i gyd o 'ma yn dy *holdall*, ia?'

'Llosga nhw os wt ti isio, Les, motsh gin i, li,' oedd yr atab swta a gafodd. Dywedodd wrthyn nhw nad oedd o'n fodlon gweithio gyda neb a oedd yn delio hefo copars, ac unwaith y câi o'i siâr o bres budur y glas, mi âi o'u gwyneba am byth. Mi wnaeth Les wynab ar Mici gystal â deud, ddudish i, yn do. Steddodd Carbo a thrio'i ora i fod yn cŵl ac yn calciwleted, ond mi aeth ei din yn syth lawr drwy'r twll yn y soffa. 'Bastad,' meddai dan ei wynt. Ymledodd Mici yn ei gadair esmwyth a chodi'i draed a'i *brogues* drud ar ei ddesg, cyn deud,

'Dim ots i chdi pwy 'da ni'n delio hefo nhw, nac 'di? 'Da ni'n tri yn gwybod bo chdi'n dod allan ohoni reit dda, tydan?'

Fedrai Carbo ddim gwadu hynny.

'Ond sgodyn bach dwi yn hyn i gyd, ynde, Mici ac a bod yn strêt efo chdi, sa lot well gin i ffendio afon 'yn hun. Y chi landiodd fi yn y miri yma i ddechra hefo hi.'

'Ia, a ni safiodd chdi hefyd, cofia di hynny. Oeddach chdi 'di mynd i *routine*, doeddat? Parcio'r car yn 'run lle ar ôl dod 'nôl o dy drafals. Steing un ddy sêm plesys. Oedd rywun bownd o dy farcio di a dy bigo di off, doedd? Felly ti'n lwcus na ni oedd y cynta yn y ciw, dwyt synshein,' meddai Les.

'Paid â 'ngalw fi'n synshein, y ffwc tew.'

Toedd Les ddim mor dew â hynny, mond bod ganddo gorff mawr trwsgwl, fel wordrob ar goctel stics o goesa. Ac mi oedd o'n reit groendena ynglŷn â'i bwysa, ac roedd Carbo wedi sylwi ar hynny wrth gwrs. Ond cyn iddyn nhw ga'l cyfla am sbat arall, mi ganodd y ffôn ar y ddesg. Am ryw reswm mi sbiodd pawb ar ei gilydd, fel tasa nhw rioed 'di clywad ffôn o'r blaen. Atebodd Mici,

'Haia, Toni. Yndi, 'ma chdi yli. I chdi mae o, Carbo.'

'Be?'

Ystumiodd Mici arno i ddod ato. Roedd ei galon yn ei wddw wrth iddo roi'r ffôn i'w glust. A chlywodd lais melfedaidd Antonia am y tro cynta.

'Haia, ti 'm yn nabod fi, ond dwi 'di clywad lot amdana chdi.'

Toddodd rwbath tu mewn iddo pan glywodd y llais a oedd fel llefrith cynnas.

'Antonia ydw i a fel dwi'n dallt, rwyt ti am godi dy bres a gadael, wt ti?'

Am unwaith doedd ganddo ddim atab. Sut roedd hon yn gwybod?

'Wel, heblaw amdanan ni, fysa chdi ddim yn y sefyllfa freintiedig yma, na fysat?'

'Wel na fyswn, am wn i,' atebodd.

'Iawn ta, Carbo...'

Ffac mi, oedd hi'n gwbod ei enw fo fyd!

'Mae gen i gynnig i neud i chdi. Weli di'r amlen ar y bwrdd?'

'Gwela.'

'Wel, mae gen ti'r hawl i'w chymeryd a gadael, neu aros a gwrando ar be sy gynna i i'w ddeud.'

'Iawn,' meddai'n dawel. Llyncodd ei boer. 'Wranda i ar be sy gynnoch chi ddeud gynta.'

'Mae'n rhaid i chdi siarad hefo'r ddau yna fel dyn o hyn ymlaen a dangos 'chydig o barch atyn nhw, wir Dduw. A dyro'r gora i bigo dadl hefo Les bob dau funud. 'Da chi'ch dau 'tha plant bach.'

Mae hon yn gwbod pob dim, meddyliodd.

'Iawn,' meddai.

'Ryda ni wedi dy warchod di, Carbo.'

Fedra fo ddim ymateb.

'Be sy? 'Di colli dy dafod mwya sydyn? Wel, o be dwi'n glywad ti'n goc i gyd fel arfar *smooth enough to slide*, medda nhw. Meddwl bo chdi'n rêl boi dwyt, sgwario hi ar hyd y lle 'na.' Roedd hi'n trio ei dorri lawr ryw 'chydig ac yn llwyddo. 'Dwi'n meddwl bod hi'n hen bryd i chdi ddangos 'chydig o barch a ffydd ynon ni. Yn tydi?'

'Yndi,' a dechreuodd ei wefus grynu rywfaint.

'Ti'n ddyn ifanc hefo pob dim o dy flaen di. Felly, os gwela i di, mi wela di. Os ddim rhyngoch chdi a dy betha. Ond mi fysai'n braf ca'l dod i dy adnabod di'n well i ni ga'l trafod ymhellach. Mae hynny i fyny i chdi ŵan, tydi Carbo? Dim hogyn bach dy fam wt ti rŵan, naci? Mae hi'n hen bryd i chdi dyfu fyny sti, a gwynebu dy gyfrifoldeba.'

Mi chwalodd hyn Carbo yn deilchion a dechreuodd rigian wrth drio'i ora i atal y llif anferthol o emosiyna rhag dod i'r wyneb. Pwy uffar oedd hon ar ben arall y lein? Gadawodd Mici a Les yr offis wrth ei weld yn stryglo i gadw trefn ar ei deimlada. Daeth sŵn nadu o le dyfn oddi mewn iddo. Roedd o wedi ei dorri a fedra fo ddim dal na diodda dim mwy. Ei galedwch allanol oedd wedi ei gadw'n wydn drwy'r stormydd diweddara.

'Wt ti'n dal yna?'

'Yndw,' meddai.

'Anadla'n ddyfn.' Ond roedd o wedi chwalu'n ddarna ac yn teimlo'n fethiant, yn pathetig ac yn dda i ddim i neb. A gwaeth na hynny roedd y person yr ochor arall i'r ffôn wedi clywed rhaeadra ei galon yn tasgu, bron na fedrai hi flasu ei ddagra poeth hallt. 'Cym ofal, Carbo. Mi neith yr hogia ddeud 'tha chdi be sydd am ddigwydd nesa, os wt ti am aros o gwmpas, de!'

Yna, mi aeth y ffôn yn fud. Sychodd ei ddagra a'i gywilydd a rhoi'r amlen gyda'r pymtheg cant a oedd yn ddyledus iddo yn ei bocad. Sbiodd drwy'r ffenast i lawr i'r garij. Roedd Les yn siarad efo Mici, ond fe drodd y ddau eu penna yn union ar yr un pryd a sbio 'nôl arno a chodi eu bodia arno. Cydiodd ynta yn ei fag a mynd lawr atyn nhw. Roedd cywilydd enbyd arno. Hen doman lechi yn cuddio'r wawr eto.

'Dwi angan amsar i feddwl am betha, iawn?'

'Iawn, siŵr,' meddai Mici.

'Fydda i 'nôl yn y bora.'

Taflodd Les oriada y Nova bach du iddo. 'Mae o tu allan. Paid â'i falu o, iawn?' a gwenodd arno.

'Diolch, Les.'

★ ★ ★

Roedd y *Celtic Pride* ar fin docio yng Nghaergybi a sŵn y propelars yn rhuo am yn ôl wrth droi cefn y llong enfawr at wal yr harbwr. Roedd Dafydd Aldo wedi gorffan ei shifft ac yn edrach ymlaen at ga'l dod oddi ar ei bwrdd am 'chydig ddyddia. Roedd o wedi bod yn stiward ar y llong ers rhai misoedd, ac yn ffendio hi'n dipyn o slog, wrth iddo fynd 'nôl a blaen i Werddon ddwywaith y diwrnod. Hefyd, bydda'n gorfod delio hefo pob math o drafaelwyr, a jyglo gwydra wrth ddal ei draed ar y dec pan oedd môr Cymru yn ffraeo â thonna Gwyddelig. Ond mi oedd 'na reswm elwach pam ei fod yno'n gweithio. Roedd o wedi bod wrthi'n ddygn yn dod o hyd i fesuriada'r llong. Clodd ddrws lolfa y staff rwm ar ei ôl ac aeth i mewn i'w locar i nôl ei ffôn. Tynnodd lunia o bob ongol i'r stafall, gan gynnwys y cadeiria a oedd yn sownd solat i'r llawr, y locars a phob dim arall a oedd yno. Roedd ei waith yn fama wedi ei wneud, nodiada a mesuriada i gyd wedi eu cofnodi yn dwt a thaclus. Llunia o'r coridora a faint o risia oedd rhwng pob dec. Roedd yn nabod pob twll a chornal o'r *Celtic Pride* erbyn hyn.

★ ★ ★

Roedd Cidw y Ci Du yn ista yn ei gar yn y maes parcio ger yr harbwr, er mwyn cyfarfod â'i hen ffrind ac esbonio cama nesa'r cynllwyn iddo. Taflodd Dafydd Aldo ei fag ar y sêt gefn a mynd i ista wrth ei ochor.

'Cidw, yr hen bartnar! Sut wt ti ers stalwm?' Cofleidiodd y ddau ac ysgwyd dwylo. 'Sut mae hi wedi bod yn mynd yn y ddinas fawr 'na ta?'

'Ma rhai pethe'n shino fel ceillie milgwns yn yr hoil, bachan. Stopwn ni am beint tu draw i'r bont i esbonio rhai newidiade bach yn y planie. Gei di'r hanes i gyd 'da fi.'

* * *

Yn Dyrti Cassi's dywedodd Slim, y barman, fod Carbo'n edrach lot gwell, wrth dywallt dwbwl Bacardi iddo a llenwi'r gwydr efo rhew. Diolchodd am y ddiod a thalu cyn codi o'i stôl i weld y byrdda chwara. Doedd ei feddwl ddim ar y gamblo o gwbwl. Roedd o'n methu'n glir â cha'l y llais esmwyth o'i ben ac yn torri ei fol isio gwybod pwy oedd y ddynas chwalodd ei feddylia. I dynnu ei feddwl oddi ar betha penderfynodd ga'l *flutter* bach. Newidiodd bum cant o bunnoedd am y *chips* i ga'l chwara roulette. Toedd ganddo ddim llawar o fynadd chwara'r rhifa, felly rhoddodd y cwbwl ar y lliw coch mewn gobaith o ddwblu ei bres. Taflwyd y belan fach loyw i mewn, a llygada eiddgar y pyntars eraill yn ei gwylio'n clecian rownd yr olwyn ac yna'r geiria, *'No more bets'* a'r cliciada ola, tyngedfennol, fel tician cloc yn dod i stop.

'*2 black.*' Cachu mochyn, meddyliodd. Tynnodd bum cant arall o'i bocad ac yn hytrach na'u newid am *chips*, rhoddodd y cwbwl ar y lliw coch unwaith eto. Cyflyrodd hyn y gweddill ar y bwrdd i sbydu mwy o'u pres hwytha, 'cofn bod gen yr hogyn yma *edge* ar betha. Peth fel 'na ydi chwara hap, toes 'na ddim rheola. Mympwy ydi'r gêm – dal yn dynn a gobeithio y gnei di guro'r casino.

'*No more bets ladies and gents. 6 red.*' Roedd yn lefal, a'r awydd i gario mlaen ar flaen ei fysidd. Ond mi benderfynodd adael a deud gwd bei wrth Slim y barman. Cynigiodd hwnnw le iddo aros am y noson, er mwyn ca'l chwara Grand Theft Auto, ca'l 'chydig o gania a llosgi'r gwyrdd fel byddan nhw'n arfar ei neud ers talwm. Ond gwrthod 'nath o. Cynigiodd eu bod yn mynd i'r clwb 'na '*to pick up some Welshies*'. Toedd o ddim yn siŵr iawn oedd Slim yn gwybod mai Cymro glân gloyw oedd o gan ei fod yn amal yn newid ei acen gref ogleddol i siwtio lle bynnag yr oedd o. Roedd ganddo glust dda ac felly mi fedrai bigo acen rwla mewn chwinciad ar ôl ei holl deithio ac wedi pigo pytia o ieithoedd eraill ar ei drafals hyd yn oed.

* * *

Ar fuarth Bwlch y Gloch roedd Ffred y ci'n cythru ac yn rhedag 'nôl a blaen. Cododd Gronw o'i wely a thynnu mymryn o'r cyrtan yn gorad i ga'l gweld be oedd yn styrbio Ffred mor hwyr y nos. Gwelodd ddau ola coch car Cidw yn gadael a Dafydd Aldo, ei fab, ar ei goesa simsan yn croesi'r buarth gan weiddi ar y ci i gau ei hopran. Mi wyliodd o'n ymbalfalu drwy ei bocedi am oriad, roedd fel cortyn yn y gwynt. Yna, agorwyd clicied y drws. Roedd ei fab adra'n saff ac yn deud shish, shish, shish wrtho'i hun gan daro pob dim ar ei ffordd i mewn o'r pasij i'r parlwr tân ac yna i'r gegin fach yn y cefn. Ratlodd drwy bob cwpwr ac wedyn y ffrij wrth chwilio am fwy o ddiod. Bu'n hefru a rwdlan iddo'i hun cyn ffendio cadair i eistedd arni. Ar y bwrdd roedd tusw o floda gwyllt mewn potal lefrith a photal o Stella wrth ei hymyl. 'Diolch sis,' meddai wrtho'i hun. Eisteddodd ger y lle tân a hwnnw erbyn hyn fel twll tin ci a mond smijyn o gochni i'w weld ynddo. Agorodd y botal a chymryd swigsan go lew. Gyda'r botal wedi ei hasio rhwng ei ddwy law, aeth ei ên i'w frest a chaewyd sinema ei feddwl. Fyddai o fyth yn cyffwrdd mewn diferyn o lysh pan roedd o ar manwfyrs. Toddi i mewn i'r cefndir a dod yn un ohonyn nhw fydda fo gan osgoi tynnu gormod o sylw ato'i hun. Bod yn ddyn llwyd, dyna oedd ei arbenigedd, ond unwaith y bydda'n darfod joban, bydda blas y barlys yn mynd yn drech nag o. Lle mae camp, mae rhemp, adnabod y bastad peth 'di'r boi. Chwyrnodd mor drwm nes bod y gwe pry cop yn codi a gostwng rhwng y trawstia uwch ei ben.

* * *

Gadawodd Carbo sŵn byddarol Dyrti Cassi's ac ogla chwys a phersawr rhad yr hŵrs drud. Teimlai yr awyr iach fel crib anweledig yn mynd drwy'i wallt. Taniodd y car bach du a dreifio'n dawal o dan oleuada strydoedd y ddinas. Wrth yrru i lawr Penarth Road diffoddodd goleuada'r stryd yn un rhes ar ei ôl ac wrth sbio yn y drych, gwelodd ffenestri'r adeilada uchel yn gannoedd o lygada llwydaidd yn edrych nôl arno. Be wnâi o? Roedd Penarth i'r chwith a'r maes awyr yn syth o'i flaen. Rhoddodd y radio ymlaen a daeth llais anhygoel Otis Redding yn canu 'Dock of the Bay'. Trodd drwyn y car am y tonna. Dilynodd Swanbridge Lane oedd yn arwain at ddwy ynys yng ngheg yr Hafren a pharcio'r car i wynebu'r traeth. Disgynnodd y dafna lleia o law mân ar y winsgrin a sylwodd ar y cymyla'n dechra berwi ar y gorwel. Gwelodd ola gwyrdd a choch ar fastia uchel llong yn hwylio y tu ôl i'r ynys agosa ac yna'n diflannu, cyn ymddangos eto fel coedan Dolig. Sgrechiodd dwy wylan a chrawciodd 'na frân wrth iddyn nhw ffraeo'n ffyrnig am grystyn rhwng y creigia. Ysgydwyd y car bach gan hyrddiad o wynt.

★ ★ ★

Clywodd Mici Ffinn sŵn y bwledi'n chwibanu heibio'i glustia a'i waedd yn ymbilio arnynt i gadw eu penna i lawr. Yna'r sŵn dychrynllyd, na ŵyr neb amdano, mond rhywun sydd wedi profi'r erchylltra a'r chwibanu yn mynd heibio'i glustiau, a hwnnw wedyn yn stopio'n stond a phob dim yn arafu – y ddaear yn cymryd ei hanadl a phen un o'i gyd-filwyr wedi ei chwalu o'i ysgwydda.

Ochneidiodd a chodi'n sydyn o'i gadair esmwyth. Roedd y cenllysg fel bwledi yn taro to dur y garij. Rhwbiodd ei wynab blinedig a dal ei ddwy law gyda'i gilydd i'w llonyddu. Agorodd ei wasgod a llacio'i dei coch tywyll. Cododd y ffôn ac yna ei roi i lawr pan ogleuodd fod Les 'di taro wopar o rech ddrewllyd ac yn dechra cwyno bod y soffa yn ffwcd.

'Ar ôl i'r twat bach 'na neud twll ynddi. Toedd y sgilffyn uffar mond arni am noson a mae o 'di manijo malu'r ffocin thing. Not gwd inyff Michael, not gwd inyff.'

Cododd Mici'r ffôn a deialu. 'Haia ... Ia wn i ... Be?... O, do. Fydd o draw nes mlaen i ga' lwc ar y boilar ... Ia, ia, cŵl. Kids yn iawn? ... Ia, ia, grêt ... Iawn. Es di â'r hogyn cw' i trening ffwtbol? ... Da, da iawn fo. Bril ... Ia, wn i. Prysur di, de? ... Noson, ella dwy, dwn i'm eto. Yli, wela i chdi a'r kids cyn i mi fynd... Gnaf. Ocê ... Ia a chdi fyd. Ta-ra ŵan, ta-ra pishyn.'

Tynnodd Les ei drôns o rych ei din a chodi i neud panad gan gwyno bod 'i gefn o'n brifo.

★ ★ ★

Steddodd Toni ar greiglan wastad ar ben y waun a blancad ceffyl dan ei thin a'i choesa wedi plethu. Roedd ystum ei chorff yn hollol agored a Chief yn synhwyro'r awyr, fel petai'n gwarchod ei diriogaeth. Ond roedd hi yn ei byd bach ei hunan, mewn bydysawd enfawr, yn derbyn be bynnag a ddeuai i'w meddwl ac yna'n ei adael o i fynd. Ymgeisiodd i lonyddu fflam y gannwyll yn stafelloedd yr ymennydd a cheisio osgoi canolbwyntio ar unrhyw beth. Cysylltodd â'r greiglan oddi tani a gyrru egni'r ddaear drwy gaead ei phenglog gan ymdawelu a mwmian ei mantra, y pylla tyfnion gwyrddlas yn llydan agorad, a'r byd o'i chwmpas yn ca'l ei adlewyrchu yng ngwlybaniaeth cannwyll ei llygaid. Gweryrodd Chief a tharo'i droed blaen ar y grug. Collodd hitha ei chanol llonydd a gwenu arno fel tasa hi erioed wedi ei weld o'r blaen. Tarodd y flanced ar ei gefn a'i farchogaeth yn ddigyfrwy gerfydd ei fwng 'nôl am adra.

Clepiodd drws Bwlch y Gloch lawr yn y dyffryn a steddodd Dafydd Aldo ar stepan y trothwy a chyfogi, nes bod y dagra'n powlio, ond roedd yn gyndyn i adael neb wybod ei fod yn sâl fel ci.

★ ★ ★

Daeth rat-ta-tat o'r tu ôl i ddrws bach y garij. Sbiodd Les a Mici ar ei gilydd a throi i edrych ar gloc Michelin Man. Roedd ei fys mawr ar wyth a throed y dyn llawn gwynt ar twenti ffeif tw. Roedd 'na ddau bosibiliad – un ai roedd un o'r mecanics 'di anghofio'i oriad, neu roedd y boi gafodd fenthyg y Vauxhall Nova bach du yn ei ôl. Rat-ta-tat eto. Aeth Les i lawr i agor y drws a chroesodd Mici bob dim mewn gobaith. Chwipiodd y gwynt a'r glaw drwy'r drws cul. Clywodd Les yn gweiddi,

'Ia, y twat bach 'na sydd yn ei ôl. 'Di'r car yn gyfa tro 'ma?'

Cerddodd Carbo heibio iddo, heb ddeud bw na be. Toedd o ddim yn foi boreua. Gadawodd gwaelod ei dreinars newydd eu hoel glyb wrth anelu'n syth am y swyddfa. Ochneidiodd Mici ei ryddhad.

* * *

Twt- twtian iddo'i hun ac ysgwyd ei ben roedd Gronw uwch bwrdd y parlwr tân a'i ferch yn eistedd gyferbyn yn gneud llygada bach arno i beidio â deud gair. Cariodd Dafydd debot o de mewn un llaw a thair cwpan yn y llall a'r rheini'n tincial yn erbyn ei gilydd oherwydd ei gryndod yn dilyn y noson ar y cwrw. Steddodd a thywallt y llefrith yn grynedig.

'Sgen rywun rwbath at homar o gur pen?' gofynnodd.

'Oes,' medda Gronw. 'Bonclust go hegar bob ochor iddo fo! Be uffar ddoth dros dy ben di, hogyn? Mae gynno ni drip ar y gweill ac mi oddat ti fatha het rownd y tŷ 'ma neithiwr, a rwyt ti fatha cadach llawr rownd y lle y bora 'ma. Blydi hel Aldo!'

'Dad, gadwch lonydd iddo fo. Gin bawb yr hawl i ga'l ei ben yn rhydd weithia, does? Mae o wedi bod yn gweithio'n galad iawn i ni, chwara teg. Rŵan, ga i fyta 'mrecwast mewn heddwch, os gwelwch yn dda?'

Toni oedd meistr a mistras y tŷ fferm hwn, go iawn.

* * *

Esboniodd Carbo ei fod wedi meddwl yn ddwys am betha ac y bysai'n haws i bawb pe bydda fo'n mynd ei ffordd ei hun. Ond toeddan nhw ddim am wneud petha mor rhwydd â hynny iddo. Gofynnodd y ddau iddo a fysa fo'n fodlon gneud ffafr iddyn nhw yn gynta, drwy ddreifio'r fan i'r gogledd a throsglwyddo'r ddau foto beic. Mi gâi ei ben yn rhydd am 'chydig wedyn.

'Be, a dyna fo, ia?' holodd.

'Ia, besicli,' meddai Les.

Gwyddai Carbo nad oedd ganddo lawar o blania eraill ar y gweill ac ar ôl cysidro, mi gytunodd. Mi wnâi trip bach allan o Gaerdydd fyd o les iddo. Roedd o'n gwybod bod y ddau foto beic wedi eu dwyn, wrth gwrs, ond ei bod yn amhosib olrhain eu hanas erbyn hyn. Holodd a fydda'n cario rwbath arall doji, ond cadarnhaodd Mici, heblaw am 'chydig o ddisyl coch oedd ar ôl yn y tanc, bod pob dim *above board*. Gofynnodd i bwy roedd o fod trosglwyddo'r *goods*. Tynnodd Mici ffôn newydd o'i ddesg a'i roi i Carbo.

'Mi gysylltwn â chdi ar hwn, ocê? Mae o wedi ei jarjo a'n rhifa ni ynddo fo i chdi'n barod. Paid trafod yn busnas ni ar dy ffôn personol ar unrhyw adag, ocê? Mi gysyllta i â chdi nes mlaen i ddeud yn union lle rwyt ti fod i'w gyfarfod. A dyma gan punt i chdi ga'l bwyd a disyl.'

Mi wyddai fod 'na rwbath ar y gweill, ond penderfynodd beidio â holi 'chwanag.

* * *

Tolltodd Toni lond gwydriad o ddŵr rhew a lemons 'di chwarteru i wydr ei brawd. Mi yfodd o hwnnw ar ei dalcan. Dywedodd fod Cidw ar ei ffordd 'nôl i Lundan er mwyn cyfarfod Jiffy, cariad Dafydd ers rhai blynyddoedd, ond ryw berthynas digon oeraidd oedd wedi bod rhyngddyn nhw ers rhai wsnosa. Mi âi y plania rhag blaen wedyn ac mi gaen nhw i gyd wybod be fyddai'r cynllunia manwl. Pe bydda pwysa'r cerrig yn dderbyniol a'u tryloywder yn glir mi gâi'r trip fynd yn ei flaen. Holodd Gronw oedd o'n hollol sicr y bydda'r cludwyr am gymeryd yr un siwrna ag arfer.

'Bydd Cidw y Ci Du bownd o lynu ar eu gwartha pa bynnag ffordd y dôn nhw. Fydd dim angan iddo boeni – mae pob dim yn dechra dod at ei gilydd,' oedd yr ateb i'w dad.

'Ydi Mici Ffinn a'r hogia'n barod?' gofynnodd Gronw, yn amlwg yn pryderu am y plania. Ond tarfwyd ar eu cyfarfod pan gyfarchodd Ffred y ci Gwil y Posman tu allan.

'O, ffo ffocs sêc, 'di hwn dal yn fyw?' meddai Dafydd Aldo.

Daeth Gwil i mewn yn llawn hwylia a deud bod ganddo barsal reit drwm i Antonia yng nghefn y fan.

'Ond ta waeth am hynny ŵan, mi gymra i banad yn gynta.'

Roedd wedi synnu gweld Dafydd adra a gwnaeth ryw hen ffys fawr ohono drwy rwbio'i wallt, fel sa fo'n dal yn blentyn a'i holi fo'n dwll efo cwestiyna fel, 'Lle uffar wt ti 'di bod yn cuddio 'machgian i?' ac 'Wt ti 'di priodi bellach?' Fedrai Dafydd ddim diodda Gwil Posman. Roedd o'n busnesu gormod a malu cacan am yn ail. Y person ola roedd o isio'i weld peth cynta yn y bora efo homar o benmaenmawr. Ond cododd yn fonheddig i'w gyfarch a rhoi mwy o ddŵr poeth yn y tebot er mwyn i'r rwdlyn mwya greuwyd erioed ga'l panad. Roedd Gwilym yn trio'i ora i ga'l gwybod be oedd yn y parsal ac wedi dod i'r casgliad mai petha i Chief, y ceffyl, oedd ynddo mae'n siŵr am fod sŵn clinician dur tu mewn iddo. Cadarnhaodd Toni ei fod yn llygad ei le. Yr hen uffar

busneslyd iddo fo. Gwyddai hitha fod petha pwysig iawn yn
y parsal.

★ ★ ★

Gadawodd Carbo gyrion y ddinas ac ar y sterio roedd 'Kaya'
gan Bob Marley yn blastio drwy spicars y fan. Roedd y cymyla
llwyd yn dechra cilio a chlwt bach o lesni i'w weld yn torri
trwadd. Cofiodd eiria'i dad – 'Os gei di un tamad bach o lesni
clir yn ciledrych drwy'r cymyla duon, mae gin ti obaith am
ddiwrnod go lew o dy flaen.' Roedd 'na ysgafnder hapus yn
treiddio trwyddo. Tynnodd y fan i mewn i garij betrol yn
Abercynon. Rowliodd un fach dew i Ron, letyr on a'i rhoi tu
ôl i'w glust. Prynodd fechdan prôn meonês, porc pei, paciad o
sgampi ffreis a pheint o lefrith ffwl ffat. Ar y ffor allan, bachodd
fwnsiad o rosod melyn o un o'r bwcedi. Taniodd y Mersidis
gwyn a dechreuodd ddilyn y gnawes ddu o lôn am y gogledd.
Roedd hi'n braf bod 'nôl ar y ffordd unwaith eto.

★ ★ ★

'Mae o wedi mynd,' medda Toni. Ond toedd 'na ddim atab
o'r gegin gefn. 'Mae Gwil 'di gadael,' meddai eto wrth fynd i
chwilio am ei brawd. Roedd Dafydd Aldo yn pwyso yn erbyn
y polyn lein yn yr ardd gefn. Teimlai fod pwysa anferth wedi
bod ar ei ysgwydda yn ddiweddar a'i berthynas gyda Jiffy, ei
gariad, wedi diodda'r herwydd hynny. Mi oedd bod ar wahân
wedi pylu'r cariad a fodolai rhyngddynt rywsut yn hytrach na'i
gryfhau fel roedd o wedi gobeithio yn ei galon. Prin y clywai
ganddo y dyddia yma.

Roedd y cynllun gerbron wedi bod yn mudferwi dros y

misoedd diwetha, ond erbyn hyn, roedd o 'di dechra ffrwtian hyd at ymylon y crochan. O hyn ymlaen bydda'n rhaid i betha fynd fel watsh i bawb. Er bod yr holl gynllun yn dibynnu ar nifer o ffactora, teimlai mai y fo fydda'n gyfrifol, pe na bai'r darna yn disgyn i'w lle a phe na bai pawb yn clicio hefo'i gilydd. Rhoddodd Toni ei braich am ei ysgwydd.

'Paid ti â meiddio dechra ama dy hun am eiliad. Heblaw amdanan ni'n dau fysa'r hen ffarm 'ma 'di mynd lawr y *swan* ers talwm. Ac ar ôl y joban yma gawn ni i gyd fynd ffor yn hunan unwaith eto.'

'O ia, dwi 'di clwad honna o'r blaen 'fyd, Toni! Ydi'r hogyn Carbo 'ma yp tw ddy job? Achos dibynnu ar eiria pobol eraill dwi'n goro neud, de?'

'Gad ti hwnnw i mi. Mae o fod gyrradd yma letar on. Ŵan dos i dy wely, wir Dduw.'

Gwelodd wrth ymarweddiad ei brawd fod y straen yn dechra dangos. Y fo, y cradur, sydd wedi bod yn hwylio 'nôl a blaen i Werddon yn ddyddiol, fel sa fo ar damad o lastig, er mwyn dod â phetha i fwcwl.

* * *

Llyncodd Carbo ei fechdan prôn meonês, brathodd dop ei borc pei a sugno'r cig a'r jeli ohoni cyn taflu'r pestri drwy'r ffenast. Chwaraeodd Bob Marley and the Wailers eu caneuon i gyd am y trydydd tro yn olynol. Yfodd ei lefrith ffwl ffat i waelod y botal a thorri gwynt anferthol wrth lywio'r fan dros bont gul y rheilffordd yng Nghomins Coch. Sticiodd ei ben drwy'r ffenast ac agor ei geg nes bod ei focha'n llenwi. Anadlodd i mewn ac allan fel sgodyn aur. Aroglodd y mynydd-dir a llanwyd ei ffroena gan ogla'r coed pîn newydd eu llifio,

a'u canghenna newydd daro'r gweryd. Canodd ei gorn wrth
weld un o'r coedwigwyr yn tynnu ei *oil skins*, gan fod yr haul
'di dechra cynhesu y manna lle bu cysgodion. Tynnodd rhaff
ddu y lôn ynta yn ei flaen i fyny i dop Bwlch yr Oerddrws.
Taniodd bwtyn ola o'i smôc a gweiddi, 'Iaaaaafffyyycin
hwwww!' ar dop ei lais, tarodd y gêrs i niwtral a gadael i'r
olwynion droi'n rhydd i lawr yr allt. Toedd o ddim wedi bod
'nôl adra ers hydoedd, ond gwyddai ym mêr ei esgyrn, fod y
mynyddoedd yn ei groesawu'n ôl i'w breichia cadarn. Aeth
yn ei flaen drwy'r Deudraeth a chroesi'r Cob. Cododd ei
fawd ar yr Wyddfa a'i chriw a chanu'i gorn arnynt fflat-owt,
fel petaent yn gallu ei glywed. Sleifiai Afon Glaslyn drwy'r
gwastatir nes cyrraedd y cob i gusanu'r heli, a'r Cnicht yn
gwylio'r cyfan, fel sowldiwr cysglyd dan ei helmed, ond yn
eu gwarchod, fel ag erioed.

Wrth iddo eistedd a hongian ei draed dros feini cynnas yr
harbwr, teimlodd dwll bach y sgriw yn llosgi ei sowdl ar ôl
y dreifio. Agorodd botal oer o seidar hefo'i leitar, canodd y
ffôn busnas. Tynnodd hi o'i bocad tu mewn a chymeryd swig,
cyn atab yr alwad. Les Moore oedd yno'n gofyn yn ei arddull
ffeindia a'i ramadeg gora, 'Be ffwc oedd o'n neud yn ista ar i
din, yn gwylio ffacin swans yn harbwr Port pissin Madog?'

'Gwranda, Al Capôn, dwi 'di bod ar y lôn ers oria. Gin bawb
hawl i ga'l pum munud, does? Ac os wt ti isio rwbath i neud,
blaw haslo fi, dos i drwsio'r soffa 'na, y ffycar tew!'

Diffoddodd yr alwad a thrio dehongli sut ddiawl roedd Les
yn gwybod ble roedd o.

'Ddudish i, yn do? Dio'm yn ffycin dryst, Mici. *He had a job
to do* ac mae o 'di stopio'n Portwerefyr, fel sa' fo ar drip *jolly
boys day out, fuck me blind. Wild card* ydi'r idiot bach siŵr iawn.
And don't tell me ai dudynt *tell you so*.'

'Ia iawn, Les dwi'n clywad chdi. Ond fedri di na fi neud be mae o'n gallu 'i neud.' Er bod geiria'i gyfaill yn codi amheuon ynddo fynta, fedrai o ddim fforddio dangos hynny. 'Welist di o dy hun, oddat ti yno, Les. Pan oedd o'n hongian yn y sgrap iard 'na. A 'da ni 'i angan o, ocê? Mae rhaid i chdi ista 'nôl 'chydig bach rŵan a gweld be ddigwyddith.'

'Ond...'

'Na, Leswold dim 'ond' na dim byd, iawn? Dwi am fynd adra ŵan i ga'l gweld os ydi'r wraig a'r plant 'na sgynna i'n dal yna, a thria ditha ga'l switsh off am 'chydig oria, ia?'

Ond toedd gan Leswold ddim fawr o ddim i fynd adra ato.

* * *

Tynnodd Carbo y strapia'n dynn fel tanna telyn er mwyn gneud yn siŵr fod y moto beics yn dal yn saff yng nghefn y fan. Gyrrodd heibio'r fynwant heb arafu, ond tynnodd y rhosod yn agosach ato. Dilynodd y cyfarwyddiada a gawsai gin Mici a oedd yn ei arwain at dafarn, ryw chwe milltir lawr y lôn. Mi oedd o'n gwybod yn union lle i fynd. Gêm on, meddyliodd, ond megis dechra roedd petha.

Parciodd y fan yng nghefn y Goat a cherad i mewn i'r pyblic bar. Roedd 'na ddau ne dri wrth y bar yn ordro coffis a phetha iwsles, a llond llaw yn y lownj yn stydio'r meniws. Steddodd ar stôl wrth y bar a chan fod bocha'i din o'n dechra byta'i drwsus, gofynnodd i'r boi tu ôl i'r bar oedd bwyd ar ga'l.

'*You must book a table beforehand to eat in our restaurant, but you are welcome to have a bar meal in here.*'

'Ydach chi'n gneud sgampi tships a pys yma, ta?'

'*Yes,*' medda'r barman a oedd yn dallt pob gair o Gymraeg wrth gwrs,ond yn mynnu ei atab yn Susnag.

'Wel tyd â platiad o hwnnw i mi ta, peint o Strongbo tra ti wthi a phacad o sgampi ffreis fel startar i gychwyn, os gweli di'n dda.' Tynnodd ugian punt o'i bocad i dalu a deud, 'Ma chdi yli, llun o dy hen nain, 'cofn i ti ga'l hirath amdani.'

Cydiodd mewn copi o'r *Caernarfon and Denbigh* a darllenodd y tudalenna ôl i ga'l gweld be oedd yn mynd mlaen yn yr Oval. Toedd y Caneris ddim yn gneud yn rhy sbeshal. Daeth y barman â'i newid iddo.

'Cadwa fo,' meddai, 'i chdi ga'l talu am fwy o lesyns Susnag.'

Wrth grensian drwy ei sgampi ffreis drewllyd, teimlodd rwbath yn gwthio yn erbyn ochor ei goes. Edrychodd i lawr ac yno roedd ci defaid yn ei snwyro ac yn gosod ei bawen ar droed boenus Carbo. Daeth llais o gyfeiriad y lle tân,

'Mae o'n iawn, sti, neith o ddim byd i chdi. Creadur ffeindia greodd Duw dan yr haul, fachgian.' Gwenodd Carbo a chynnig un o'r petha drewllyd i'r ci. Mi dderbyniodd yn dyner o'i fysidd a throi ar ei gynffon a mynd 'nôl dan y bwrdd at ei feistr. Mae'n rhaid mai'r boi yma oedd ei gontact. Ond roedd y dyn a fu'n siarad a'i gefn ato'n debycach i ryw hen ffarmwr na dyn fydda'n delio mewn moto beics. Doedd petha ddim yn gneud sens. Cwarfod sydyn efo pobol beryg ganol nos fydda hi fel arfar ar ôl oria o ddreifio ceir drud o gefn ffactris ym mhellafoedd byd. Penderfynodd beidio deud gair i'w ateb. 'Fyddi di'n gwbod pwy 'di pwy pan gyrhaeddi di yno,' oedd Mici wedi deud wrtho.

'Tyd nes at y tân,' ac mi dagodd Carbo'n syth i'w beint a gadal fflotars o sgampi ffreis i nofio yn ei seidar. Cerddodd yn gloff, ond mor cŵl ag y medrai a'r ci'n gwylio bob cam wrth iddo nesu. Cododd perchennog y llais ar ei draed a'i wynebu. Er ei fod mewn oed, roedd yn ddyn mawr o ran presenoldeb ac yn dal ei fraich bôn derwen yn syth o'i flaen. Mi roddodd Carbo ei law yn ei gledar. Roedd cynhesrwydd mawr yn perthyn i'r dyn diarth. Eisteddodd gyferbyn a deud diolch.

'Croeso, washi. Mi wyt ti 'run ffunud â dy dad.'

Tynnodd hyn Carbo tu chwith allan. Mi deimlai ias a chryndod bach annifyr y tu mewn. Syllodd am 'chydig i mewn i'r grât di-dân. Meddyliodd yn hir cyn deud dim.

'Falch bo chi 'di ca'l y plesar o'i adnabod o'n iawn,' a thawelodd ei oslef. 'Sy'n fwy nag a gesh i.'

Roedd Gronw ar fin deud rwbath, ond Carbo gafodd ei big i mewn gynta.

'Mae gen i fara ceirch yng nghefn y fan i chi. Cynta yn y byd gewch chi nhw, gora yn y byd i mi – i mi ga'l mynd o 'ma, os 'di hynna'n iawn hefo chi, de?'

Toedd o ddim isio parhau y sgwrs am ei dad. Perthynas rhwng y fo a'i deimlada yn unig oedd hynny a toedd o ddim busnas i affliw o neb arall. Joban 'di job. Dos yna, gna fo a tyd 'nôl mor handi ag y medri di. Fel 'na roedd o'n gweld petha.

'Ia, iawn, diolch iti,' meddai Gronw gan synhwyro iddo gyffwrdd â nerf go ddofn yn yr hogyn. Ar hynny mi landiodd y sgampi, tships a phys ar y bwrdd.

'Mi adawa i lonydd i chdi 'lly, i chdi ga'l ffidan iawn a llenwi dy fol ar ôl dy siwrna hir, ynte. Mi fydd 'na rywun yma toc i dy gwarfod di, fachgian.'

Ysgydwyd dwylo ac mi adawodd y ffarmwr a'r ci defaid yn dynn wrth ei sodla.

* * *

Ger llyn y Rhath, yn nhŷ mawr Mici Ffinn, roedd y plant yn gwylio cartŵns mewn stafall fawr foethus tra bod ynta a'i wraig yn rhannu potal o *Casillero del Diablo* wrth fwrdd y gegin. Cegin *open plan* oedd hi a tho gwydr gwerth miloedd uwch eu penna. Tolltodd ei wraig wydriad arall iddo. Ond roedd o'n methu cynnal sgwrs na chanolbwyntio ar eiria ei wraig o gwbwl, gan bod ei feddwl yn hedfan fel gwenyn mêl o un blodyn i'r llall. Roedd yn gas ganddo'r teimlad yma. Er ei fod o isio treulio amser hefo'i wraig a'i blant, wrth gwrs, yn ddiweddar buodd o'n byw dau fywyd, yn trio cadw pawb a'i gwt glo yn hapus. Un ddolen ydi o, sy'n hollol ddibynnol ar ddolenni eraill. Rhedodd petha drwy'i ben ac yna eu ticio i ffwr yn feddyliol. Toes 'na ddim mwy y galla fo ei wneud ar hyn o bryd.

Byseddu cyrlan o'i gwallt fflamgoch a'i wylio'n dawel oedd ei wraig. Toedd o ddim wedi bod fel hyn ers talwm iawn. Gwyddai un peth yn saff, toedd meddwl ei gŵr ddim ar chwara *happy families* heno 'ma. Daeth tecst gan Les yn deud bod Carbo 'di glanio yn y North. O leia roedd hynny'n un fendith. Geith Antonia gymyd yr awena am 'chydig rwan. Ymlaciodd ryw 'chydig a diffodd ei ffôn.

'Reit ta,' gwaeddodd dros y tŷ. 'Pwy sy awydd têc awê a gêm o snap wedyn?'

'Iiyyppî!' gwaeddodd y plant wrth redag trwodd atyn nhw i'r gegin.

Diffoddodd Les ei laptop ar ôl dilyn cwrs y smotyn bach coch i fyny'r A470. Mi aeth lawr i'r garij i nôl plancyn ac ar ôl ei fesur mi lifiodd y coedyn yn ddau hannar. Mi aeth ati i'w sgriwio yng ngharcas y soffa ledar. Eisteddodd arni'n braf, tynnu ei sbectols trwchus a rhwbio'i lygada blinedig.

* * *

Wrth i Carbo frathu congol y trydydd sashé o dartar sôs a'i roi dros ei sgampi, triodd ddyfalu pwy a ddeuai i'w gyfarfod. Tawelodd y dafarn ryw fymryn wrth i rywun ddod drwy'r drws. Ond roedd o'n methu gweld pwy oedd yno am fod 'na griw o fisutors swnllyd o West Bromitsh newydd heidio at y bar ar ôl bod ar drip mewn bŷs i weld castall Criciath a'r pentra plastyr of paris 'na yn ochra Penrhyndeudraeth. Ond mi roddodd pwy bynnag droediodd i mewn i'r dafarn daw ar eu clochdar. Tyrchodd ynta 'nôl i mewn i'w fwyd, ond mi gafodd beswch go hegar wrth i'w jipsan fynd lawr ffor rong pan glywodd lais esmwyth fel Ginis yn ca'l ei dywallt i mewn i wydryn, wrth iddi hitha archebu ei diod ger y bar. Mi oedd ganddo lun dychmygol yn ei ben o'r llais a glywsai ym mhen arall y ffôn yng Nghaerdydd. Fedrai o ddim sbio, rhag ofn i'r ddelwedd oedd ganddo ohoni a'i barchedig ofn ga'l eu chwalu'n rhacs jibadêrs. Teimlai gryndod bach yn ei benglinia a thriodd ei reoli, drwy ganolbwyntio ar ei gyllath a'i fforc. Meddyliodd am eiliad fod pwy bynnag oedd yn arnofio tuag ato, newydd ailgynna'r tân ac achosi i bluen las o fwg godi i fyny'r simna. Pan welodd Antonia am y tro cynta un, mi chwalodd caij byjis ei ben yn rhacs. Cododd ar ei draed a chynnig sêt yn fonheddig iddi. Diflannodd ei hunan-hyder fel mwg dychmygol i fyny'r simna. Gwenodd yn hurt arni. Cyflwynodd Antonia ei hun iddo, cyn cynnig eu bod yn eistedd.

'Gymi di jipsan?' gofynnodd iddi.

Gwenodd hitha arno heb ei ateb. Toedd hi ddim yn siŵr iawn be i wneud ohono, ond mi oedd o'n edrach yn well yn y cnawd, yn bendant. Teimlai glyma tyn ei rhubana mewnol yn datod a 'sgafnhaodd trwyddi. Ella bod y boi 'ma'n hen hogyn iawn a'i fod yn union be roeddan nhw ei angan, wedi'r cwbwl. Gwnaeth beth y gofynnwyd iddo. Cynigiodd brynu peint arall

iddo, gan fod yr un a oedd o'i flaen o'n edrach fel sa tylluan
wedi cyfogi ei phelan ynddo.

★ ★ ★

Eisteddai Cidw tu allan i dafarn y Golden Lion yn Soho. Wejodd
ei bapur newydd rhwng slatia'r fainc bren a chymrodd swig
fach o'i botal ddŵr. Daeth criw yn clindarddach o'r dafarn,
genod gwyllt 'di gwirioni ar eu *hen night*. Ond roedd o wedi
hen arfar â'r sŵn a'r miri ar hyd strydoedd Soho. Peth rhyfadd
'di o, pan fo rhywun isio llonydd, mae rhywun bownd Dduw
o stopio i rwdlian, ond pan mae rhywun isio cwmni a sgwrs
ddaw uffar o neb ar gyfyl dyn. Y phermons sydd ar fai, beryg;
os wt ti'n hapus dy fyd ac yn meindio dy fusnas, ti bownd o
ga'l sylw. Ond os wt ti'n anniddig, 'tha ci hela yn synhwyro i
godi llefran, chei di ddim pwt o lwc na sylw gan ddim uffar o
neb. Dameg y dyn hapus efallai. Daeth 'na hogan ato a deud
bod o'n edrach yn reit unig yn fanna ar ei ben ei hun bach.
Roedd hi'n gwisgo pelmet o sgert aur sgleiniog a choesa ffêc-
tan, a sodla melyn llachar ridicilys o uchal. Steddodd yn flêr
wrth ei ymyl a gofyn be oedd boi tywyll golygus fatha fo yn
neud yn ista ar ei ben ei hun. Atebodd o ddim. Gofynnodd hi
wedyn oedd ganddo dân i'w ffag a oedd yn hongian ffor-rong
rhwng ei gwefusa *shocking pink*. Ond cyn iddo fo ga'l cyfla i
atab, daeth Jiffy, ei gyswllt, at y bwrdd a gosod ei botal o ddŵr
o'i flaen. Gofynnodd hitha a gâi sip o'r dŵr ac estyn am botal
Jiffy. Ond mi gipiodd Cidw ei llaw o'r neilltu a deud, *'Take a
fuckin hike, love. It'll be good for your health.'* Daeth un o'i ffrindia
ati a'i thynnu o'r bwrdd. Diolch byth, meddyliodd Cidw. Mi
oedd cynnwys y botel ddŵr yn werth miloedd. Gwyliodd y
ddwy yn gadal a'u lleisia'n gweiddi pob math o regfeydd atyn

nhw ac yn edrych yn union fel dwy fflamingo wedi meddwi.

Bu sgwrs fer rhwng Cidw a Jiffy a chyfnewidiwyd y poteli dŵr cyn ffarwelio. Cerddodd Cidw i fyny'r stryd i chwilio am dacsi gan gydio'n dynn yn y botel fach o ddŵr gwerthfawr. Ar ei siwrna yn y tacsi agorodd y botal yn ofalus a'i sipian bron iawn i'w gwaelod. Rhoddodd y caead 'nôl arni'n ofalus a dal y botal i fyny i'r gola. Yn ei gwaelod roedd carreg fechan gymylog yn dawnsio a honno tua'r un maint â marblan.

Rôl cyrradd pen ei siwrnai fer, pwysodd fotwm y *buzzer* a sbio i fyny ar y camera bach uwch ben y drws. Agorwyd iddo ac aeth lawr y grisia at faria dur o ddrws. Pwysodd y botwm. Mi sleidiodd y drws llawn baria i'r ochor cyn cau yn glep y tu ôl iddo. Yno roedd dyn eiddil yn ista, cap bach du crwn ar dop ei gorun a chwyddwydr uwch ei sbectol. Roedd peirianna bychain a theclynna o bob disgrifiad yn y stafall – ac olwynion bach yn troelli fflat owt o'i flaen. Bu Cidw yn chwilio yn hir iawn cyn dod ar draws dyn fel hwn, oherwydd gwyddai na allai unrhyw un arall wneud y gwaith cystal. Mae torri a pholisio cerrig drudfawr yn grefft arbenigol iawn, sy'n cymeryd blynyddoedd i'w meistroli. Adlewyrchiad y gola sydd yn achosi i'r cerrig ddawnsio a greddf a thalent y torrwr yn unig all dorri a throi carreg fechan gymylog yn ddeigryn clir a chlaer. Agorodd yr Iddew y botal, tynnu'r garreg ohoni a'i gosod yn ofalus ar y melfed du o'i flaen. Mi daliodd hi mewn *tweezers* o flaen y gola arbennig ac yna ei phwyso. Edrychodd ar Cidw a gwenu. Gofynnodd oedd o isio iddo ddechra ar y gwaith o'i thorri. Gwyddai Cidw ei fod yn awchu am ga'l tro arni ac y bydda'n gwerthu'r llwch a ddeuai o'r cerrig wedi eu trin. Roedd yn ffordd broffidiol i'r Iddew cyfrwys wneud arian ychwanegol. Ond eto i gyd, roedd yn athrylith yn ei faes.

'*Fire away then,*' meddai Cidw.

Tynnodd y gemydd ei sbectol chwyddwydr i lawr. Rhoddodd fond ar y garreg fechan a'i gludo at dwlsyn bach fydda'n ei dal yn gadarn. Trodd yr olwynion a gwyrodd ei ben. Toedd dim troi 'nôl wedi cychwyn ar y torri. Mae angan deimond i dorri deimond.

* * *

Digon penysgafn oedd y ddau yng nghwmni ei gilydd ger pentan y Goat. Roedd o wedi rhannu ei jipsan ola gyda hi ac wedi llwyr anghofio perwyl ei siwrna, gan ei fod wedi ymgolli ym mhylla ei llygada gwyrddlas ers meitin. Mi oedd yr amsar wedi hedfan wrth iddynt sgwrsio. Cofiodd Carbo yn sydyn ei fod o i gysylltu â Les Moore i ddeud ei fod wedi cyrradd a dywedodd wrthi fod ganddo 'fara ceirch' yng nghefn y fan iddi a bod yn rhaid iddo riportio 'nôl i'r hogia yng Nghaerdydd cyn eu dadlwytho. Dywedodd Toni wrtho am beidio poeni gan fod Mici a Les yn gwybod eisoes yn lle a hefo pwy roedd o. Arweiniodd Carbo gerfydd ei fys bach allan o'r dafarn a fynta wrth ei fodd. Agorodd ddrws y fan iddi'n fonheddig a phan welodd Toni y bloda, rhoddodd wich fach a gofyn sut roedd o'n gwbod na rhosod melyn oedd ei ffefryn.

'Toeddwn i ddim. I Mam oddan nhw fod, ond ches i'm cyfla i fynd i'w gweld hi.'

'O, wela i. Sa ti wedi gallu deud clwydda wrtha'i bysat a deud na i mi oddan nhw?'

'I be? Sa ti 'di gweld yn syth drwyddyn nhw, yn bysat?'

Chwerthodd hitha yn iachus. Roedd hi'n chwara gêm berig â'i deimlada ac mi jansiodd ynta ei lwc, cusanodd hi reit ar ei gwefusa, ac anadlodd ei henaid am eiliad. Cafodd glustan gwerth sgwennu adra amdani. Mi aeth y *wax* o un glust i'r llall. Ymddiheurodd y ddau ar yr un pryd a daeth chwithdod mawr rhyngddynt. Torrodd Carbo ar y tawelwch annifyr.

'Reit ta, lle ti isio mynd â'r moto beics 'ma, er mwyn i mi ga'l ei chychwyn hi am yn ôl?'

Mi gynigiodd hi y bysai hi'n syniad iddi hi ddreifio, gan mai dim ond dau ddiod roedd hi wedi ei ga'l. Croesodd dros ei gorff i sêt y gyrrwr a thriodd ynta ei ora i beidio â cha'l min, wrth i'w thin siapus basio fodfeddi uwch ei falog.

* * *

'*How many?*' holodd yr Iddew.

'*Not quite sure yet*' atebodd Carbo.

Mi oedd ganddo syniad go lew, ond toedd o ddim isio datgelu gormod. Roedd dyfodol o leiaf saith o bobol yn mynd i ddibynnu ar ansawdd y cerrig ac ar ddawn y dyn eiddil yn ista mewn selar ddi-nod yn Llundan.

'*Well, from what I'm seeing so far, she's as good as they come. Have a look.*'

Daliodd y garreg i fyny o flaen Cidw a rhoi gola trwyddi. Toedd hi ddim 'di ca'l ei thoriad ola o bell ffor, ond roedd y stafall fel 'sa rhywun wedi rhoi un o'r peli disgos 'na mlaen wrth i'r walia droelli'n gylchoedd lliwgar o'u cwmpas.

'*She's perfect.*'

Llamodd calon Cidw.

'*What do you mean, she's perfect?*'

'*They all have their own characters, my friend. And this one has many. How much do you want for her?*'

* * *

Tarodd bympar y fan benna'r gweiriach a'r bloda gwyllt oedd ar fin blodeuo wrth fynd i fyny'r lôn gul a'u persawr yn puro'r aer drwy'r ffenestri agorad. Roedd Carbo'n conffiwsd ac yn teimlo iddo neud cam gwag drwy roi sws ddigywilydd i Toni, ond rŵan roedd hi'n hen bryd iddo ga'l gwybod be 'di be. Ar ei reddf y dibynnai bob tro. Cyrhaeddodd y Merc gwyn fel cwmwl i dop y bryncyn at lidiart Bwlch y Gloch. Diffoddodd Toni'r injan a'r goleuada. Y cwbwl a welai Carbo oedd mantell ddu o'i flaen. Ond yn ara deg gwelodd amlinelliad o fynyddoedd ac yna ymddangosodd y sêr, fel 'tai rhywun hefo pin yr ochor arall i felfed du'r tywyllwch a wedi gwneud tylla bychin i adael y goleuni trwodd.

'Wt ti am agor y giât ta? Ta wt ti isio fi neud?' Ond toedd o'm yn gwrando arni. Roedd o ar gwmwl hapus yn gwylio gola coch awyren yn wincio arno.

'Wel, wt ti am agor y ffyjin giât 'ma neu ddim Carbo?'

'So, be ŵan ta? Dwi'n dropio'r beics 'ma off efo chdi a dyna fo ia? Dwi off ddy hwc, yndw? Simpyl seimons. Dwi'n mynd â'r fan 'ma 'nôl i Gaerdydd a dyna ni, ia? Dwi ddim yn stiwpyd chwaith. Mae dy hen go di newydd ddeud wrtha i gynna, ei fod o'n arfar nabod 'y nhad, owt of ddy blw. Jyst felna,' a chliciodd ei fysidd. 'A cha i'm symud i nunlla heb fod rhywun yn gwbod lle ydw i. Ffoniodd Les fi pnawn 'ma, mond ca'l brec bach o'n i ar y ffor yma, a ges i lwmp o row yn nhwll 'y nghlust gin yr horwth uffar. Mi ddudodd 'i fod o'n gwbod yn union lle roeddwn i hefo pin point ffagin aciwrasi i chdi ga'l dallt. Fu o jyst i mi daflu'r bastad ffôn i'r harbwr. A cyn i chdi ddechra meddwl de, ddos inna ddim yma dros lyn diniweidrwydd mewn cwch bananas!'

Chwerthodd Toni, nes bod ei hochra hi'n brifo. Wrth gwrs dodd yr hogyn ddim yn dallt petha'n iawn eto, ond roedd ei ddawn deud a'i dymer chwareus yn gneud iddi chwerthin nes ei bod hi'n wan. Gwnaeth hynny ei hudo ynta'n fwy.

★ ★ ★

Roedd Les wedi methu cysgu ac wedi halio'i hun yn dwll. Edrychodd ar y laptop a gweld bod smotyn coch Carbo wedi aros yn ei unfan. Gorweddodd 'nôl ar y soffa galad, a fu unwaith mor gyfforddus. Diawliodd Carbo dan ei wynt.

★ ★ ★

'Dangos y ffôn roth Mici i chdi.'

'Be?' meddai mewn anghrediniaeth.

'Dangos y ffôn i mi. Maen nhw'n gwbod lle rwyt ti oherwydd hwn, Carbo. Mae 'na dracyr arna fo.'

'Wel ffyc mi pinc! O'n i wedi ama fysan nhw'n gellu tracio'r fan o gwmpas Caerdydd, ond 'yn ffôn i, fyny fan hyn! Wel y bastads slei. O, 'na fo, dwi'm yn dryst 'lly, nac dw. Blydi hel.'

'Sori am hynna, ond odda chdi 'tha ffeiar wyrc lawr yng Nghaerdydd 'na. Dodd gin neb ddim syniad lle odda chdi yn mynd i landio nesa.'

Newidiodd yr awyrgylch yn y fan, fel 'sa rhywun 'di agor drws *freezer*. Mi gafodd wybod mai Toni a'i thad oedd yn gyfrifol am ei warchod dros y misoedd diwetha. 'Fel arall 'sa ti 'di bod mewn mics concrit i adeiladwyr pontydd uwch y traffyrdd, neu o fod yn lwcus, wedi llwyddo i allu denig am 'chydig o grafanga'r Anhysbys. Ac mi fysat ti â dy fys yn dy din yn rwla arall yn wislo tiwn sa neb isio'i chlywad.'

'Ffagin hel, mae hynna 'chydig bach yn *harsh*, yndi ddim?'

'Gwranda arna i ta,' meddai, fel sa hi'n siarad hefo'r filej idiot am nad oedd o ddim yn gneud petha'n hawdd iddi. Dywedodd na hi oedd bia'r fan a'r moto beics yn y trwmbal ac y bydda hi'n llawer gwell pe baen nhw'n cyfarfod fory gyda phenna clir i drafod petha ymhellach. Addawodd y gwnâi hi atab unrhyw gwestiyna fydda ganddo fo yr adag hynny. Gan nad oedd ei fam yn byw yn rhy bell, câi o ffonio tacsi a mynd â'r rhosod iddi – ar y ffôn gyda llaw, sydd hefyd yn berchen iddi hi.

Ddudodd o ddim, mond syllu ar benna'r pinna mewn ffurfafen ddu, cyn deud, 'Dwi'n licio chdi, ond dwi'n conffiwsd braidd.'

Cydiodd yn ei law a deud ei fod yn foi lyfli, ond bydda 'na fwy o obaith i geiliog y gwynt ddodwy, na bod unrhyw beth yn mynd i ddigwydd rhyngddyn nhw. Busnas ydi busnas, wedi'r cwbwl, a bydda'n rhaid iddo ddallt hynny.

'Pwy ffwc yda chi ta?' gofynnodd yn dawal heb edrych arni.

'Os ddoi di 'nôl fory i gyfarfod efo fi a dad, gei di wybod pob dim. Ond os ei di, mi fydd y cyfnod bach byr yma o'n bywyda ni drosodd.'

Sbiodd arni i waelod dyfroedd ei llygada. Roedd o ar goll unwaith eto, ag yn teimlo ei fod wedi gneud ffŵl ohono'i hun.

'O be wela i , 'da chi angan fi fwy na dwi ych angan chi.' Taflodd y ffôn iddi. 'Felly, dim diolch, Miss ffycin wondyr woman. Ffendiwch rywun arall!'

Neidiodd allan o'r fan a rhoi swadan i'r drws a throedio i'r cyfeiriad arall, lawr yr allt i rwla oddi yno. Tarodd hitha y llyw gyda'i dwy law mewn rhwystredigaeth, gan ddamio a rhegi ei hun. Estynnodd Carbo ei ffôn personol, er mwyn ffendio rhif tacsi, ond toedd 'na ddim pwt o signal. 'Ffycin typical!' Aeth yn ei flaen a defnyddio gola'r ffôn i oleuo'r ffordd. Yna stopiodd i rowlio smôc a cha'l cyfla bach i feddwl. Ffac, dim ond hannar paced o sgampi ffreis oedd ganddo yn 'i bocad. Cofiodd fod bob dim o'i betha yn y fan – roedd o wedi gadael y cwbwl yn ei dempar. 'Y blydi idiot, Carbo,' gwaeddodd ar dop ei lais wrth fartsio yn ei flaen. Pigodd lechan fechan drwy wadan ei bympsan yn syth at dwll y clwy ar ei sowdl. 'Ffffaaagiiin hel!' Plygodd lawr ar un pen-glin a rheoli'r boen a oedd fel wiran wynias yn saethu i fyny ei goes, a mi aeth ei ddwy gaill fyny i'w stumog fel ofaris.

* * *

Eisteddai Mici yn ardd gefn ei gartra ger llyn y Rhath, yn dilyn hynt yr intyrnasiynyl sbês stesion drwy'i sbienddrych godidog. Clywodd chwiban yn dod o'r tu ôl i'r wal yng ngwaelod yr ardd. Aeth at y drws pren a chwibanu 'nôl a gweiddi, 'Les?'

'Sori, Mici. Dwi 'di trio gweiddi arna chdi drw'r letyr bocs yn dawal. Don i ddim isio canu cloch 'cofn mi ddeffro'r *kids*. Sori am alw fel hyn, ond oedd rhaid mi ddod i ddeud wrtha chdi in pyrsyn cos oedd dy ffôn di off.'

Agorodd y drws iddo. Mi oedd Les allan o wynt braidd.

'Mae'r sgarlet pimpernel 'di gneud fflit eto!'

'Be?'

'Mae o 'di abandyn ship, Mic. Mae o 'di mynd, *the little fucker*! Witsha mi ga'l y nwylo arna fo. *I'll ring his fuckin neck!*' Roedd Les yn tueddu i regi a throi at y Saesneg pan fydda fo wedi ei gythruddo. '*I told you so*, yn do?'

Jyst be oedd Mici isio a fynta newydd ga'l y cyfla i ymlacio am y tro cynta ers stalwm. Cafodd noson lyfli efo'i wraig a'i blant, a hefyd mi gafodd fwytha gyda'i wraig yn y jacwsi! Wrth gerad 'nôl i'r tŷ safodd ar falwen a byrstiodd honno'n lysnafedd rhwng bodia ei draed. Sychodd y gwaetha ar y glaswellt ac arwain Les i'r tŷ. Roedd Leswold yn dal i fynd mlaen a mlaen am betha, wrth iddo ynta drio sychu jiws y falwan oddi ar fodia'i draed.

'Arglwydd mawr, bydd dawal am funud, nei di? I mi ga meddwl. Estynna gan bob un i ni o'r ffrij.'

Toedd Les ddim 'di bod draw yn nhŷ Mici ers tipyn go lew a sylwodd ei fod mewn rhan newydd o'r *establishment*, sef estyniad newydd i'r gegin fawr a'r dybl Aga.

'Mae'n rhaid fod hyn wedi costio dipyn go lew i chdi,' meddai, wrth edrych o'i gwmpas a sylweddoli ei fod ynta'n byw mewn hofal o'i gymharu â fan hyn. Gan amla cysgu ar y soffa uwch ben y garij i gadw llygad ar betha bydda fo. Chymrodd Mic ddim sylw ohono, cyn i Les ddechra eto. 'A mae'n rhaid fod y topia marbyl spincli spancili 'ma 'di costio priti peni 'fyd.' Ond bu taw ar ei gwyno, pan ddudodd Mici na dewis Les oedd gwario'i bres i gyd ar geffyla, hŵrs, cibábs a phowdrach. A 'i fod o wedi talu cyflog da iddo ers pan ddaeth i'w nabod, a no ffwcin wê rodd o'n mynd i adael i Les na neb arall neud iddo deimlo'n euog. Mi ymddiheurodd Les yn syth. Y gwir amdani, er eu bod yn greaduriaid tra gwahanol, roedd y ddau yn ddibynnol ar ei gilydd – Les efallai yn fwy na Mici. Eisteddodd y ddau ar y stolion uchel wrth y bar brecwasd. Agorwyd y cania yn union ar yr un pryd.

'Llechan 'di o.'

'Be?' holodd Les.

'Y wyrctops – llechi ydyn nhw, nid marmor.'

'Be?'

'Nid marbyl ydi'r... motsh, Les.'

★ ★ ★

Toedd gan Carbo ddim dewis, mond troi 'nôl a gobeithio bod y fan wen yn gorad iddo ga'l nôl ei betha. Ond yn bwysicach, ca'l ei wejan o bres a'i *holdall*. Sleifiodd tu ôl i'r wal a oedd yn arwain i lawr at y ffermdy. Cododd ei ben a gweld gola yn un o'r llofftydd yn diffodd a sylwi bod y fan wedi ei pharcio ar y buarth. Be wnâi o? Cnocio a gofyn yn neis a gâi o estyn ei betha a mynd, a theimlo'n rêl coc oen 'run pryd? Neu mynd amdani'n reit handi a'i miglo hi o gwm cachu chwîd? Toedd o ddim 'di gneud dim o'i le wedi'r cwbwl. Steddodd wrth waelod y wal. Rhoddodd sgampi ffrei yn ei geg a gadal iddi doddi gan roi cyfla i'w feddwl dawelu fymryn. Daeth i'r casgliad nad oedd ganddo awydd ca'l ei fychanu gan neb arall heno, felly penderfynodd fynd amdani.

Cuddiodd yn isal tu ôl i'r wal nes cyrradd gyferbyn â'r fan ar y buarth. Dringodd yn ofalus a glanio ar un troed yr ochor arall. Cerddodd yn llechwraidd tuag at ddrws y fan gan obeithio i'r nefoedd ei bod hi'n gorad. Fel oedd o'n rhoi ei law ar handlan y drws clywodd sŵn chwyrnu a chaeodd Ffred, y ci defaid, ei geg am lodra ei jîns newydd sbon ac ysgwyd ei ben o'r naill ochor i'r llall. Triodd ei ora i dawelu'r ci. Cydiodd yn ei glustia, ond roedd ei ddannadd yn sownd yn y denim. Yna, cofiodd am y paciad o sgampi ffreis yn ei jaced. Mi dawelodd y ci ar ei union, ysgwyd ei gynffon a dechra llyfu llaw a gwyneb Carbo. Roedd ei galon yn dobio yn ei wddw. Sbiodd i fyny at y tŷ, i ga'l gweld oedd rhywun wedi clywed rwbath, ond roedd bob dim i'w weld yn dawal. Aeth Ffred y ci 'nôl dan ei hannar casgan efo pacaid gwag o sgampi ffreis yn ei geg. Narow escêp ta be! Tynnodd ar handlan y drws yn ofalus – a bingo! Mi glywodd glic, ond wrth iddo agor y drws mi deimlodd rwbath oer iawn, fel dwy washar yn gwasgu i mewn i gefn ei wâr.

'Symuda fodfadd a mi chwala i dy ffycin frêns di 'tha basgeti hŵps hyd y buarth 'ma!'

Mi oedd yn gwbod mai 'sbageti hŵps' roedd y llais yn ei feddwl, ond toedd o ddim mewn sefyllfa i'w gywiro, yn enwedig gan fod twelf bôr yn sownd yng nghefn ei gocynyt. Cododd ei ddwy law, fel sa fo mewn Westyrn.

'Ylwch, ddos i ddim yma i ddwyn y fan, iawn? Cris croes tân poeth.' Fel tasa'i hynny'n mynd i weithio. 'Dw i'n gaddo i chi. Wir yr!'

'Pam bo chdi'n swatio fatha llwynog ym môn walia ta?'

Roedd y swpar a gafodd Carbo yn agosáu at ei drôns a'i drwyn brown bron iawn ar y brethyn.

'Isio estyn 'y mhetha o'r fan on i. 'Na i gyd, go iawn, ŵan. Ddangosa i chi os ga' i jans.'

'Dod 'nôl i ddwyn y fan a'r moto beics 'na 'nest di go iawn, yn de?'

'Dydi'r goriad ddim gynna i, nag di?'

'Ti'm angan 'run, nag wt, y pidlan. Ŵan cau dy drap a cherdda yn dy flaen am ddrws y stabal 'na.'

Mi ufuddhaodd ynta'n syth a gofyn yn neis iddo dynnu'r shotgyn o gefn i ben. Agorwyd bollt y drws ac mi agorodd Dafydd Aldo faril y gwn a swingio Carbo rownd i ddangos y ddwy gatran loyw a oedd ynddo. Toedd y boi yma ddim yn chwara o gwmpas. Gwthiodd Carbo ar ei hyd i mewn i'r stabal a chloi'r follt ar ei ôl.

★ ★ ★

'It all depends you see, dear boy. There are so many processes. It doesn't rely on eye sight alone like it did years ago.'

Roedd Ishmael yr Iddew yn rhoi gwers i Cidw'r Ci Du ar sut

i drin y cerrig. Gwrandawodd yn astud a'i lygada mawrion yn bwydo'r wybodaeth o ena'r Iddew.

'*You can scan them nowadays, three dimensionally. It gives you all the possible cuts.*'

Nodiodd Cidw a'i glustia'n llydan agorad fel redar Aberporth. Roedd o am gyrradd y jiwsi bits, ond bod yr hen ŵr Iddewig yn tueddu i fynd rownd Ynys Môn a 'nôl i esbonio.

'*Gives you all possible options you see... You get to what we call a "girdle". Decide your cut a little at a time, or the rock will get too hot and crack you see. And then it's eyes down, no going back. Try to minimise your wastage and pray a little, of course. Remember, Cidw, ninety two percent of what they buy on the street has been hewn by the poorest hand, to adorn the wealthiest.*'

'*And your point being?*' holodd Cidw yn ddiamynadd.

Roedd yr hen Iddew doeth wedi ei ddarllan fel hen adnod syml a'r ddau angan y wybodaeth gymaint â'i gilydd – y torrwr am wybod oedd mwy o gerrig tebyg ar ga'l, er mwyn ei les ei hun, yn fwy na dim wrth gwrs. Mi roedd gan Cidw syniad go lew fod cerrig cystal o ran eu maint a'u safon ar ga'l, dim ond iddyn nhw ga'l gafael arnynt. Ond rhaid oedd taro bargen ar bris y garrag hon yn gynta. Roedd hi'n stêl mêt. Dodd yr un o'r ddau yn fodlon symud dim ymhellach. Roedd yn rhaid i Cidw ga'l rhyw fath o syniad be fydda pris carreg fel hon a dim ond yr hen Ishmael cyfrwys fedrai roi'r ateb iddo. Mi chwaraeodd felly ei gardyn pocad tin gora drwy godi a chynnig yn fonheddig i fynd â'i fusnas at rywun arall.

'*Pardon me. There is no fading light down here my dear boy. I am the best there is. And that is why you have come to my door, isn't it?*'

Roedd y sgodyn yn agos at y bachyn ac mi roddodd Cidw blwc er mwyn ei ddenu i lyncu.

'I might have some more of the same quality for you.'

'Ah ha! Now, we are speaking the same language! Can I divulge?'

Nodiodd Cidw a chyffwrdd top ei gorun a bu ysgwyd dwy law.

'You see, my dearest friend, you say you might have a few more?' Nodiodd Cidw. 'We must have the right customers to cut them for and suit their needs of course. And then decide the prices. With a rock like this I estimate there's an easy forty to sixty thousand sterling in her. But who can tell their true value? Only me! It's pure science, you see. If I had a lump of cack in my hand and someone out there wants it badly enough to pay for it and then another wants a piece, I can cut it up into little pieces. It's only worth something because everyone wants a bit of the cack, and because they are stupid, it becomes a commodity. This rock we have here dear boy is just a rare bit of carbon, just like you and me and the stars, but you have to know what is in front of you. You can't just grab and go. You have to glean from experience and your gut feeling to make every facet beautiful. It's exactly like lightning – knowing when and where it's going to strike and most importantly, how to catch it. Any silly fool can imitate thunder. You have the lightning, dear boy.'

Cododd Cidw a diolch iddo drwy ddeud, 'Toda' – gair Iddeweg am 'diolch'.

'Do we have a deal?'

Nodiodd yr Iddew.

A bu ysgwyd llaw eto.

'Be very careful out there,' oedd yr adlais wrth iddo adael. 'Tzetech leShalom veShuvech leShalom.' Deallod Cidw hynny i olygu dos mewn heddwch a dychwela mewn heddwch.

Fficsar oedd Cidw ac mi fydda'n prisio'r joban cyn dechra. Fydda fo ddim yn ca'l ei dalu os na châi ei syms yn iawn. Dim otsh efo pwy na efo be bydda'n delio, bydda'n rhoi ei bris i mewn yn gynta ac yna'n cymryd canran o'r swm ar y diwedd, felly bydda'n cyfro pob ongl. Ceisiai fod yn broffesiynol ym mhob agwedd o'i fywyd a gwisgai'n smart ar bob achlysur. Byddai'n torri'i wallt yn y barbwrs gora ac yn gwisgo modrwya môr-ladron a'r *aftershaves* dryta, ond fydda fo byth yn baeddu ei ddwylo yn y gwaith caib a rhaw fel arfar, mond gwarchod a gwylio. Ond roedd hon yn joban wahanol. Roedd 'na deulu a chyfeillion agos, yn anffodus, yn rhan o'r fentar.

* * *

Roedd Carbo mewn tywyllwch ond yn gallu ogleuo gwair, lledar a chachu rwbath. Ond cachu be? Clywodd weryriad isal – ffagin ceffyl! Roedd ganddo ofn ceffyla drwy dwll ei din ac allan. A rŵan roedd o'n styc hefo un mewn stabal. Teimlodd ei ddwylo ar hyd y walia i drio ffendio switsh gola ac yn y tywyllwch, rhoddodd ei law ar rwbath meddal a chynnas. Ffac mi, trwyn y ceffyl! Neidiodd 'nôl deir llath dda ac ista yn y gwair. Meddyliodd yn ddwys am ei sefyllfa. Aeth i'w bocad er mwyn ca'l gola o'i ffôn. Ac yno, yn sbio yn hurt yn ôl arno, roedd Chief y stalwyn. Ond o leia roedd gwaelod drws rhyngddyn nhw.

Y trip Ysgol Sul i Bytlins Pwllheli pan oedd yn blentyn hadodd ei gasineb at geffyla. Digwydd codi cynffon un i ga'l gweld be oedd yn y bag o dan din y ceffyl nath o ac mi gafodd gic troed ôl reit yn ei stumog a'i gludo i ganol gwely o floda wedi eu plannu i sillafu, 'Welcome to Butlins Pwlely.' Mi landiodd ar ei din bach, reit ar y llythyren B. Mi aeth y ceffyl i fyny 'tha bycarŵ, ag yn ei flaen yn wyllt, a disgynnodd rhyw lwmp uffar o Byrmingham oddi ar gefn y ceffyl dan sgrechian, 'Maic it stop, wilia! Maic it stop!' ond gan fod un troed ganddo dal yn sownd yn y warthol, cafodd y ffatso o Sais ei lusgo tu ôl i'r ceffyl, gan fowndian ar hyd y tarmac a'i grys iwnion jac yn datod o'i gefn fel papur cachu rhad.

Triodd agor y drws, ond roedd hi'n amhosib, gan fod y follt y tu allan i'r drws wedi ei chloi. Gwelodd nad oedd 'na ddim denig i fod o garchar y stabal. Roedd 'na fêls gwair wedi eu stacio'n dwt ac mi dynnodd ddwy a'u hagor i wneud nyth o wely iddo'i hun.

* * *

Chwara cardia fu Mici a Les hyd yr oria mân a'r ddau wedi ymlacio tipyn ar ôl clywed bod Carbo wedi dychwelyd a'i fod wedi ei gloi yn sownd mewn stabal. Buont yn chwerthin wrth hel atgofion am yr hen ddyddia, a gwagiwyd y rhan fwya o'r cania cwrw, cyn i'r ddau ddisgyn i gysgu yn eu cadeiria.

Roedd Leswold mewn trwmgwsg ac yng nghanol breuddwyd gignoeth a min fel trosol ganddo rhwng ei goesa, yn mwynhau ei hun hefo dynas mewn *G string* oedd o wedi ei gweld mewn ffilm fudur a delwedda'r ffilm honno fel blocyn bwtsiar ar ddwrnod cyn Dolig. Mi oedd hitha ar fin eistedd ar ei drosol a'i gwallt melyn hir yn cuddio'i bronna, ond wrth iddo droi ar ei gefn i'w derbyn mi drapiodd un o'i gnau rhwng ei goesa, a daeth y poen mewnol hwnnw o waelod ei stumog a'i ddeffro o'i freuddwyd rywiol. Agorodd ei lygaid, ond fedrai o ddim gweld ryw lawar heb ei sbectol. Roedd 'na lais dynas yn dod o'r teledu, ond fedrai o ddim ei gweld. Cododd o'r soffa ac ymbalfalu ar ei bedwar i drio ffendio'i sbectol. Teimlodd ar hyd y bwrdd gwydr ac mi ffendiodd hi rhwng dau gan Stella wedi hannar eu hyfed. Tarodd hi am ei drwyn a gweld y ddynas oedd ar y teledu *plasma* enfawr yn stwffio ciwcymbyr i mewn i flendar ac yn hwrjo pawb i brynu un. Roedd ei frêns ynta wedi eu blendio braidd a toedd o ddim yn siŵr iawn ble roedd o. Rhoddodd ei slip-ons du am ei draed a gwelodd lun o Mici Ffinn a'i deulu ar y wal. Diolch byth, roedd o'n dechra ama ei fod o wedi torri i mewn i dŷ rhywun, a 'di helpu 'i hun i gania o'r ffrij ac wedi rhochian cysgu ar y soffa yn y stafall ora. Gan fod ei dafod fel fflip fflop Ghandi, aeth trwodd am y cefn i chwilio am ddiod o rwbath. Craffodd ei lygada wrth i'r gola llachar chwalu drwy ffenestri'r estyniad to gwydyr. Yfodd beint o sudd oren ar i dalcian a diflannu drwy ddrws y cefn fel niwl y bora.

* * *

Deffrowyd Carbo gan weryriad ceffyl a sŵn olwynion yn crensian ar y cerrig mân oedd yn arwain i lawr yn ddwy reng at fuarth Bwlch y Gloch. Sbiodd drwy'r ffenestr gul a dynnai haul y bora i'r tywyllwch fel *projector* pictiwrs Port ers talwm, a'r llwch yn troelli a dawnsio ynddo fel tylwyth teg. Sbeciodd drwy'r ffenast a gweld fan bost yn cyrradd a chynffon Ffred y ci yn sgubo'r buarth yn lân wrth gyfarch y gyrrwr. Agorwyd drws y tŷ ac yno, wedi ei fframio rhwng derw ac ithfaen y safai Antonia, yn bictiwr o harddwch pur. Cyfarchodd hitha Gwil y Posman a deud wrtho am fynd i mewn. Edrychodd Toni i gyfeiriad y stabal a gwyrodd ynta ei ben. Mae'n rhaid ei bod yn gwybod ei fod yno. Mi gerddodd hitha draw at dap dŵr ar gongol y tŷ a llenwi'r botal oedd ganddi. Grêt, meddyliodd, roedd hi am ddod â llymad o ddŵr mynydd i'r carcharor. Gwyliodd hi'n gleidio tuag ato, yn gwisgo dim ond cowboi bŵts brown a chrys gwyn cotwm heb golar. Doedd o mond jyst yn cuddio'i thin, a'r crys fel 'tai'n anadlu awelon mwyn y bora am ei chorff.

Dechreuodd adar bach ganu yn ei ben a gwenoliaid wibio yn ei galon. Ond cherddodd Toni ddim ato, plygodd drosodd a thollti cynnwys y botel i fowlen Ffred y ci, reit o'i flaen. Roedd hi'n gwbod yn union be roedd hi'n neud. Mi aeth 'nôl am y tŷ heb droi ei phen i gadarnhau ei fodolaeth hyd yn oed. Un funud mae'n ffair ar rywun a'r peth nesa mae'n ffliwt. Socsan go iawn. Edrychodd Chief y stalwyn ar y dieithryn yn ei stabal. Gweryrodd ar Carbo, 'Paid ti â dechra!' Gorweddodd yn ei wely o wair, rhoi'i ben ar glustog ei jaced ledar a thynnu blanced y ceffyl drosto gan ddeud wrtho'i hun,

'Ffyc it!'

* * *

Tarodd Gronw ei fys ar wydr y baromedr, fel bydda'n gneud yn ddefodol bob bora. Symudodd y nodwydd smijyn at y geiria *chiefly dry and fair for some time.* 'Rybish,' meddai dan ei wynt gan wneud i'w ferch, oedd yn ailargraffiad o'i mam, chwerthin. Gofynnodd ei thad iddi lle roedd yr hogyn Carbo 'na'n cuddiad a phan ddalltodd ei fod wedi ei gloi yn y stabal sbiodd arni mewn anghrediniaeth a deud,

'Iesu Grist o'r sowth! Pam, er mwyn y tad?'

Cafodd hanas y noson ganddi wrth i Dafydd Aldo neud panad yn cefn.

'Wel pam uffar does 'na neb wedi bod yn onast hefo'r hogyn? Sgynnon ni ddim llawar o amsar cyn dechra rhoid y plania at ei gilydd fel y mae hi.'

Cnociodd ei getyn yn galad ar y grât i'w wagio.

'Iesu grasusa, mae isio mynadd hefo chi'ch dau. 'Da chi yn dallt, yndach? Unwaith bydd Cidw yn cysylltu hefo ni a deud bod ni'n mynd ymlaen â'r plania, mae hi'n *all systems go* yma. Pam uffar na fysa Mici a Leswold 'di roid o ar ben ffor o'r cychwyn cynta? Nefi wen!'

Esboniodd ei blant ei bod hi'n ddigon hawdd iddo fo ddechra hefru; toedd o ddim 'di bod yng Nghaerdydd yn chwilio am Carbo pan oedd petha ddim yn mynd *to plan*. Rhoddodd docyn o faco yn nhrwmbal y cetyn a'i danio gan fynd ar goll mewn cwmwl o fwg am ennyd. Mond sbio ar ei gilydd wnaeth y chwaer a'r brawd, gystal deud, 'ma ni.' Plygodd ymlaen drwy niwl ei getyn.

'Mae'r hogyn 'na 'di gweld trwy bob un ohona chi am fod neb wedi bod yn onast hefo fo o'r cychwyn cynta. Mae hi'n bryd i rywun ddeud y gwir wrtho fo am bob dim.'

Mi gafodd Antonia ei dewis gan ei thad a'i brawd i gyflawni'r orchwyl honno. Rêl dynion.

★ ★ ★

Cyrhaeddodd Les dŷ y ddynas oedd pia'r pŵdls fydda'n iap iapian byth a beunydd. Ac ar ôl rhoi cusan iddi ar ei thalcian a gofyn iddi beidio â'i holi, mi aeth yn syth am ei wely i fwytho ei gur pen.

Deugain a phedair o flynyddoedd 'nôl roedd Meri Jên yn gweithio'i shifft fel *house keeper* i weinidog a'i wraig yn eu Mans moethus yn Llandaf. Un o Maesgeirchen ger Bangor oedd Meri yn wreiddiol, ond mi ddoth i'r ddinas yn hogan ifanc yn y saithdega cynnar i weld gêm rygbi a wnaeth hi ddim dychwelyd adref. Roedd llwybra'r ddinas yn llawer mwy diddorol a difyr na hen lwybra'r chwarelwyr a'r defaid. Cafodd waith yn syth fel teipydd i ffyrm o gyfreithwyr ar ôl deud iddi fod yn Bangor *Technical* ar gwrs secriterial i ga'l 'chydig o golej, a oedd yn lwmp o glwydda. Ond mi ddoth i ddallt petha'n reit sydyn ac er mai un bys oedd yn pwyso'r teipiadur ar y dechra mi ddysgodd deipio fel 'tai hi'n chwara *concerto* ar noda piano. Roedd ei bywyd ar y stad tai cownsul, dwy siop a bwcis, wedi ei ffeirio am ddanteithion y ddinas mewn amrantiad, ond cofiai ar ddiwadd pob mis yn ddi-ffael i yrru 'licyl symthing' adra i'w rhieni. Mi oedd pob dim yn mynd yn hynci dori iddi a hitha wrth ei bodd gyda'i bywyd cynhyrfus newydd, a'i gobeithion, mwya sydyn, wedi eu buddsoddi mewn hogyn golygus croenddu o un o ynysoedd bychain y Bahamas a weithiai fel peiriannydd ar un o gychod y *Merchant Navy*. Dêts hen ffasiwn oedd hi i ddechra – mynd i pictiwrs a *Berni Inns* am *prawn cocktails* a stecsan ac roedd hi'n ca'l ei thrin fel tywysoges ganddo. Byddai crio mawr a chodi llaw a chwifio hancas wrth i'w bydoedd wahanu yn Tiger Bay. Ond bydda'n dychwelyd nôl ati'n reit amal. Mynd â hi am Babyshams i'r Sandringham ar nos Sadyrna a'r ddau yn eu dillad gora, yna ymlaen i glwb y Casablanca i ddawnsio i rythma rhywiol Joe Black and the Redeemers. Dim ond y fo a hi oedd yn bodoli ar nosweithia fel hyn, yn saff mewn lloches o gariad pur a mwg melys yr Affganistani. Dawnsiai'r ddau drwy'r nos a thrwy'r drws i'r strydoedd gwag, law yn llaw yn gylch o agosatrwydd a chariad. Cusanai'r ddau'n ddyfn a bydda'r lloer yn tynnu'r llanw tuag atynt a'u hatgoffa bod ei long am hwylio i ffwrdd unwaith eto. Byddai dagra mawr yn powlio wrth iddi ffarwelio â fo bob tro.

Gweithiai hitha'n ddiwyd yn y swyddfa. Ag amball dro, bydda curiada y teipiadur yn gwneud iddi freuddwydio am ga'l dawnsio ym mreichia'r morwr golygus unwaith yn rhagor. Gneud panad i'r bosys oedd hi un bora Llun. Agorodd botal lefrith ac ogleuo i brofi a oedd o wedi suro neu beidio ac mi gafodd y cyfog mwya uffernol. Bu bron iddi weld ei brecwast. Roedd dawns cariad wedi gadael ei hoel. Ni ddenodd y lleuad newydd y gwaedlif misol na chario llong y morwr yn ôl ar ei lanw.

Newidiodd ei byd. Ffynnodd hada cariad yn ei chroth ac roedd yn anoddach iddi guddio'i bol fel âi'r misoedd heibio. Doedd dim diben denig adra. Bydda dychwelyd yno'n feichiog yn ddigon i roi ffatan farwol i'w rhieni oedrannus. Neu os nad hynny, mi fysa'r cywilydd yn bownd Dduw o'u lladd, heb sôn am esbonio ei bod hi'n disgwyl babi bach croenddu. Dychmygodd ei thad yn edliw, 'Pyb ydi'r Blac boy, nid plentyn!' Felly ar y deuddegfed o Orffennaf 1973 a nyrs ddiarth yn dal ei llaw, mi roddodd enedigaeth i fachgen bach. Cyn yr enedigaeth fe drefnwyd y bydda'n ca'l ei fabwysiadu unwaith iddo gyrraedd y byd hwn. Cafodd gydio amdano am gyfnod byr ar ei bron ar ôl ei gadw'n iach a chlyd tu mewn iddi am naw mis a diwrnod. Ac ynta'n gariad i gyd mewn blanced waedlyd, daeth yr amser i adael iddo fynd o'i chôl. Gadawodd euogrwydd ei hen staen hyll arni am flynyddoedd ac mae'r profiad hwnnw wedi ei handwyo hyd y dydd heddiw.

Yn fuan wedi hynny aeth i weithio i'r Mans ac yno roedd hi un noson yn tynnu pegia oddi ar y ffedoga claerwyn, gan fod y gwynt yn eu troelli mewn dawns wallgo a'r eira mân yn dechra lluwchio hyd ochra coed y Berllan. Gwyddai fod tywydd garw ar ei ffordd. Roedd hi'n disgwyl i'w chyflogwyr gyrraedd adra unrhyw funud a gosododd boteli dŵr poeth yn eu gwlâu i dwymo'r cynfasa. Agorodd y popty i ga'l golwg ar y tamad bras o gig eidion lyfli a'r tatws a'r nionod a fu'n rhostio oddi tano yn ara deg drwy'r prynhawn.

Roedd y Mans yn balas o le o'i gymharu â'r *bedsit* stamp post roedd hi'n ei rentu yn Sblot ers colli ei job yn swyddfa'r cyfreithwyr. Toddan nhw ddim ei hangan hi unwaith y gwelwyd ei bod hi'n disgwyl bastad – ofn iddi ddod â gwarth ar y cwmni cyfreithiol. Edrychodd drwy ffenast y llofft a gweld bod yr eira'n chwyrlïo y tu allan. Aeth ias drwyddi wrth dynnu'r llenni i guddio'r byd. Doedd hi ddim yn ffond o eira, tywydd torri breichia oedd o iddi hi. Aeth ati i godi fflam y tân nwy er mwyn cynhesu'r stafall ora ac mi ddychrynodd pan ganodd cloch y ffôn.

Mi ddwedodd meistres y tŷ wrthi na fyddent yn dychwelyd adref wedi'r cwrdd y noson honno gan fod y ffordd o fynydd y Garth wedi cau gan luwchfeydd anferthol ac felly toedd dim posib i Leighton, ei gŵr, yrru'n ôl i lawr o Ben-tyrch mewn tywydd mor beryg. Os oedd y tywydd cyn waethed yn Llandaf, yna bydda croeso iddi hi aros dros nos yn y Mans heno, yn y stafall a neilltuwyd ar ei chyfar, wrth gwrs. Yno bydda hi'n aros pan roedd rhaid iddi weini tan yr hwyr a chodi'n gynnar i baratoi brecwast i westeion pwysig Mr a Mrs Daniel.

Yng nghefn ucha'r tŷ roedd ei hystafall, yr un a gadwai'r rhew ar y tu mewn i'r ffenestri, felly mi roddodd y poteli dŵr poeth yn syth yn ei gwely bach ei hun dan fwmian canu. Roedd hi wrth ei bodd. Mi gâi hi chwara bod *yn lady of the house* heno a bod yn dywysoges am un noson arall. Un o'r petha gora am ga'l bod yn y Mans oedd bod ganddyn nhw deledu ac nid unrhyw hen deledu – o naci. Un lliw, petha prin iawn yn 1974. Fysa 'na ddim byd gwell ganddi heno na cha'l gwylio *Sunday Night at the London Palladium* efo Bruce Forsyth mewn *technicolour*. A diawl, gan mai hi oedd dynes y tŷ am un noson aeth 'nôl i stafall wely'r feistres a defnyddio ei cholur. Rhoddodd 'chydig o *eye shadow* gwyrdd uwch ei llgada, a *rouge* ar ei bocha gwelw ac wedi ychwanegu minlliw llachar coch, gwelodd ei bod yn edrach gan mil gwell. Tynnodd ei ffedog a thrio un o gardigans *cashmere* y feistres a tharo un o'i sgarffia *mink* am ei sgwydda i gadw'n gynnas. Roedd yn barod am y Casablanca a'r morwr unwaith eto! Ar ôl llenwi ei bol hefo tatws, nionod a chig eidion a dwy botal fach o Babycham, er cof am y dyddia da, mi swanciodd trwodd i setlo o flaen y teli hefo glasiad o *sherry* fel y bydda'r Cwîn yn ca'l neud. Teimlai'n grand o'i cho a'i hoff raglan ar fin dechra. Mi estynnodd sigarét o'r bocs pren ar y pentan – un borffor a thip aur a oedd ar ga'l yn y saithdega pan fydda pawb yn smocio. Ond cyn iddi ga'l cyfla i'w thanio, daeth cnoc ar y drws ffrynt. Pwy ddiawl fysa yno mewn ffasiwn dywydd? Sbeciodd heibio'r cyrtan melfed trwchus a gweld amlinelliad dau berson. Gwyddai ei bod hi'n ddyletswydd arni ateb drws y Mans yn ddi-ffael pan fydda unrhyw un yn galw. Ond heno, o bob noson a hitha ar fin gwylio *Sunday Night at the London Palladium* hefo Bruce Forsyth mewn *technicolor*. 'Damia nhw!'

Pan agorodd y drws roedd cwpwl ifanc yno'n sefyll a'r ferch yn dal rwbath yn ei chôl. Cynigiodd iddynt ddod i mewn, ond gwrthod yn bendant wnaeth y ddau. Gofynnwyd iddi a fysa hi'n fodlon gwarchod y parsal bach oedd ganddynt, dim ond am awran am fod eu car wedi torri lawr. Roedden nhw'n disgwyl ffrind i ddod i'w nôl a fyddan nhw ddim yn hir cyn dychwelyd. Mi sbiodd Meri Jên be oedd yn y parsal o flancedi, a'r cwbwl a welai oedd wyneb bach yn cysgu'n sownd. Wel, gan fod tywydd tu allan mor aeafol a rhynllyd o oer, fedrai hi ddim gwrthod. Toedd hi ddim yn ffit i botal lefrith fod ar stepan drws, heb sôn am fabi bach. Felly cytunodd i warchod y babi am 'chydig. Mi aeth yr awr yn ddwy a'r ddwy yn bump a toedd dim sôn am y fam na'r tad. Arhosodd tan yr oria mân cyn penderfynu noswylio a'r parsal bach yn gynnas yn ei chôl. Gwyddai yn ei chalon nad oedd y rhieni am ddychwelyd.

Roedden nhw wedi cnocio ar ddrws y Mans yn y gobaith y bydda'n lle saff i adael eu plentyn mae'n rhaid, ac wedi meddwl yn siŵr mai hi oedd *lady of the house* yn ei cholur a'i sgarff *mink*.

Buodd hitha yn yr un sefyllfa ddwy flynedd yn ôl. Toedd gan y dieithriaid a ddaeth i'r drws y noson honno ddim y modd i'w fagu, mae'n siŵr. Ar ôl i Mr a Mrs Daniel barchus ddychwelyd fora trannoeth a chanfod fod Meri Jên wedi rhoi lloches i'r plentyn dieithr, chafodd y bychan ddim unrhyw groeso. Yn gynta, toedden nhw ddim yn ei llwyr gredu ac yn mynnu mai ei chyfrifoldeb hi oedd cysylltu â'r awdurdoda perthnasol i ddelio â'r sefyllfa. O feddwl fod Mr Daniel yn weinidog yr Efengyl, toedd 'na ddim llawer o Gristnogaeth na chariad Duw yn perthyn i'r Mans y bora hwnnw.

Mi driodd Meri Jên ei gora glas i ddod o hyd i rieni'r babi, ond yn ofer. Mi aeth o un tŷ i'r llall yn holi, ond edrychai'n debyg bod y ddau wedi hen adael y ddinas. Felly, yr unig opsiwn ganddi oedd rhoi'r plentyn yng ngofal y gwasanaetha cymdeithasol. Ond mi roedd yn gyndyn iawn o wneud hynny am yr eilwaith yn ei bywyd. Ar ôl cwffio ei hachos, fe gafodd gymryd gofal o'r babi bach ac yn hwyrach, ei fabwysiadu'n gyfreithlon. Teimlodd fod ffawd wedi rhoi ail gyfla iddi. Fe alwodd y plentyn yn Leswold ar ôl y morwr golygus, a defnyddio ei chyfenw hi, Moore.

* * *

Agorodd Toni ddrws y stabal yn dawel a mwytho ffrwyn Chief. Styrbiodd Carbo ddim o gwbl yn ei nyth o wair a blanced ceffyl drosto, ei ddwy law o dan ei ên fel 'tai o'n gweddïo, a gwên fach ddireidus yn creu tylla bach yn ei focha. Edrychodd arno. Arhosodd y byd yn llonydd iddi am ennyd a dechreuodd ei hunanreolaeth wegian; roedd hi isio rhedag ei bysidd trwy ei wallt a thynnu'r gwellt oddi ar y bwgan brain deliaf a welsai hi erioed.

Roedd Antonia wedi defnyddio ei *assets* gora er budd iddi hi ei hun sawl gwaith dros y blynyddoedd. Addawyd y byd iddi gan un yn barod, a chafodd ei bradychu gan sawl un arall a threulio misoedd lawer wedyn yn tynnu sblintars gwaedlyd o'i chalon. Ond erbyn hyn, yn hŷn a challach, dysgodd y wers bwysig, i beidio cymysgu plesar cnawdol â busnas proffesiynol.

* * *

Holodd Meri Jên Les yn dwll ynglŷn â be oedd o'n 'i neud ac i ble roedd o ar fynd, wrth iddi ei weld yn cario'i ges i lawr y grisia. Roedd hi'n casáu bod ar ei phen ei hun ac yn casáu'n fwy bod ei mab yn gwrthod datgelu dim iddi. Ond ar ôl iddi hewian a thynnu ar lawes ei gôt fel plentyn, mi ddudodd fod yn rhaid iddo fynd i ffwr am 'chydig ddyddia, ond y cadwai *in touch*. Plediodd arno i ga'l mynd hefo fo, a na fydda hi ddim traffath o gwbl. Mi gadwai hi 'owt of ddêr wê', be bynnag fydda'r plania.

'Plîs, Leswold, gad i mi ddod hefo chdi!'

Dynas benderfynol iawn ydi Meri Jên Moore.

'Fedra ni fynd â Shandi a Bentli i'r cenals am holidês bach? Neith frêc bach i bawb... Paid â gadal fi ar ben yn hun bach, Leswold! Plîs!' Chwaraeodd ei ffidil ora a gwyddai ynta fod ei fam wedi hen arfar edrach ar ôl ei hun ac os digwyddai unrhyw un ei thramgwyddo, mi fysa'i chyllath fara finiog wedi sleisio'u ceillia nhw ffwr mewn chwinciad. Addawodd

105

iddi y bysa'n ca'l gair hefo Mici, neu fyddai o ddim yn ca'l ei gadael fel arall. Mi sadiodd hitha ryw 'chydig a thwtio colar ei grys fel bydda hi'n gneud cyn iddo fynd i'r ysgol 'stalwm.

★ ★ ★

Esboniodd Toni i'w thad na i le fo oedd siarad hefo Carbo, 'Gan fod neb arall 'di manijo mynd i mewn i'w ben mwd o.'

Po leia y bydda hi'n goro gneud hefo fo, gora yn y byd iddi hi...

'Blydi Nora! Os wyt isio rwbath wedi ei neud hyd y lle 'ma, gna fo dy hun,' oedd geiria llym Gronw wrth fynd drwy'r drws. Sbiodd Dafydd Aldo ar Toni heb ddeud gair – un tawal fydda fo gan amlaf. Tywalltodd wydryn bob un o ddŵr rhew a lemons iddynt, ond doedd dim y gallai wneud i arafu'r trên stêm o emosiyna a oedd yn rhuo drwy wythienna ei chwaer.

★ ★ ★

Gneud gwyneba yn y drych roedd Mici wrth ga'l shêf cyn gadael, a rhedag y ffarwelio drwy'i ben. Pob un o'r plantos 'di ca'l sws tra oddan nhw'n cysgu a tha-ra am y tro wedi digwydd dan y cynfasa gyda'i wraig gwallt fflamgoch.

Caeodd ddrws y ffrensh windows yn dawel a hedio am y drws pren yng ngwaelod yr ardd. Rhoddodd gic i bêl-droed ei fab ac mi gododd honno drwy ganghenna'r goedan plyms ac yn syth i mewn i'r gôl ym mhen pella'r ardd. Biwtar o siot. Agorodd y drws ac mor ddibynnol ag arfer, yno roedd Les yn aros amdano. Taflodd ei fag lledar mewn i'r Range Rover du, a gosod ei siwt ar sêt gefn eu car busnas.

'Awê Mici?'

'Ai, awê Les.'

Gadawyd lonydd cefn Llyn Parc y Rhath am lynnoedd yr ucheldir.

'Stopiwn ni am frecwast ia? Neu sbot o lynsh on ddy wê yn rwla, os leci di. Watefyr iw ffansi, Michael.'

Roedd Mici Ffinn yn ddyn â'i fys ar y pyls ac wedi sylweddoli eu bod yn ca'l eu dilyn ers troad *fly over* Gabalfa. Ond ddwedodd o ddim gair, 'mond arsylwi a gwylio'r *wing mirror* a gwrando ar Les yn paldaruo am Meri Jên. Roedd Mici yn cytuno fod myddyr wedi bod yn gaffaeliad iddynt, ond waeth iddi heb â chwyno mwyach.

'Mae hi 'di ca'l bod ar bob crŵs a holidê sy'n mynd, ac roedd mwy o bres ganddi fynd i chwara bingo rŵan na sydd yno i'w ennill. Mae'n rhaid i chdi beidio bod mor barod i gowtowio iddi. A gyda llaw, mae gynnan ni gynffon.'

Edrychodd Les yn y drych, toedd o ddim wedi sylwi bod rhywun yn ei ddilyn wrth baldaruo am ei fam.

'Tynna fyny yn y topia 'ma. Mae 'na lê bei ar y chwith.'

Estynnodd Mici am ei sbienddrych godidog a'u gwylio'n agosáu. Gwibiodd y gynffon heibio.

'Pwy ffwc ydyn nhw, Mic?'

'Yr Anhysbys,' atebodd. 'Y Gorila a Pen Sliwan, o be wela i.'

'O ffyc!' oedd ymateb Les.

Ond fe gaen nhw weld ai cyd-ddigwyddiad oedd hyn, neu a oddan nhw'n ca'l eu dilyn o ddifri. Felly yn eu blaena yr aethon nhw. O fewn awr arall, gwelodd Mici fod yr Anhysbys y tu ôl iddyn nhw unwaith eto. Ar ôl ei flynyddoedd yn y fyddin toedd petha fel hyn mond yn *routine* o'i gymharu â be oedd o wedi ei weld a'i wneud. Cynigiodd Les eu bod yn eu colli, ond toedd gan Mici ddim awydd mynd gan milltir yr awr a gweld wyneba yn dod tuag ato'n sgrechian. Mae Leswold yn ddreifar da a chyflym, ond bod ganddo dueddiad i fynd ble y mynna. Bu edrychiad ac yna dealltwriaeth rhyngddynt. Chwara'r gêm fysa ora a gweld be oedd Gorila a Pen Sliwan isio ganddynt, neu mond cyfiawnhau eu bodolaeth oddan nhw.

'Be nawn ni Mic?'

'Dim byd am rŵan.'

Roedd y ddealltwriaeth rhyngddynt yn un brawdol – bob tro y deuai unrhyw fygythiad, bydda'r ddau yn troi yn un. O leia roeddan nhw'n gwybod rŵan bod rhywun wedi gosod tracyr ar eu modur a toedd 'run o'r ddau am ddechra beio'i gilydd.

★ ★ ★

Teimlai Carbo rwbath yn ei gosi dan ei drwyn ac mi grafodd y blewyn gwair nes deffro'i hun o'i drwmgwsg. Craffodd yn y goleuni llachar a chodi ar ei eistedd. Tynnodd y flancad ceffyl oddi arno. Gwelodd ddarn o bapur ar hoelan yng nghefn y drws a nodyn arno'n deud, 'Tyd i'r tŷ rôl i ti ddeffro.' Roedd drws y stabal yn gilagorad a dim ond twmpatha crynion o gachu lle bu'r ceffyl. Grêt, mond y ffwgin ci fydd rhaid iddo wynebu ŵan, meddyliodd. Ond toedd dim sôn am hwnnw chwaith. Cnociodd yn ysgafn ar ddrws derw Bwlch y Gloch a chlywed llais oddi mewn yn deud ei fod o'n gorad. Cerddodd drwy'r pasej tywyll a gweld Gronw yn eistedd o flaen tanllwyth o dân.

'Ddes i ddim 'nôl yma neithiwr i ddwyn y fan, go iawn,' ond chafodd o ddim yr ymateb roedd o'n ei ddisgwyl.

'Arglwydd mawr, Carbo, ti'n edrach fel 'sa ti wedi byta gwair dy wely! Ha, ha. Mae o yn dy wallt di a bob dim, fachgian.'

Gan fod ganddo lwmp o fin dŵr, gofynnodd, 'Ga i fenthyg ych toilet chi?'

Pwffian chwerthin wnaeth Gronw ar yr olygfa ryfeddol o'i flaen.

'Ia, iawn siŵr, syth ar dop y grisia, washi. A cym fàth, wir Dduw. Ti'n drewi 'tha burgyn. A chofia di dynnu dy sgidia cyn i ti fynd fyny ngrisia fi. Mi ffendi di dywal tu ôl i ddrws y baddondy, decini.'

Roedd 'na rwbath hen a solat am y lle yma. Hogla tân a hen goed a hogla uwd a mêl. Gwelodd ei *holdall* a'i bowj baco 'di gosod ar fwrdd y parlwr tân a'r rhosod melyn a ddaeth i'w fam wedi eu rhoi mewn jwg hen ffasiwn. Cydiodd yn ei betha a diolch cyn mynd am y llofft. Pan welodd ei adlewyrchiad yn y drych mi sylweddolodd pam bod yr hen foi yn dal i chwerthin lawr grisia. Roedd o'n edrach fel jac do blêr oedd 'di disgyn drwy shimna'r stabal a 'di cerad yn syth i'r tŷ.

* * *

Cychwynnodd Dafydd Aldo shifft arall ar fwrdd y *Celtic Pride* ac mi roedd o braidd yn ddiamynadd gan nad oedd wedi cysgu ond prin rhyw deirawr. Brathodd ar un o'i staff i frysio i stocio'r bar ac i llnau'r topia tra oedd o wrthi. Fedrai o ddim diodda slacars na phobol oedd ddim yn gneud eu gwaith yn iawn ac yn gydwybodol. Mi fydda'n fodlon newid ac addasu at unrhyw fath o waith, gan wybod fod 'na betha elwach i'w ca'l na chyflog ar ddiwedd y dydd. Nid *con man* ydoedd, ond y fo oedd y dyn oedd o hyd yn ca'l ei osod ar y tu mewn. Y fo oedd wedi bod yn pasio pob darn bach o'r jigsô 'nôl at Gronw a'r lleill, er mwyn iddyn nhw ddechra rhoi'r darna at ei gilydd. Ond ganddo fo'n unig oedd y llun cyflawn ar gaead y bocs.

Roedd un peth yn bendant – ysai am ga'l gorffan ei waith fel stiward ar y *Celtic Pride*. Doedd 'na'm llawar o amsar i fynd rŵan cyn y câi o gadw ei draed ar dir sych yn barhaol. Bu'n gweithio ar y llong ers tri mis, dau ddeg chwech diwrnod a phedair awr ac roedd wedi cyfri pob munud, gan ei fod yn gorfod gneud nifer o jobsys cachu yn rhinwedd ei swydd: o dynnu wet weips a thampons gwaedlyd i ddadflocio toilets, i helpu dynas i eni ei babi. Ond y *long con* oedd y gêm hon, nid troi chweigan sydyn oedd y fargen ac roedd rhywun yn haeddu clec iawn, lle roedd o'n mynd i'w brifo nhw fwya. Y rheini a ddwynodd enaid a'i dywallt i lenwi'u ffiola gweigion eu hunain. Ceillia mawr dur o haearn Sbaen roedd ei angan i wneud be roeddan nhw'n ei gynllwynio.

* * *

Eistedd ar riniog y drws roedd Gronw, yn gwylio ceiliog y gwynt yn dewis ei ogwydd o dop to un o'r siedia a chwyddodd yr arian byw ryw damad ar waelod y baromedr wrth i Carbo ddod i ista yn ei ymyl a rowlio smocsan.

Gwenodd arno'n annwyl. 'Ewadd, hogla da arna chdi, fachgian. Be sgin ti, dêt ia?'

'Dwi 'di hongian y tywal ar y landin i sychu.'

'Da fachgian.'

Taniodd ei smôc. 'Roeddach chi'n nabod Dad, medda chi neithiwr... a ddudoch chi yn bod ni 'run ffunud.'

Roedd Carbo wedi colli ei dad yn naw oed a fo oedd wedi gorfod bod yn ddyn yn y tŷ ers yn hogyn bach. Damwain ar seit adeiladu yn Llundain achosodd ei farwolaeth, 'nôl ei fam, a dyna'r cwbwl a wyddai o. Ond wrth gwrs, roedd 'na lawer mwy nag a wyddai.

Ar ôl ei gladdu, chwalwyd eu bywyda diniwed gan adael gwagle na fedrai neb na dim ei lenwi. Bu'n rhaid i Carbo warchod ei fam a cholli rhan helaeth o'i addysg wrth ofalu amdani a'i gwewyr meddyliol. Mi oedd iawndal i'w dalu wrth reswm ac fe dderbynion nhw ryw 'chydig ar y dechra, ond dim o'i gymharu â'r hyn oedd yn ddyledus iddynt mewn gwirionedd.

Gofynnodd Gronw iddo oedd o'n cofio Yncl Telor, Awelfryn? Oedd, mi roedd o'n ei gofio yn iawn atebodd. 'Mi fuo'n ffeind iawn hefo fi a Mam ar ôl ni golli Dad ac roedd yn galw acw rownd y ril.'

Ond yn anffodus, collodd Carbo gysylltiad â'r dyn caredig hwn a'i fam pan gafodd ei hel i le mae hogia drwg un ar bymtheg oed yn ca'l eu hanfon, a hynny am ddwyn car ac nid unrhyw gar, o na, ond car plisman.

Ym Mangor roedd o y noson honno, yn gadal clwb nos yr Ocdagon a fynta wedi ca'l llond bol o lysh. Mi welodd y cerbyd yn wag, ei injan yn rhedag a radio yn bîpian negeseuon. Aeth y demtasiwn yn drech na fo ac aeth amdani er mwyn ca'l cyrradd adra i Port at ei fam yn gynt. Daeth deg o geir plismyn eraill ar ei wartha erbyn iddo gyrraedd gwastadedd Garndolbenmaen. Fysan nhw byth wedi ei ddal, heblaw ei fod wedi ildio ar riw Pwllgoleulas. Mi gafodd gweir a hannar gan y moch nes ei fod yn ddu biws am eu bychanu gymaint ac mi gafodd chwe mis yn Borstal am ei draffarth.

Ond yr hyn a wnaeth y niwed mwya iddo oedd i'w fam farw tra roedd o dan glo. Fe'i symudwyd i ddalfa arall pythefnos cyn ca'l ei ryddhau, ac wedi iddo dderbyn y llythyr yn cludo'r newyddion trist, roedd cnebrwn ei fam wedi bod. Ni ddychwelodd yr hogyn yn ôl i fro ei febyd pan gafodd ei ryddhau, oherwydd ei gywilydd enbyd.

'Mae'r euogrwydd iddi ga'l ei chladdu a finna ddim yno, yn dal i 'mhigo fi i'r byw hyd heddiw,' meddai wrth Gronw.

Rhoddodd yr hen ŵr ei fraich am ei ysgwydd.

'Rydan ni i gyd yn difaru gneud petha, washi, pob un ohonan ni. Fedran ni fyth newid be sydd wedi digwydd. A does 'run ohonan ni'n gwybod be sydd o'n blaena ni chwaith, ond mi fedran ni lywio'n hunain pan welwn beth sy'n dod tuag atom, medran 'y machgian i.'

Cydiodd am ysgwydda Carbo'n dynn a theimlodd ynta'n saff am y tro cynta ers talwm iawn. Esboniodd Gronw fod o a Telor Awelfryn yn frodyr a'i fod wedi mynd lawer gwaith lawr i Lundain er mwyn trio hawlio be oedd Carbo a'i fam yn eu haeddu, ond wrth gwrs toedd y cwmni roedd ei dad yn gweithio iddo pan gafodd y ddamwain ddim yn bodoli mwyach, wedi diflannu fel tarth y môr yn haul y bora, ei swyddfeydd bellach yn wag. Ond cafodd Gronw wybod fod dau o reolwyr y cwmni yn byw erbyn hyn yn dawel gyda'i drygioni yn Alicante. Aeth Telor draw yno yn ei siwt ddydd Sul i'w gwynebu a thrio ca'l arian i ddigolledu'r teulu bach gan mai nhw, mewn gwirionedd, oedd yn gyfrifol am ei farwolaeth. Ond mi glywodd y ddau grwc, oedd yn rhedag y cwmni, fod 'na *Welsh gentleman* yn holi amdanyn nhw yn y baria a'r gwestai. Buan iawn mae newyddion fel 'na'n trafaelio ar y jyngyl dryms tanddaearol a chyrradd clustia blewog y bobol ddrwg.

Fe dorrwyd i mewn i stafall gwesty Telor ganol y nos ac mi gafodd ei waldio hefo besbol bat yn ei wely gan un o feibion y crwcs, nes bod ei waed wedi tasgu ar hyd y walia. Roedd mor symol o wael, nes bu'n rhaid i Gronw fynd i'w nôl o sbyty yn Alicante a'i hebrwng adra. Roedd breichia ei frawd mewn plastar, hollt yn ei benglog a'i lengig wedi ei rwygo.

Mi naethon nhw lanast go iawn arno fo. Mi gafodd driniaeth mewn ysbyty ar ôl dychwelyd adra, ond ddaeth o rioed ato'i hun ar ôl y ffasiwn gweir.

'Be ddigwyddodd, Gron?'

'Bu farw 'thefnos yn ddiweddarach machgian i.'

Roedd Carbo yn wallgo ac yn berwi o glywed y ffasiwn beth.

'Wel mae isio talu'r bastads 'nôl felly, does?'

'Dyna pam wyt ti yma washi.'

Eglurodd Gronw iddo ganfod fod pen bandits y ffyrm 'nôl yn Llundain ers tair blynedd bellach a bod ganddyn nhw gwmni newydd sbon erbyn hyn – *Hustons and Co* oedd yn delio mewn aur, arian a gemwaith a bod cariad Dafydd Aldo, sef Jiffy, wedi croesi eu llwybra ac erbyn hyn yn gweithio i'r ffyrm. Os oedd Carbo am aros i glywed mwy, câi ynta y cyfla i roddi help i'w hitio nhw yn y llefydd fydda'n brifo fwya.

Toedd 'na'm angan deud mwy wrth Carbo, roedd o gant y cant yn rhan o'r fentar ac mi sgydwodd law Gronw a chydio amdano'n dynn a'i lygada'n pefrio. Sibrydodd yn ei glust, 'Diolch i chi, Gronw.'

O'r diwedd, roedd petha yn dechra gneud synnwyr iddo.

* * *

Tyllodd am bry genwair yn y doman dail, ond toedd y rhai coch tena a oedd i'w ca'l yno ddim digon da i'w fachyn gloyw. Dechreuodd yr afonig ferwi a'r dŵr clir droi yn llwyd budur; roedd trydan statig yn achosi i'w glustia gosi tu mewn a'r byd natur yn dallt bod blaen y llif ar gychwyn. Arwr bychan wyth oed, gyda'i wialen fel arf a'i ddwylo bach yn troi cerrig mwsogl er mwyn datgelu'r nadroedd o bry genwair oddi tanynt.

'Dos, washi, dos. Dos i ddal blaen y lli 'na.'

Dyna oedd Dafydd Aldo 'di goro 'neud erioed – dal blaen y lli, wedi gorfod plesio ac wedi gorfod cau ei geg erioed a hyd heddiw doedd o ddim yn gwybod yn iawn pwy na beth oedd o. Wedi gorfod bod yn ddyn bach, cyn ca'l y cyfla i fod yn ddyn mawr. Chafodd o ddim y cyfla i fod yn blentyn. Rhy brysur yn trio plesio'i dad ar ôl iddynt golli gwraig a mam. Fedra fo ddim ennill bendith ei dad mewn unrhyw beth a gyflawnai, hyd yn oed ar ôl iddo wneud gradd mewn Archeoleg a thyllu'n ddyfn i'r ddaear i chwilio am atebion hanesyddol. Teimlai nad oedd o rioed wedi cyrraedd y lan ym meddwl ei dad.

Roedd ei gof heddiw yn ei arwain 'nôl at ei blentyndod ar ei gwrcwd, a chynnwrf blaen y llif yn cymylu'r dyfroedd. Rhoddodd ei law drwy wawn yr afon, er mwyn teimlo'r tymheredd. Un enwair mewn dwy law dyn o blentyn, yn gwasgu deigryn o blwm uwch y bachyn a'i daflu ddeg llath i fyny i waelod rhaeadr fechan. Plwc i'r slac a'i adael am eiliada, cyn tynhau'r lein rhwng dau fys. Deuai llif yr afon â'i abwyd yn ara deg 'nôl ato. Disgwyliodd am y cyffyrddiad cynta ac fe ddaeth plwc fach ar ben yr enwair ac un arall herciog. Cododd ei wialen i fyny'n gyflym a'i fachu'n sownd. Neidiodd y brithyll ddwy droedfadd uwch y lli a phlymio 'nôl i'r gwaelodion. Mi gwffiodd ei ora drwy neidio a nofio i bob cyfeiriad, ond fe'i blinwyd a'i ddal gan ddwylo medrus Dafydd Aldo. Roedd yn sgodyn da, tua phwys a hannar; smotia amryliw ar ei ochra a'i gefn lliw mawn yn guddliw iddo. Bysai wedi bod yn ddigon hawdd iddo aros i ddal llond basgiediad ohonynt. Ond gwell fyddai ei throi am adra, cyn i'r mellt a tharana gyrraedd ac i dymer y bydysawd ddechra clecian, ac i'r afon newid ei lliw rhwd wrth olchi'r gweryd o'r dorlan. Plethodd frwyn drwy dagall y sgodyn a'i throi hi yn ôl am adra cyn i'r un defnyn o law gyffwrdd ei gorun o gyrls du. Byddai ei helfa yn ddigon i wneud swpar gwerth chweil i'r tri ohonynt.

★ ★ ★

Llnaodd Gronw a Carbo eu platia'n lân hefo tafall o fara menyn i godi olion ola'r melynwy. Roedden nhw newydd sglaffio llond eu bolia o datws cynnar, ham cartra o'r mochyn tewaf a dau wy meddal bob un o'r ieir deliaf. Tolltodd Gronw ddwy banad o de, sydd o hyd yn blasu'n well ar ôl byta wya. Edrychodd Carbo allan tua'r buarth i ga'l gweld oedd 'na unrhyw sôn am Toni ar hyd y lle. Rhaid ei bod yn dal ar gefn y peth mawr 'na hefo pedola, yr un roedd arno'i ofn drwy dwll ei din. Gwelodd Range Rover du yn dod tros y bryncyn i lawr am Fwlch y Gloch. Pwy ddiawl oedd rhein, ta? Chwibanodd yn dawel ar Gronw a oedd wedi mynd â'r llestri trwodd i'r cefn. Toedd o ddim yn gwbod pam y chwibanodd, ond felly y dysgodd gan ei dad i dynnu sylw, pan fydda'n meddwl bod rwbath o'i le. Mi oedd Gronw wrth ei ysgwydd mewn eiliad. 'Fusutors, giaffar.' Roedd Carbo yn reit nyrfys o geir diarth. Un rheswm am hyn oedd iddo chwara gêm o guddiad rhag yr Anhysbys yng Nghaerdydd ers misoedd, a bod 'na bobol ar ei ôl am beidio talu torath o ddirwyon. Ond prin y bydda 'na 'run beiliff yn y wlad yn gwybod ei fod o yn fan 'ma. Sbiodd Carbo ar yr hen ddyn ac mi ddaeth hwnnw yn ymwybodol o'i bryder. Rhoddodd law ar war Carbo,
'Mae'r hogia 'di landio.'
Agorodd drws y dreifar. Camodd Mici Ffinn allan ac ymestyn ei freichia i'r awyr ar ôl y siwrna hir. Gwelodd ei

nemesis yn dod allan o'r drws yr ochor arall. Rhuthrodd Ffred y ci o ganol y caea wedi clywad sŵn y car ac anelu'n syth am Les Moore dan gyfarth. Dangosodd ei ddannadd a chwyrnu. Triodd Les roid celpan i'r ci, ond brathodd Ffred waelod jaced ei siwt cnebrwn a phriodas a rhwygwyd y leinin. Disgynnodd newid mân, beiros, condoms, bagia bach gweigion, goriada a phetha eraill allan o'i jaced nad oedd Les wedi eu gweld ers pan oedd *Slade* yn y charts. Sbiodd yn hurt ar y trugaredda. Doedd ganddo ddim syniad be ffwc oedd yn mynd mlaen. Toedd o rioed wedi bod ym Mwlch y Gloch o'r blaen a newydd ddeffro oedd o hefo dribyls mawr lawr ei ên rôl cysgu'n drwm yng ngwres y car. Triodd ei ora i anelu cic dan din y ci, ond methodd ac mi hedfanodd un o'i slip-ons du dros do y stabal. Daeth Gronw yno i dawelu'r sefyllfa, drwy chwibanu ar Ffred i fynd 'nôl dan ei hannar casgan.

Diawlodd Les y byd a'i wraig wrth hercian i mewn i'r tŷ. Gwelodd fod Carbo yn ei ddybla o flaen y ffenast.

'Ia ia, gei di chwerthin y ffycar! Paid dechra cymryd y *piss* synshein. Os wt ti isio gneud rwbath iwsffyl dos i chwilio am 'yn esgid i, cyn i'r *tasmenian devil* 'na ei chnoi hi'n rhacs.'

Cododd Carbo a mynd i chwilio am esgid Leswold gan ruo chwerthin. '*Touché.*'

* * *

Roedd Dafydd Aldo ar ei fobeil yn siarad â Cidw y Ci Du, yn gneud yn siŵr fod pob dim yn ei le. Dim ond gobeithio yn dawel fedran nhw rŵan, fod y gwaith a wnaethon nhw o wylio a chydweithio wedi bod yn ddigon trylwyr. Ar eu hysgwydda nhw roedd pwysa'r gwaith wedi bod dros y misoedd diwetha. Os na chawson nhw'r petha'n iawn hyd yn hyn, mi fydda'r holl opyresion drosodd cyn iddi gychwyn. A rŵan, roedd yr amser wedi dod i ddibynnu ar y lleill i weld y joban trwodd.

* * *

Arweiniodd Toni Chief y stalwyn tua'r gwaelodion. Tynnodd ei ffrwyn a gadael i'r cobyn redag yn rhydd i Gae Bonclust.

Bu'n myfyrio ar y topia ers oria er mwyn trio clirio'i meddylia, ond ofer fu ei hymdrechion i ffendio 'run enleitynment. Mi oedd 'na betha elwach ar ei meddylia. Petha oedd wedi bod yn mudferwi yng nghefn ei phen ers iddi ei weld o yn y cnawd am y tro cynta a threulio'r amser braf hwnnw efo fo y noson gynt yn y dafarn. Roedd ei theimlada yn un lobsgóws o gymhlethdod. Llwyddodd o i ailgynna rwbath y tu mewn iddi, ond toedd 'na ddim deud be wnâi o nesa ac efallai mai dyna oedd yr atyniad.

Gwrthodai ei meddwl roid o heibio – roedd o'n wahanol ym mhob ffordd. Yn ewn ac eto'n ofnus, yn goc i gyd, ond eto'n addfwyn. Yn donic, fel cloch glir ar bentir niwlog. Yng nghannwyll llgada'r hogyn hwn roedd y lloer a'r sêr yn chwara cuddio.

'Blydi Nora!' Rhoddodd row iddi hi ei hun. 'Blydi ridicilys a ti'n bod yn rili ffycin stiwpyd. Ger y grip nei di, hogan? Be uffar sy wedi dod drosta chdi?'

Ond mi oedd o'n gwneud iddi deimlo'n gynnas a chynhyrfus ar yr un pryd. 'Damia fo!'

Fydda fo'n aros y tro 'ma, ta be? Gobeithiai fod ei thad wedi ei ddarbwyllo i aros, er mwyn pawb arall oedd ynghlwm yn y plania. Ond hefyd, er mwyn ei theimlada cudd hi ei hun. Un cam stalwyn sydd rhwng cariad a chasineb. Roedd hi'n ei gasáu ar adega ac yn hoff iawn ohono yr eiliad wedyn. Gwyddai y byddai'n rhaid iddi gadw cloch fach ei chalon yn fud, rhag iddo fo a'r gweddill ei chlywad yn tincial.

★ ★ ★

Clywodd Michael Finnley Les Moore yn blagardio tu allan wrth iddo drio llnau y cachu ceffyl oddi ar un o'i slip-ons du. Gosododd botal o Benderyn ar y bwrdd, anrheg i'r hen ffarmwr addfwyn, ac mi aeth hwnnw ati i'w chuddio y munud y gwelodd hi.

Atgofion cymysg iawn oedd gan Mici o'r hen le yma, oherwydd i'r ardal hon y deuai i wella, pan fyddai ei feddylia yn un storm wallgo.

Gwelodd sgarmesi rhyfel o'r blaen, gwelodd gyrff megis sbwriel ar ochor hewlydd a gwyneba plant bach wedi eu rhewi am byth mewn gwewyr. Ond 'run fel y noson honno... Trafaeliai'r fwled ar ddwy fil milltir yr awr, a sŵn ei hisian yn uffernol o agos y tro hwnnw, yr aer poeth 'mond milimedra o'i glust fewnol. Roedd hi mor agos â hynny. Yna sŵn y 'thyd' hwnnw – sŵn fydda'n codi gwallt ei ben. Roedd ei *oppo*, un o hogia ei batrol, wedi ei daro yn ei wddw a'i ben wedi ei chwalu oddi ar ei ysgwydda, fel sa rhywun wedi agor tun mawr o plym tomatos, mond top ei wddw oedd ar ôl. Toedd 'na ddim y galla'i wneud i'w fêt, roedd ei ffrind heb wyneb yn gelain, ond ei galon yn dal i bwmpio ffrwd goch dywyll o weithienna ei wddf.

Ni wyddai ar y pryd, ond dyletswydda'r daith honno fydda'r rhai ola iddo yn y gatrawd a bydda'r profiad yn effeithio arno am flynyddoedd. Byddai'r euogrwydd yn goroesi, yn ei yrru at erchwyn hunanladdiad a gwallgofrwydd. Ni chafodd ryw lawer o gefnogaeth gan ei gatrawd filwrol. Cysurodd ei gorff a'i enaid gyda phob cyffur a grëwyd, ond toedd dim yn tycio.

Erbyn hyn, roedd ganddo ddau o blantos bach ifanc ac roedd yn eu haddoli, a gwraig a oedd yn dallt ei wewyr. Ond fedrai hi wneud dim i esmwytho'r creithia mewnol. Ei wraig a oedd wedi gwrando arno'n troi a throsi drwy'r oria mân yn chwys oer diferol, y hi fydda'n rhoi llaw ar ei dalcian i drio diffodd y llunia erchyll yn ei ben a'i ddal yn dynn rhag iddo nadu sgrechian a gweiddi. Dioddefodd ei dymer a'i hwylia oedd yn pendilio, ei ddibyniaeth ar alcohol, heb sôn am bob math o dabledi a chyffuria.

Safodd Julia, ei wraig, yn gryf a chadarn wrth ei ymyl gan ddal ei law pan fydda ei ben ar gyfeiliorn. Wnaeth ei euogrwydd rioed droi yn gasineb tuag ati hi. Petai o wedi gwneud, mi fydda wedi colli'r cwbwl oll, a gwyddai hynny yn ystod ei ddioddefaint. Toedd o'n gwneud drwg i neb, mond iddo fo'i hun. A phan roedd petha'n mynd yn ormod i'w deulu, bydda'n mynd i fyny i'r mynyddoedd i wersylla a chrwydro ar ei ben ei hun bach yn ehangder gwyllt Eryri. Câi loches a llonyddwch ym Mwlch y Gloch i ymdawelu a bydda'r profiad yn rhoi y cyfla iddo wagio'i feddylia ac ailosod y botyma diffygiol yn ei ben.

Roedd Gronw ac Antonia wedi bod yn achubiaeth iddo sawl tro. Felly fedrai ynta ddim gwrthod yn hawdd iawn rhoid cymorth i'w ffrindia mynwesol pan ddaeth yr alwad.

★ ★ ★

Mi glywodd Carbo Antonia yn gweiddi 'Haia Trŵps' wrth ddod drwy ddrws y cefn ac mi neidiodd ei galon guriad. Daeth trwodd atynt yn ei gêr reidio, ei gwallt hir, du yn gudynna am ei hysgwydda. Roedd hi fel darlun hardd, wrth i'w phryd a'i gwedd Eidalaidd dywynnu. Cododd Mici a Les yn syth ar eu traed yn foneddigaidd i'w chyfarch a theimlodd Carbo y dylia ynta godi hefyd. Safodd yno fatha llwdwn, wrth iddi ga'l ei chyfarch a'i chofleidio gan Mici a Les. Ond chafodd o ddim pwt o sylw ganddi. Anwybyddodd o'n llwyr a theimlai rêl lembo yn sefyll o'i blaen, heb wybod be i'w wneud na lle i sbio. Anamal y bydda'n ca'l ei neud i deimlo'n fach ac yn ddi-werth, ond llwyddodd Toni i neud iddo deimlo'n berson *non gratis*.

Mi fentrodd ofyn a fysai'n ca'l benthyg y fan am awran, oherwydd ei embaras yn fwy na dim ac mi ddwedodd Gronw wrtho nad oedd angan iddo ofyn, 'Dos â hi siŵr Dduw.'

Toedd Toni ddim yn disgwyl yr ateb hwn gan ei thad o gwbwl. Doedd wybod i ble uffar roedd y diawl bach am fynd, a mwy na hynny, a fydda o'n dychwelyd? Edrychodd ar ei thad. Gwnaeth ynta lygid bach arni ac ysgwyd ei ben, gystal â deud, 'Mae'n iawn gad iddo fynd.' Fel roedd ar fin gadael mi soniodd Les am y gynffon a fu yn eu dilyn yr holl ffordd o Gaerdydd nes cyrradd y Brigands Inn ger Dinas Mawddwy.

Yr Anhysbys oedd ar eu gwartha, isio dangos eu bod nhw'n dal o gwmpas a bod gweddill dyled Carbo angan ei thalu mae'n siŵr. Roedd un peth yn bendant, toddan nhw ddim am ga'l eu dilyn i ben eu siwrna. Felly, roedd yn rhaid ca'l gwarad arnynt. Mi lwyddon nhw ennill 'chydig filltiroedd drwy hamro gyrru dros Glywedog, gan wybod na fydda'r Anhysbys yn gyfarwydd â'r lôn droellog honno. Wedi parcio eu cerbyd yng nghar parc gwesty y Brigands Inn aeth y ddau ati'n syth i chwilio am y tracar a oedd wedi ei osod rwla ar y Range Rover. Gorweddodd Mici ar lawr er mwyn chwilio oddi tano, ond fedrai o weld dim. Archwiliwyd y car yn fanwl, gan gynnwys teimlo'r gwagle uwchben yr olwynion. Roedd yr Anhysbys wedi gneud joban dda o'i guddio. Edrychodd y ddau 'nôl am y lôn. Faint gymrai cyn i'r lleill gyrraedd, tybad?

'Lle fysat ti'n 'i roid o, Les?'

Ond atebodd o ddim, mond mynd 'nôl at y modur. Rhoddodd ei law oddi tano eto a thu ôl y bympar ffrynt a'r un yn y cefn, ond fedrai o deimlo dim. Damiodd dan ei wynt. Tynnodd ei *lock knife* fain a gwthio'i blaen yn ofalus i agor un o'r caeada plastig ar y bympar sydd yn cuddio'r boltia, ond doedd neb adra. Yna, agorodd y caead arall dros y bympar cefn, ac yno fel botwm anghywir ar gôt, roedd y tracar!

Roedd Gronw ac Antonia wrth eu bodda hefo'r stori.

Cyn i'r Anhysbys gyrraedd, symudwyd y Range Rover gan Mici rownd i gefn y gwesty a mi guddiodd Les y tracar mewn pot bloda o flaen y drws ffrynt. Aeth Mici at risepshon y Brigands Inn, a Les at y bar i ordro peint o seidar iddo fo'i hun a Ginis i'w fêt. Holodd Mici y ferch oedd yn gweithio yn y dderbynfa, oedd ganddi ddwy stafall ddwbwl yn rhydd y noson honno? Oedd yn wir, meddai wrtho'n siriol, mi fedren nhw ei acomydetio. Ond wnâi o ddim bwcio i mewn reit ŵan, os bysa hynny'n iawn ganddi hi, gan fod angan cadarnhad faint fydda angan lle i aros yn gynta. Mwy na thebyg, bydden nhw'n aros am o leia noson, neu ella ddwy. Am wneud 'chydig o bysgota plu ar lyn cyfagos a 'di clywad bod y lle yma'n boblogaidd iawn hefo sgotwrs, meddai wrthi. Ceisiodd ei llwytho gyda chyn gymaint o wybodaeth â phosib. Holodd oedd hi'n gweithio drwy'r pnawn. Tan y diwedd, meddai. Roedd hi wedi ei hudddenu'n llwyr gan Michael Finnley. Gofynnodd fysa fo'n ca'l golwg ar fwydlen y gwesty ac mi chwipiodd y ferch un o dan y cowntar ac i'w law mewn eiliad a thaflu ei gwallt 'nôl tros ei hysgwydda 'run pryd. Agorodd ei walad a thynnu papur hannar canpunt newydd sbon ohoni. Gwenodd arni a deud,

'Diolch i ti, dwi'n mynd i fwynhau aros fan hyn, dwi'n gallu deud.' Plygodd y pres a'i roi yn ei llaw. Roedd hi wedi gwirioni. Aeth drwodd i'r bar at Les a oedd yn ista wth y ffenast gyda'r peintia o'i flaen yn gwylio'r lôn tu allan, ond toedd 'na ddim golwg o'r Anhysbys.

Penderfynwyd eu bod am ga'l *slap up meal* ac aros i weld be ddigwyddai. Stydiodd y ddau y meniw mewn tawelwch. Roedd Leswold awydd stecsan a tships 'Wudd ôl ddy trimings,' wrth gwrs. Bu'n byw ar ddeiat o seidar, *Chinese* têc awes, hŵrs, a cibábs ers blynyddoedd. Optiodd Mici am y Thai grîn cyri a reis. Fel roeddan nhw'n archebu'r bwyd gwelodd Mici Porsche ffôr bei ffôr yr Anhysbys yn troi i'r car parc ar wib ac yna'n dreifio rownd y lle yn ara deg.

'Maen nhw yma,' sibrydodd Mici.

Toedd gan yr Anhysbys ddim syniad fod y ddau ohonynt yn gwybod eu bod yn ca'l eu dilyn, felly mond chwara'n dwp, byta'u cinio a pheidio cymryd sylw o'r Anhysbys fydda'n rhaid iddyn nhw neud. Steddodd y Gorila a'r Pen Sliwan yn y car am 'chydig, yn edrach o'u cwmpas yn methu dallt i ble aeth eu *target vehicle*, gan fod y tracar yn deud ei fod o yno. Yr unig beth amdani oedd mynd i mewn i'r Gwesty i ga'l gweld oedd Mici a Les yno. Cerddodd y Gorila a'i frawd i mewn a gwnaeth Les yn siŵr ei fod yn ca'l ei weld wrth groesi'u llwybyr i fynd i'r toilet. Mi aeth y ddau drwodd am y lownj yn y cefn ar ôl ca'l cadarnhad eu bod yno. Mi gymrodd Mici a Les eu hamser dros eu pryd bwyd, gan siarad yn braf a chwerthin ac ordro dau beint arall. Mi sylweddolodd Mici mai'r ferch o risepshon ddaeth â'r cwrw draw iddyn nhw.

'Dwi ddim isio busnesu ond mae 'ne un o'r dynion 'ne yn y bar arall wedi bod yn holi os dech chi'n aros dros nos? Ac mi ddudis wrth y cog bo chi wedi dod yma i bysgota ac am aros noson neu ddwy. O God, dwi'n poeni braidd. Ddylwn i ddim fod wedi deud dim wrth y dyn. Dwi ddim 'di deud y peth rong, naddo? Sori!'

'Naddo siŵr, mae'n iawn,' medda Mici a gofyn yn yr un gwynt os oedd o'n iawn iddo ga'l allwedd i'r ddwy stafall dwbwl. Addawodd setlo'r bwcin wedyn.

Sipiodd y ddau eu peintia wrth ddisgwyl am eu goriada a mynd i sefyll wrth y bar er mwyn i'r Anhysbys ga'l eu gweld nhw yn eu derbyn gan yr hogan benfelyn o Sir Drefaldwyn. Mi aethon nhw i fyny'r grisia yn cario eu peintia. Ond yn hytrach na mynd am eu stafelloedd, mi roddon nhw glec i'r cwrw ac anelu hi'n syth am y ddihangfa dân, cyn mynd i lawr y grisia allan i'r cefn a neidio i mewn i'r Range Rover du. Ond cyn gadael, mi sleifiodd Les at gar yr Anhysbys a rhoi blaen llafn miniog ei gyllall yn y bedair teiar cyn mynd o 'na'n reit handi.

Mi oedd Ffin a Moore fel dybl act yn adrodd eu hanas. Ddudodd Carbo 'run gair, mond edrych ar ymateb Toni a'i thad yn glanna chwerthin!

'Mae'n siŵr fod y Gorila a Pen Sliwan yn dal yn ista wrth y bar yn byta cnau fel y ddau ffycin mwnci ydyn nhw!' meddai Les. 'A dydyn nhw'n methu dallt pam bod ni'n gwarchod y Carbo 'ma a thalu ei ddylad! Ac os ydyn nhw'n ama na ni ddwynodd dy Awdi di yn y lle cynta, wel ffwcio nhw! Mae 'na filoedd o Carbos erill neith eu gwaith budur drostyn nhw a mynd i nôl car arall.'

Cododd Carbo ei law fel plentyn bach yn rysgol i ddeud bod o'n dal yno, ond mi ddudodd Les wrtho am ei rhoid hi 'nôl yn ei bocad. Teimlai allan ohoni, yn amddifad yn eu mysg. Mi sgiwsiodd ei hun a chydio yn y rhosod melyn.

'Lle ffwc wt ti'n meddwl ti'n mynd, synshein?'

'Meindia dy fusnas, Les.'

Gadawodd Carbo a'i gynffon rhwng ei goesa.

'Yli, Les, cyn i ni fynd dim pellach,' meddai Gronw. 'Dwi'n gwbod bod gen ti dy lach ar yr hogyn 'na, ond i chdi ga'l dallt, o hyn ymlaen mae o'n un ohonan ni ac yn haeddu ca'l ei barchu. Mae pob un ohonan ni'n hafal yn y tŷ 'ma. Cofia di hynny.'

'Mae'r amsar yn dynn arnan ni fel mae hi,' ategodd Toni. 'Fedran ni ddim fforddio mân ddadleuon rownd y ril a chael chi'ch dau yn cecru fatha plant. 'Di o ddim yn mynd i fod o fudd i'r fentar 'ma o gwbwl. A dwi 'di gneud hynny'n glir i Carbo 'fyd.'

Sbiodd Les ar Mici am 'chydig o gefnogaeth, ond y cwbwl wnaeth oedd deud fod Cidw y Ci Du am ymuno â nhw nes mlaen a fedran nhw ddim ymddangos yn amhroffesiynol o'i flaen o, neu mi gerddith off y job yn syth.

'Ocê, ocê. Got ddy mesij lowd and cliar. Dim ond bach o bantyr ydi o, blydi hel!'

* * *

Mi ffendiodd Carbo fod y fan wedi ei pharcio tu allan i hongliad o sied fawr tu ôl i'r tŷ fferm. Sylwodd nad oedd y ddau foto beic ynddi mwyach. Dilynodd y lôn fynydd tuag at y ffordd fawr a gyrrodd yn ei flaen am ryw hannar awr nes cyrraedd eglwys fechan. Gwichiodd y giât wrth iddi agor, mewn nodyn isal yn gynta cyn codi i nodyn uwch, fel 'ta'r adwy yn deud helô wrth ei groesawu i'r fynwent. Mwythodd ei law hyd faen hynafol y Paganiaid a osodwyd ganddynt yno ganrifoedd cyn i Gristnogaeth gyrraedd Gwalia Wen. Yma y daeth yr hen frodorion cynhenid i gwrdd, eu hwyneba wedi eu paentio â lliwia'r pridd, a gwyrddni'r deiliach a chochni'r aeron yn addurno eu gwalltia, yma y byddent yn ymgynnull i ddawnsio, gweiddi a chwerthin wrth iddynt droelli o amgylch y fflama; a dathlu'r byd natur a oedd yn fur amryliw o'u cwmpas, a'r afon Dwyryd yn sibrwd hen ddefoda wrth lithro heibio'n ddi-lol, gan ddynodi'r ffin rhwng tir y byw a'r meirw. Codwyd eglwys yma fel mewn sawl lle arall i atal y Paganiaid rhag talu eu teyrngeda i'r arall fyd a'u gorfodi i addoli y Duw a grëwyd gan Gristnogion i'w gwareiddio. Ffwlbri llwyr.

Cyrhaeddodd garrag fedd ei dad a'i fam a dechra clirio'r chwyn a'r mieri a oedd yn bygwth ei mygu am byth. Cyfogodd wrth agor y potyn bloda metal, gan fod ei gynnwys yn ogleuo fel cyrff wedi madru. Aeth ati i'w olchi o dan y tap ym môn wal grwn y fynwent, wal grwn heb 'run gornel, gan mai mewn corneli bydd y diafol yn llechu, gan aros yno i ddwyn eneidia'r ymadawedig, yn ôl y Cristnogion hollwybodus. Llnaodd y croen brown oddi mewn i'r potyn â dail tafol. Defnyddiodd glwtyn i lanhau'r garreg fedd yn lân a chododd garreg fechan wen o lan y bedd a'i rhoi yn ei bocad. Roedd gola'r noson yn gymysg o'r deuliw oren a melyn gan wneud i'r rhosod a osododd ar y bedd edrach yn dryloyw. Rhedodd ei fys ar hyd llythrenna'r llechan, gan ddilyn enw ei dad ac wedyn ei fam. Teimlai gynhesrwydd yn fwy na thristwch y tro hyn. Ar ôl y sgwrs ddofn honno gyda Gronw, fe wyddai fod ei fodolaeth a phob gweithred a gyflawnai yn effeithio ar bob dim arall.

Teimlodd damprwydd ar ei ben ôl, a hwnnw wedi treiddio drwy'i drôns at groen ei din wrth eistedd ar y glaswellt. Syllodd ar y garreg fedd a gweld llunia o'i orffennol. Crawciodd brân yn y gwyll a'i dynnu allan o'i fyfyrdod, 'nôl i'r presennol. Nodyn cras ydoedd, ond un clir o gariad pur y natur famol i'r pagan bach hwn.

★ ★ ★

'Be uffar oedd ar eich pen chi'n ei adal o fynd o 'ma, Dad? Toes wybod ble ddiawl aiff o, siŵr Dduw. Ella na welwn ni mohono fo eto.'

'Mae'n rhaid inni ddangos ein bod yn ei drystio fo, yn does Aldo? Ac mae gadal iddo fynd â'r fan o 'ma am awran neu ddwy yn rhan o hynny.'

Fu dim cyfarthiad gan Ffred, na dim arall i'w rhybuddio nhw fod Cidw y Ci Du am gerdded drwy ddrws cefn Bwlch y Gloch ac eistedd wrth y bwrdd fel tasa newydd biciad allan i biso.

'*Good evening lady and gents,*' a heb falu cachu na chyfarch neb, mi aeth yn syth lawr i fusnas.

'Gwed tho'i Dafydd bach, be sy'n mynd mlân 'ma te?'

Edrychodd o amgylch y bwrdd a gweld fod un ar goll.

'O, fel 'na ma hi'n ceibo, ife? A lle yffach ma fe te?'

A deud y gwir yn onast, toedd ganddyn nhw ddim ateb iddo a'r cwbwl wnaethon nhw oedd edrach ar ei gilydd, fel tasan nhw i gyd wedi colli'r býs ola adra.

Fedrai Dafydd Aldo ddim cuddio'i rwystredigaeth funud yn hirach.

'Ffyc sêcs! Ydi o'n cofio bod gynnon ni gwarfod yma heno, yndi Dad? Achos 'sgen i ddim llawar o amsar cyn dwi'n goro mynd 'nôl ar y ffrigin bwcad rhwd 'na. A mae mycyr fan hyn wedi teithio'n bell i ddod yma.'

'Dwi 'di deud wrth yr hogyn bod gynnon ni gwarfod pwysig am hannar awr 'di wyth heno. Ŵan, setla wir Dduw, ti'n codi'r bendro arna i. Croeso 'nôl Cidw. Gymri di banad?'

'Ddes i ddim 'ma i ufed te, Gron.'

Sbiodd Mici ar y cloc sgi-wiff uwch y drws. Roedd 'na ryw hannar awr cyn y cwarfod a drefnwyd a gobeithiai ar ran pawb y byddai Carbo'n dychwelyd neu mi fydden nhw i gyd mewn dyfroedd dyfnion.

Canodd ffôn y tŷ ac mi neidiodd pawb, 'blaw am Cidw a Mici Ffinn. Atebodd Dafydd.

'Helô, fi sy 'ma,' medda'i Carbo'n annwyl.

'Be ffwc ti neud a lle ddiawl wt ti?'

Wnaeth Carbo ddim nabod y llais.

'Pam, pwy wt ti?'

'Y boi oedd yn dal y twelf bôr yng nghefn dy ben di, dyna pwy ydw i!'

'O, wela i,' oedd ei unig ymateb. Gofynnodd am ga'l siarad hefo Gronw.

Mi ddwedodd wrtho ei fod ar ei ffor 'nôl a'i fod yn meddwl stopio'n sydyn i ga'l bagiad o jips a 'chydig o gania. Ag isio gofyn oedd rhywun arall awydd rwbath tra ei fod o wrthi.

Gwnaeth Gronw yn siŵr fod pawb yn y stafall yn ei glywed. 'Syniad da iawn, Carbo. Chwara teg i chdi am feddwl amdanan ni, washi.'

Gofynnodd Gronw i bawb be oddan nhw isio i'w fyta ac yfad. Toedd Dafydd ddim yn coelio'i glustia pan ddechreuodd pawb roid eu hordors i mewn.

'Ffish a tships ôl rownd, ond bod Les isio dwy jymbo sosij in batyr a pot o gyri sôs hefo un fo hefyd. A tyd â slabyn o gania efo chdi, fachgian. Dala i chdi wedyn.'

Chwaraeodd gwên fach o foddhad ar ei wefusa. Toedd o ddim wedi ama am eiliad na fysa Carbo ddim yn dychwelyd. Mi aeth ati'n syth i gnesu platia ac estyn y tebot mawr er mwyn i bawb ga'l panad o de hefo'i swpar ffish a tships. Daeth Toni ato i estyn cyllyll a ffyrc.

'I le aeth o, Dad?'

'I weld ei fam am wn i.'

'O, wela i. A lle mae hi'n byw, ta?'

'Yn y fynwant, 'y mach i, yn y fynwant...'

Teimlai hitha euogrwydd diawledig am iddi ei bryfocio ynglŷn â mynd â'r rhosod melyn nôl adra i'w fam.

★ ★ ★

Ar ôl i bawb gladdu eu swpar a chael mygiad ne ddau o de, cododd Cidw ei ben a deud ei bod hi'n hwyr glas i ddechra'r cyfarfod pwysig. Aeth pawb ati y funud honno i glirio'r platia, y poteli sôs a'r finag oddi ar y bwrdd a thaflu'r papura fish a tships i'r grât, yn dân oer at y bora wedyn.

Diolchodd Gronw iddynt oll am ymgasglu ar gyfer y cyfarfod hwn a bod pob un ohonynt wedi eu dethol oherwydd eu sgilia arbenigol.

'Os leciwch chi, 'da ni fatha ... cerddorfa fechan wedi dod at yn gilydd. Mae gynnon ni syniad o'r dôn, ond 'da ni ddim yn hollol sicir o'r gân orffenedig. Mi gaiff Cidw gyfla i esbonio mwy am y manylion nes ymlaen. Os oes unrhyw gwestiyna gynnoch chi, mi gaiff pawb y cyfla i'w gwyntyllu ar ddiwedd y cwarfod hwn, iawn?'

'Iawn,' medda pawb.

Roedd yr awyrgylch wedi newid o un ffwr â hi, i un o, 'ffyc mi' mwya sydyn.

'Da chi gyd yn nabod ych gilydd rŵan. Rhai yn well na'i gilydd wrth reswm. Ond y peth pwysica un ydi, bydd yn rhaid i ni i gyd allu dibynnu a thrystio'n gilydd gant y cant. Mae'n allweddol bod y gerddorfa yn un dynn a phawb yn chwara'u rhanna'n berffaith. Os collwn ni un curiad, mi aiff petha'n ffliwt yn sydyn iawn, iawn?'

'Iawn,' atebodd pawb yn un côr bach del.

'Rhaid i bob dim o hyn ymlaen aros rhyngddon ni a'r hen

fwrdd pren 'ma. Mae 'na lot fawr o waith i neud a dim ond pedwar diwrnod sy gynnon ni cyn byddwch chi'n gadael y lle 'ma. *Time is of the essence*, chwedl y Sais. Ond mae 'na un peth pwysig arall. Os ydach chi ar y sosial midia – y sbes ffes a'r twatyr 'na a phetha cyffelyb – newch chi plîs, a dwi'n erfyn arnoch chi, beidio'u defnyddio nhw yn nalgylch y ffarm yma. Mae gynna chi i gyd eich ffôn busnas. Un syml ydi o, ond mae'n gallu gneud a derbyn galwada a dyna'r cwbwl fyddan ni ei angan. Trwy ryw fendith, toes 'na'm llawar o signal fyny fama. No wei ffei! Hapi leiff ai! Felly toes 'na uffar o neb yn gwbod lle ydach chi, sy'n siwtio fi i'r dim. A dwi isio cadw petha fel 'na.' Edrychodd i lygad pob un yn ei dro. 'Pawb yn dallt?' Nodiodd pawb mewn cytundeb. 'Da iawn. Mi gymra i'r cyfla hwn i gau 'y ngheg er mwyn i Cidw ga'l rhoid 'chydig o oleuni ar y mater ger bron.'

'Diolch yn fowr i chi, Gronw.'

Arglwydd, mae rhein yn fformal a siriys, meddyliodd Carbo.

Gwenodd y Ci Du ar draws y bwrdd arnynt oll yn eu tro gan nodio. Tynnodd gwdyn bach du melfed o bocad gwasgod ei siwt biws dywyll a llacio'i dei ryw fymryn – tei oedd wedi costio mwy nag amball i dŷ teras. Duw a ŵyr faint dalodd i'r teiliwr am wnïo'i siwt tri darn ag edafedd aur o walltia morforynion! Dyn perygydi Cidw, ond mae ei siwt yn beryclach fyth. Agorodd y cria oedd yn cau pen mwdwl y cwdyn melfed. Roedd sylw'r criw wedi eu hoelio arno. Rowliodd garrag loyw, 'chydig llai na marblan ar y bwrdd ceincia derw. Ar yr union eiliad y cododd hi rhwng ei fys a bawd i'w dangos i'r criw, mi daniodd y bagia tships yn un glec yn y grât a chododd fflama hiwmyngys dros y pentan, cyn ca'l eu sugno dan ruo 'nôl i fyny'r simna.

Neidiodd Leswold o'i groen a rhoddodd glustan i Carbo 'run pryd fel sa hwnnw ar fai!

'Ffacin hel! Wat ddy ffyc was ddat?'

Rhoddodd Carbo beltan nôl iddo'r munud hwnnw gan ddeud,

'Ffac off, Ffatso, nesh i ddim byd.'

Doedd 'run o'r lleill yn gwybod be i ddeud a bu bron iawn i'r cwarfod pwysig ddod i ben...

Ymddiheurodd Leswold yn syth.

'Sori, Carbo. Dychryn nesh i... y gwynt yn rorio yn y shimna 'na. Ffagin hel, mae'n sbwci 'ma tydi. Sori Cidw. Nyrfs i bach yn shot. Sori pawb.'

Mi aeth Cidw yn ei flaen, fel 'tai dim wedi digwydd.

'Y rheswm ni gyd wedi dod 'ma gyfeillion yw oherwydd y garreg fach 'ma sydd o'ch blân chi. Yn hon mae ein holl obeithion ni. Dwi am i chi i gyd 'i hastudio hi'n fanwl, yn enwedig Carbo a Les. Y chi fydd y cynta i ga'l gweld 'i thylwyth hi, a chi fydd yn cymryd y rhai i'w dwgyd.'

Roedd calon Carbo yn dyrnu mynd a Les yn dal i sbio'n amheus ar y lle tân, 'cofn iddo roid clec arall.

'Ni'n galw carreg fach fel hon yn *rough cut stone*. So'r gwaith o'i thorri wedi ca'l i wneud i gyd 'to, o bell ffordd. Dim ond profiad heleth y torrwr geme a'i lyged e all weld 'i gwir werth hi. Wnaf i ddim eich boro chi 'da'r manylion.'

Sbiodd Les a Carbo ar ei gilydd.

'Ond fel arfer, bydd y torrwr gore yn ca'l dwy garreg mas o hon, o achos 'i maint hi. Lleia i gyd yw'r gwastraff, mwya i gyd fydd y proffit i ni. Chi'n gweld, po fwya chi'n torri bant o'r garreg, mwya yn y byd bydd ych proffit chi'n troi'n ddwst. Dwst drud ofnadw gyda llaw. Mae'n rhaid i'r torrwr wneud toreth o benderfyniade – rhoi amcan o'i gwerth, y ffordd ore i'w gwitho ac yn y blân. Ond bydd yn rhaid, gyfeillion, i'r cerrig fod yn berffeth. Chi 'da fi hyd yn hyn?'

Cytunodd bawb a'u llygaid fel soseri.

'*The magic is in its facets.* A'r dewin yn hyn i gyd yw'r torrwr. Dim whare ymbyti. *The four 'C's: Cut, Carrat, Clarity and Colour.* Mae'n rhaid i'r pedwar 'C' fod cystal â gallen nhw fod. So'r Iddew sy 'da fi i neud y gwaith o dorri yn ware 'da tarane – dal y mellt i ni moyn. Ac os bydd y four 'C's yn berffeth, gallwn ni neud arian mowr.'

Steddodd a chodi'r garrag unwaith eto a'i dal o flaen y gola a gadael iddi ddawnsio.

'Wrth gwrs, ma gofyn bod dyn yn galler ca'l gafel ar y garreg rwff i ddechre. So nhw'n tyfu fel, fel...'

'Riwbob,' medda Carbo mewn fflach.

'Nage nage. *Thing's that grow on trees,* myn.'

'Apyls?' mentrodd Les.

'*Zip it* y pwrs. Ti'n gwbod be sy 'da fi.'

Ac fe dorrwyd ar y tyndra wrth i bawb ymlacio yn eu cadeiria a chwerthin, er difrifoldeb y sefyllfa. Teimlai Cidw eu bod nhw'n ei ddilorni ryw 'chydig, ond tywalltodd Toni wydryn o rew a lemons iddo i ddangos ei bod hi, o leia, yn gefn iddo. Agorodd Les gan o seidar yn slei o dan y bwrdd a chogio tagu i gyfro'r sŵn. Mi gafodd Carbo bwl o gigyls ac mi gollodd Gronw ei limpyn yn lân.

'Gwrandwch wnewch chi, plîs hogia! Neu ffwciwch hi o 'ma rŵan. Gin i ddau ddyn arall fedrai neidio i mewn yn ych lle chi, i chi ga'l dallt!'

Ymddiheurodd y ddau'n syth fel dau hogyn bach drwg.

'Reit te. I fi a Dafydd Aldo wedi gneud yn rhan, drwy baratoi pethe ar gyfer y jobyn 'ma. Ma fe lan i ti a dy motli *crew* nawr, Mici.'

Daliodd Mic ei edrychiad am rai eiliada.

'Dwi'n dallt hynny, Cidw. Ond paid ti â meddwl am eiliad na'ch aberth chi yn unig ydi'r siwrna hon. Rydan ni i gyd hefo'n gilydd. Edrychodd ar Les ac yna ar Carbo. 'Toes 'na 'run o 'nghriw i'n mynd i adal chdi lawr, ocê?'

'Braf yw ca'l clywed 'ny.'

Ymhelaethodd Cidw, 'Ma 'na gerrig, y gore posib wedodd Jiffy ein cyswllt yn Lunden, *on the cusp* o fynd hibo, reit dan yn trwyne ni. Ac mi weithon ni mas, ar ôl misoedd o waith ymchwil trylwyr, taw hwn oedd yn cyfle gore ni. Cyfle perffeth a gweud y gwir. Cytuno Daf?'

'Ia, a does gynno ni ddim llawer o amser ar ôl i roid petha at ei gilydd.'

'O ie, un peth arall i chi gofio,' meddai Cidw. 'I ni ar yn colled yn ariannol yn barod yn dilyn yr holl waith paratoi. A gyda llaw, tra wi'n cofio, Carbo, mae dy ddirwyon di i gyd wedi eu talu. So ni'n medru fforddio unrhyw ffyc yps, fel ti'n ca'l dy aresto am y pethe wnest di yn y gorffenol, odyn ni?'

'Wel, diolch yn fawr. Mi dala i 'nôl wrth gwrs.'

'Wi'n gwybod y gnei di, achos daw e mas o dy ran di o'r arian ar ddiwedd y jobyn. Felly, gyfeillion, allwn ni ddim ffordo i'r fenter sydd o'n blaene ni fod yn fethiant. Chi'n deall?'

Cytunodd pawb drwy nodio, neu roid ryw ystum o ddealltwriaeth.

'Reit, o's 'da unrhyw un gwestiyne?'

Bu saib go hir wrth i bawb gloriannu'r wybodaeth. Roedd gan Carbo lith o betha i'w gofyn, ond roedd o'n rhy mesmyraisd hefo'r holl beth i ddechra holi. Torrwyd ar y tawelwch gan Les Moore.

'Ga i ofyn be yn union ydi'r cerrig 'ma, ta?'

Atebodd Gronw; 'Deimonds, Leswold, Deimonds.'

Rhan 2

Khan 2

'Rôl iddynt wagio'r cania i gyd yn ogystal â photal wisgi Penderyn Gronw, a gwrando arno'n canu 'Nessun Dorma' o waelod ei galon am yr eilwaith y noson honno, fe ddaeth Antonia â'r cyfarfod i ben am tua dau yn bora gan fod pawb 'di mynd i ddechra rwdlian a siarad am eu hunin. Mynegodd ei thad fod o'n uffernol o falch eu gweld nhw i gyd hefo'i gilydd, ond mi fyddai o'n siomedig iawn os na châi o botal o Benderyn arall yn lle yr un a wagiwyd, gan mai presant iddo fo oedd honna i fod! Hefyd, yn bwysicach na dim, roedd o'n teimlo y dyla fod gan bob un wan jac ohonyn nhw syniad cliriach o'r gwaith ger bron a beth oedd disgwyl i bob un ohonyn nhw gyflawni.

'Felly, ewch i'ch gwlâu y ffernols! Mae gynno ni lot o waith i wneud yn y bora.'

Tarodd ei fys ar y baromedr a gwylio'r nodwydd yn neidio ryw fymryn. *'Cloudy for some time, brighter later.'*

'Rybish,' meddai dan 'i wynt. 'Reit, pawb i'w gwlâu.'

◆ ◆ ◆

Taranodd dau ddrws y sied fawr yn agored fel dwy len anferth. Sugnwyd amball i welltyn a phluen i'r awyr, yn gymysg â llwch lliwgar o'r gofod enfawr oddi mewn. Sylwodd Carbo yn syth fod 'na linella hirion mewn sialc gwahanol liwia yn rhedag ar hyd ehangder y llawr concrit. Hwn oedd *floor plan* y llong, mae'n rhaid. Roedd 'na lori geffyla wedi ei pharcio mewn un gongol a dau foto beic wrth ei hymyl. O fewn un o'r sgwaria a ddynodwyd mewn sialc, roedd cadeiria wedi eu gosod mewn rhes. Tu ôl iddynt, dau gwpwrdd locyrs ac ar un o'r cadeiria eisteddai *mannequin* wedi ei wisgo mewn siwt a thei, fel sa fo ar fin ca'l ei osod mewn ffenast siop. Pan gerddodd ato ac edrych yn agosach roedd 'na glycha bychain wedi eu gwnïo ar hyd defnydd siwt y dyn dwmi dillad plastig. Toedd ganddo ddim gwallt na het ac am resyma na fedrai amgyffred, roedd o'n codi hibîjibîs mawr arno. Yn y gornal bella, y tu allan i'r holl linella sialc, roedd bwrdd a chadeiria, ffrij wrth eu hymyl a theciall ar ei ben. Ar y wal, gyferbyn â'r bwrdd, roedd gorchudd gwyn yn cuddio rwbath.

Gofynnodd Cidw'r Ci Du i bawb eistedd. Esboniodd mai hwn oedd eu gweithle am y diwrnoda nesa a toedd neb i drafod y gwaith o gwbwl y tu allan i grombil y sied fawr. Tynnodd rolyn mawr o bapur a'i agor yn llydan ar draws y bwrdd er mwyn i bawb ga'l ei weld. Rhoddodd Les ei sbecs darllen ymlaen a thuchan yn bwysig er mwyn ei studio. Studiodd pob un y cynllun ger bron. Mi fuasai'r rhai craff ohonyn nhw, meddai Cidw, yn sylwi bod gwahanol liwia'r inc ar y papur yn cyfatab i liwia'r sialc ar lawr y sied, sef gwahanol loria y llong lle y byddan nhw'n gweithio – y grisia, y coridora, y stafelloedd ac yn y blaen. Ond fe fyddan nhw'n dod i ddallt hynny'n well o fewn dim. Agorodd y ffrij ac estyn pum potal o ddŵr ohoni.

'Cymerwch ddracht go dda, gyfeillion. Wi' moyn *total* consentreshon 'da chi o hyn mlân.'

Gofynnodd Mici iddyn nhw ei ddilyn at gefn y lori geffyl. Arhosodd Cidw wrth y bwrdd yn pori dros y plania.

'Reit, o fan hyn 'da ni'n dechra a sgynnon ni ddim ail gyfla

Wrth fynd yn eu blaena ar hyd y llawr, fe sylwon nhw, wrth gyrradd lliw y sialc melyn, hirsgwar, mewn rhes mai y rhain oedd yn dynodi y grisia fydda'n mynd â nhw i fyny i'r llawr nesa. Pan fyddai Carbo a Les yn ymarfer, byddai'n rhaid iddyn nhw gamu ar bob un, fel grisia go iawn, er mwyn ca'l yr amseru yn iawn. Cerddodd pawb mewn un rhes yn ddel i fyny pob un o'r stepia dychmygol. Arweiniodd Cidw bawb yn eu blaena i lawr y coridor sialc melyn, sef yr ail lawr o'r llong, lle roedd y drysa i gyd wedi eu marcio mewn sialc gwyn.

'Porffor yw'r liffts a gwyn yw'r dryse.'

Clyfar, meddyliodd Carbo, a sylwi bod lliw y sialc wedi newid i sgwaria bach coch hirsgwar sef y grisia i fynd â nhw i fyny i'r trydydd llawr. Aethon nhw ymlaen nes cyrraedd y lliw sialc gwyn eto a oedd yn dynodi drws dychmygol y stafall, lle eisteddai y dwmi dillad, hwn oedd yr 'opyreshynal sbes' i'r tew a'r tena.

'Reit, chi i gyd yn deall so ffar, ond rhag ofon boch chi'n thic ac yn stiwpyd, mae manylion y *floor plan* ar y daflen ar y ford man co. Ma popeth mwy neu lai *to scale* 'ma. So ni 'di cwpla gneud y bar lle bydd Aldo'n gwitho to.'

'Bechod,' medda Les gan dorri gwynt. Chymrodd Cidw ddim sylw ohono.

'Ond y stafall hon yw'r un bwysica i ni ar y funed.'

Gwelodd Carbo fod *briefcase* yn sownd wrth *handcuffs* am arddwrn y dwmi.

'Reit te, gwd boi, cyn i ni fynd gam ymhellach, hwn yw dy gyfle di i ddangos be ti'n galler neud. Wi'n moyn i ti ga'l y *briefcase* oddi ar 'i arddwn e, heb glywed jingyl jangyls y clyche. Comprende?'

Toedd Carbo ddim yn rhy hoff o ga'l ei roi ar y sbot, ond gan na fo oedd yr *unknown entity,* cyn bellad ag roedd y Ci Du yn y cwestiwn, fedra fo ddim gneud esgusodion. Roedd hi'n bryd iddo brofi ei ddonia.

'Iawn ta, ydi'r boi ma'n effro, ta ydi o'n cysgu? Comprende?'

'Reit dda ŵan,' medda Les. 'Mae golwg isio pic mi yp arno fo.'

Toedd Cidw ddim yn lecio agwedd y ddau yma o gwbwl.

'*Shut the fuck up*, Leswold a gadwch i ni weld beth gall y boi 'ma neud.'

Pwy ffwc oedd 'Jack Sparrow' yn ei alw'n 'boi'? Ond roedd cryn dyndra 'di dechra berwi o fewn eu gofod bach yn y sied fawr, felly cau ei geg oedd ora.

'Agora nhw nawr. Ma hyn yn mynd i fod yn *do or die* i ti.'

Syllodd pawb ar y dwmi crîpi diffrwyth ac yna ar Carbo. Camodd drwy agoriad gwag y drws a gwyddai na fo oedd 'dyn y cloua' ar y joban yma ac os methai o y tro hwn, mi oedd hi ar ben arno fo. Amen, coc bren a dyna fo. Steddodd wrth ymyl y dwmi a'i studio o'i draed i fyny. Trodd ei ben a sbio ar y pedwar arall yn sefyll tu allan i'r drws dychmygol a gweld bod Mici Ffinn a Toni yn sbio arno'n obeithiol ac yn cymeryd anadl ddofn. Cododd Les ei aelia a rhoi winc iddo a deud,

'No ffycin *pressure*, synshein!'

Syllodd o'i flaen, cau ei llgada mawr brown a chwythu geiria allan o'i ena fel 'tai o'n rhuo hen ddefoda.

Sbiodd pawb yn hurt arno a dechra ama ei dalent oherwydd ei stumantian. Ond gwyddai Carbo yn union be oedd o'n ei wneud, llonyddu ei hun. Anadlodd i mewn yn ddyfn, llenwi ei sgyfaint a chodi ei freichia'n syth fyny uwch ei ben gan ddal ei ddwy law gyda'i gilydd, fel 'tai o ar fin deifio o glogwyn uchal i ddyfnder diwaelod. Anadlodd allan a dod â'i ddwy law lawr at ei gilydd yn gwlwm o'i flaen a datod ei fysidd fel blagur.

Llonyddodd trwyddo. Bu bron i Les golli ei falans wrth ei wylio, er nad oedd o'n rhy hoff o Carbo, roeddan nhw'n chwara i'r un tîm ac mi oedd 'na egin o ddealltwriaeth rhyngddynt o'r diwedd. Aeth Carbo i'w bocad cesail ac estyn ei waled hir ledar. Tynnodd ddau bin hir ohoni, rhoddodd un yn ei geg a dal y llall rhwng ei ddau fys.

Sbiodd ar y dwmi a deud, 'Iawn, mêt, paid â ffwgin symud, iawn?'

Triodd Les ei ora i beidio chwerthin.

Cododd y *briefcase* a'i osod ar ei lunia gan ddal y cyffion yn hollol lonydd wrth godi garddwrn y dyn plastig yn ara deg. Daliodd y gweddill eu hanadl ond chanodd 'run o'r clycha bychain. Rhoddodd y *briefcase* rhwng ei ddwy goes yn ofalus a'i ddal yn dynn rhwng ei benglinia. Gosododd arddwrn y dwmi ar ei goes dde, anadlu allan yn ara deg, a dechra gwthio un pin i dwll bach y clo. Fe'i daliodd yn ei lle, estyn am y bin arall oedd rhwng ei wefusa, a gwthiodd honno i'r twll o dan y bin arall – dim ond y fo oedd yn anadlu, roedd y gweddill bron â mygu wrth ei wylio. Agorodd y cyffion yn un clic neis ac mi anadlodd y gweddill eu rhyddhad.

O'r diwedd, mi fedrai Cidw y Ci Du ymlacio rhywfaint. Toedd petha ddim mor amhosib ag roedd wedi'i ddychmygu ac ella, mond ella, y medra y Cari Dyms yma wneud yr hyn a oedd yn ofynnol iddynt. Ffafr oedd y joban yma iddo fo a ffafra oedd un peth nad oedd o'n lecio delio efo nhw. Gweithio yn unigol oedd ei betha fo – wan man band, symbals yn ei ddwylo, harmonica yn ei geg a bes drym ar ei gefn. Clash, thymp a ffac off. Dyn rhoi petha wrth ei gilydd oedd o yn y bôn. Fficsar, fel y'i gelwir yn y busnas. Ond pan fydda'r joban yn werth ei amsar prin a drud, y fo oedd y dyn.

◆ ◆ ◆

Daeth Cidw y Ci Du ar draws Dafydd Aldo flynyddoedd 'nôl yn Llundain pan oddan nhw'n llancia ifanc. Mi oedd Dafydd yn gweithio fel *maître d'* i sheff a hwnnw yn dipyn o goc oen cegog ac yn rhedag bwytai mewn gwestai crand dros y byd i gyd. Byddai Dafydd Aldo yn ca'l ei alw i hedfan o Baris i New York neu lefydd tebyg, yn rhinwedd ei swydd, i blesio cwsmeriaid cyfoethog a fydda'n fodlon talu crocbris am ei wasanaeth, a'r Ci Du fyddai'r *sommelier* fydda'n mynd hefo fo ar adega a mi ddaethon nhw'n fêts drwy hynny. Y Ci Du fyddai'n gweld y sgam bob tro – *Operator*, dyn troi y finag yn win. A phan sylweddolodd ei bod hi'n bosib gwahodd a chroesawu'r cwsmeriaid oedd ganddyn nhw ar draws y byd i'w ffau yn Llundain, Caerdydd, Portmeirion, Port Talbot, ffwgin rwla oedd efo *bidet* a bath, roedd hi'n *gêm on* i'w sgriwio nhw i gyd am eu pres, a gwerthu siampên nad oedd neb wedi clywed amdano cyn hynny. Mi goeliai'r pyntars rwbath wedi iddyn nhw ga'l eu pigo i fyny o'r erport mewn Bentli neu Jag a'u sgubo i ffwr i westy moethus. Ac mi oedd gan Cidw y Ci Du ei law mewn llyfra yn y dderbynfa mewn sawl gwesty gwerth ei halan. Os oedd y gwesty a ddewiswyd yn disgwyl VIP, hawdd iawn oedd ca'l credit yno a rhoi gwylia gwerth chweil o amgylch '*The Castles of Wales*' i'r pyntars. Y '*Medifyl Tŵrs*', fel bydda'r ddau yn eu galw. Tripia hollol lijit a roddai gyfla i werthu cesys o boteli finag picyls am arian da a'u hallforio adra i'r pyntars. Byddai amball un yn prynu gwerth pum mil o bunnoedd ar y tro. Matar bach oedd ca'l gafal ar fwy o win gwyn go neis a *let go* i'r soda strîm, eu hail botelu fel siampen, heneiddio'r labeli newydd hefo dail te a'u rhoi mewn bocsys pren a gweiriach yn eu gwaelod, yna llosgi marc siâp tafod y ddraig ar y caead gyda procar poeth.

Pan landiodd *Customs and Excise* ar stepan drws ei warws

i'w holi ar ôl iddynt intyrseptio ugian bocs oedd ar y ffordd i Winsconsin yn America, fe gaeodd y ddau y distileri lawr yn syth a llnau hoel eu llwybra gan fod rhywun wedi dod i ddallt eu sgam. Mi fydden nhw'n gwahanu am gyfnoda ac ailffurfio ar ôl i betha setlo. Yna, gweithio griffdan newydd sbon, ffeindio marc sy'n haeddu clatshan a bwrw iddi. Yna ffarwelio eto am flynyddoedd weithia, cyn baglu ar draws ei gilydd unwaith yn rhagor.

◆ ◆ ◆

Cododd Carbo y briffces uwch ei ben fel sa fo 'di ennill y lotri.

''Na chdi, mêt, ôl iôrs.'

'Beth yffach ti'n ddisgwl i fi neud 'da fe? So'r ces wedi 'i agor to, yw e? Rhaid i ti agor y *combination*. A'r *chances are*, gwneiff boi y clyche ddihuno lan a rhoi bwled yn dy ben di ar ôl iddo syso mas bo ti ar ganol i robo fe.'

Toedd Carbo ddim yn disgwyl yr ymateb yma o gwbwl gan ei fod yn teimlo reit falch ohono'i hun.

'O wel, sa chdi ddim ond 'di deud hynna 'tha i yn y lle cynta, 'swn i 'di roid sws iddo fo ar i ben moel a gobeithio y bydda'n newid 'i feddwl a sa ni i gyd yn cal mynd adra'n gyfa wedyn, bysan? Nes i be ofynnoch chi i fi neud, yn do? A gwranda Jac ffycin Sparo!' – roedd Cidw yn edrach dwtsh fatha'r peiret, 'Soniodd ffwc o neb wrtha i am ynna na bwlets. Felly sori, ond ffyc ddat. Ffendiwch agorwr cloua arall.'

Toedd Carbo ddim yn fabi, ond doedd o ddim yn ddigon stiwpyd i neud joban lle bydda 'na ynna yn infolfd.

'Fydd 'na ddim gynna siŵr,' meddai Toni gan wenu'n siriol arno. 'Fedri di agor y *combination* ta?'

'Medra, ond ddim mor sydyn ag y medra i agor yr handcyffs, de. Y peth hawsa i neud fysa drilio drwy'r cloua bach 'ma bob ochor.'

'Allwn ni ddim neud 'na. So ni'n moyn gadel olion, bod rhywun wedi ymyrryd 'da'r cloue.'

'Ond mae rhaid i ni ddrilio beth bynnag, does? I ddal y sbring sy y tu mewn i'r ces lawr,' atebodd Carbo.

Y tu mewn i'r ces mi oedd 'na sbring a heb i hwnnw ga'l ei ddal i lawr wrth ei agor, mi fydda *Hustons and Co* yn Llundain yn ca'l gwybod yn syth drwy alwad ffôn *automatic* fod y ces wedi ei agor, yn union fel bydd larwm tŷ yn ffonio os bydd rhywun yn torri i mewn. Unwaith y derbyniai'r Gwyddal y *briefcase* yn Iwerddon, mi fyddai'n rhoi galwad i Lundan er mwyn ca'l rhifa'r *combination*.

Mi fydda'n rhaid i Carbo allu ei agor ac roedd ganddo ffenast o ryw ddeuddeg munud i neud y gwaith.

'Reit, mae 'na ffor i'w agor ond mi fydd rhaid i mi fynd drwy bob rhif yn ei dro.'

Tynnodd Cidw stopwatsh allan o'i bocad a gofyn iddo ddechra er mwyn gweld faint gymrai'r hogyn.

Trodd y tri rhif a oedd ar un ochor i'r ces 'nôl i *zero*. Daliodd ei fawd ar y botwm agor ac mi drodd y trydydd rhif i fyny at ddeg. Yna fe wnaeth 'run fath hefo'r ail ac yna'r trydydd gan gyfri 'nôl trwyddynt. Am ei fod o'n dal ei fys ar y botwm bach agor, pan gyrhaeddai'r *combination* iawn mi godai'r clip i fyny ac i wneud hyn yn gynt, gan y bydda Les hefo fo ar y diwrnod, mi gâi Les weithio ar yr ochor arall. Fe ddangosodd i Les sut oedd gwneud ac o fewn 'chydig fe agorwyd y ces – roedd wedi cymryd ryw saith munud i'w gwblhau.

'Bydd yn rhaid i chi neud e'n gynt.'

'Arglwydd goc, dyna'r tro cynta i ni ga'l *go* arno fo. Cŵl hed, wir Dduw!'

'Ti'n itha reit. Ma'n ddrwg 'da fi.'

O leia roedd o'n disgyn ar ei fai.

Y peth nesa i benderfynu oedd sut y gallan nhw stopio'r sbring a oedd tu mewn i'r ces rhag codi a gwneud yr alwad 'na i Lundain. Gwelsant fod plât bach o ddur ar dop y sbring ac wrth agor y ces byddai'n neidio fyny. Y weithred hon fyddai'n gyrru negas i Lundain. Yr unig ffordd i'w atal rhag digwydd fyddai gwthio rwbath i mewn drwy gaead y ces er mwyn ei ddal i lawr. Gofynnodd Mici oedd hwn yn union 'run fath â'r *briefcase* a fyddai'n ca'l ei ddefnyddio ar y diwrnod. Argyhoeddodd Cidw ei fod wedi ei ga'l gan y dyn oedd yn cyflenwi'r crwcs. Y peth gora i'w wneud felly, meddai Mici, oedd mesur lle roedd y plât bach o ddur y tu mewn i'r *briefcase* a drilio twll bychan drwy gaead y ces, a gwthio weiran na fyddai'n plygu i ddal y sbring lawr wrth agor y *briefcase*. Wedyn cau y twll bach i fyny efo rwbath o'r un lliw – glud o ryw fath, fyddai'n sychu mewn eiliada.

Roedd hon yn datblygu i fod yn lwmp o opyreshyn, yn llawar mwy cymhleth nag y dychmygodd yr un ohonynt.

Canodd corn y tu allan i'r drysa mawrion ac mi aeth Cidw a Mici i'w hagor. Dreifiodd Dafydd Aldo y fan wen i mewn efo Gronw yn eistedd wrth ei ymyl. Agorodd Gronw y ffenast a gweiddi fel sa fo ar ei ffordd i ffair Criciath.

'Sut mae'n mynd, gyfeillion annwyl? Dwn i'm amdanach chi, de, ond dwi'n tagu am banad. Dorwch dân dan din y teciall 'na, mae 'nhafod i 'tha gwaelod caij bwjis.'

Mi aeth Carbo ati'n syth i roid teciall mlaen ac estyn saith cwpan. Agorodd Dafydd gefn y fan a dechra gwagio *trestle tables* a phlancia sgaffold ohoni. Cariodd Mici, Toni a Les nhw at y man a ddynodwyd fel bar y llong. Adeiladwyd cowntar a thynnwyd byrdda a chadeiria o'r fan a'u gosod yn union ar farcia a oedd wedi eu dynodi â thâp du ar y llawr. Mesurwyd y plancia sgaffold a'u torri i hyd y bar. O fewn deg munud roedd ganddynt stafall newydd ar fwrdd eu llong fel set, er mwyn ca'l ymarfer ar gyfar y perfformiad mawreddog.

'Mae'n dechra siapio 'ma,' meddai Gronw wrth dderbyn ei banad gan Carbo. Daeth pawb i eistedd o amgylch y bwrdd.

'Gewch chi helpu'ch hunan i siwgwr a llefrith, iawn?'

'Mae 'na restr ar ochor y ffrij,' medda Toni.

Ffagin hel, mae rhein 'di meddwl am bob dim, meddyliodd. A gwelodd o'r rhestr fod Les yn cymryd pedair llwyaid o siwgwr yn 'i goffi a thair yn ei de. 'Ti'n licio 'chydig o de efo dy siwgwr, dwyt Lesli? Raid i chdi feddwl am dy wêst lein, sti.'

Cododd hwnnw ei fys canol heb sbio arno.

Tynnodd Cidw y gorchudd oddi ar y wal ac yno roedd toreth o lunia wedi eu gosod yn drefnus i gyd mewn rhesi taclus.

''Ma beth ry'n ni'n delio 'da fe. 'Ma fe, tu miwn i'r *state of play*. Hwn wi'n moyn i chi 'i astudio.' Pwyntiodd at amball lun. 'Wi'n moyn i chi ddod i nabod y rhan 'ma o'r llong fel ych ail gartre. Wi'n moyn i chi'i ei argraffu ar ych meddylie a chofio pob manylyn. Fel ry'ch chi'n gweld, ma'r llorie i gyd wedi eu gosod o'r llawr gwaelod a lan o fan 'ny, ac ma llunie o'r holl bethe sy o ddiddordeb arbennig i ni wedi eu chwyddo'n fwy i chi eu hail hoelio nhw *in the deep and darkest recesses of your mind*, fel bod 'da ni i gyd ddarlun clir o beth i'w ddisgwyl ar y dwrnod.'

Cododd pawb i ga'l edrych yn agosach, heblaw am Dafydd, Gronw a Cidw a oedd wedi eu hastudio droeon o'r blaen. Teimlai Carbo fod y peth yn fwy real o lawer wrth weld y llunia. Roedd hon yn llong go iawn, nid marcia sialc ar lawr sied fawr yng nghanol y mynyddoedd.

Esboniodd Cidw a Dafydd fod y cerrig yn mynd i gyrraedd Caergybi mewn tridia gyda dau *courier* oedd yn rhan o giang *Hustons and Co* a bod un ohonyn nhw'n fab i'r pen bandit. Roedd Dafydd wedi dod i'w hadnabod erbyn hyn oherwydd bod y ddau grwc yn croesi 'nôl a blaen i Iwerddon yn eitha amal. Dyma pam y gosodwyd o ar y llong yn y lle cynta, er mwyn iddo ffendio'r ffordd ora i ddwyn y cerrig.

'Un boi fydd yn y staff rŵm ta?' holodd Carbo.

'Ie,' oedd yr atab a gafodd.

'Wel, sut 'da chi'n mynd i'w ga'l o i fan'no 'ta?'

'Gad ti hynna iddyn nhw,' atebodd Mici. 'Canolbwyntia di ar y cloeon.'

Gwyliodd Carbo ymateb y gweddill a sylwi mai dolen fechan ydoedd ynta yn yr holl beth.

Gofynnodd Les oedd hi'n amsar cinio eto. 'Ac oedd 'na fecyri bach yn agos, sa hynny'n handi iawn, achos laddwn i am basti a sosij rôl. Ai cwd eat e donci rhwng dwy fatras.'

'Blydi hel, 'da ni ddim 'di gneud dim gwaith eto,' meddai Dafydd Aldo

Mi ddaliodd Carbo edrychiad Toni a gwenodd arni'n siriol.

'Wel, mae'n hen bryd i chi ddechra mynd drwy'r practis eto, yndi hi ddim?' meddai Gronw, 'I mi ga'l gweld be 'di be yn Bwlch y Gloch 'ma.'

Cododd Mici a deud, 'Doswch at y wagan, hogia.'

Croesodd Cidw i newid y *combination* ar y ces a rhoi cyffion gwahanol ar arddwrn y dyn plastig.

'Be?' meddai Les. 'Chawn ni ddim ffidan gynta?'

Chymrodd neb unrhyw sylw ohono. Rhoddwyd y stopwatsh mlaen. Cododd Toni a cherad at y bar, cymerodd Dafydd Aldo ei safle tu ôl iddo a dilynodd Mici ac ista wrth un o'r byrdda a osodwyd.

'Deuddeg munud yn unig sydd gynnon ni. Mi fyddi di, Les, yn mynd ar y chwiban gynta.'

Eisteddodd Cidw tu ôl i'r dwmi plastig.

'Reit, 'di pawb yn eu safleoedd?'

Cododd Carbo ei fawd. Y cwbwl oedd Les angan ei wneud oedd cerddad fyny'r grisia dychmygol at stafall y dwmi dillad gan mai ganddo fo fyddai'r *pass* i agor y drws a gneud yn siŵr nad oedd neb arall yno, cyn gadal i Carbo wybod fod y *coast* yn glir. Cychwynnwyd y stopwatsh ar chwiban Mici Ffinn.

Roedd hi'n rhemp o'r funud gynta. Cerddodd Les yn syth ar draws y llawr heb ddilyn patrwm lliw y sialc.

'Stop! Ffo ffycs secs, Les! Dilyn *y floor plan*, 'nei di fachgian! 'Da chi wedi bod drwy hyn i gyd bora ma i fod. Fedri di ddim jyst cerad drw walia, siŵr Dduw, heb sôn am anghofio bo chdi ar y llawr gwaelod, jymping Jesus of Jeriwsalem, hogyn! Be ddiawl 'san ti?'

'Sori, feri sori, Gronw. Anghofis bob dim am y *chalk marks*. Isio bwyd dwi, de? A fedra i'm consyntratio heb fwyd yn y mol, chi. A' i nôl i'r dechra ylwch.' Ond wrth iddo redag yn drwsgl nôl at y wagan geffyl, mi ddisgynnodd y ffôn o'i bocad. A chyn iddo ga'l cyfla i fynd nôl i'w godi o ganol y gwagle mawr fe gannodd *ring tone* 'Ring of Fire' dros y lle. Yna mi aeth ar y lowd sbicar a chwara negas.

'Leswold wt ti yna? Gwranda, mae'n rhaid i chdi ddod adra, ddus munut! Dwi ddim yn feri wel at ôl i chdi ga'l dallt. Ac mae Bentli a Shandi bach 'di ca'l y sêm byg â fi 'swn i'n ddeud. 'Da'n ni i gyd yn pibo drwy gwilsyn. A mae'r ddau gi bach yn crynu o flaen y gas ffeiar as wi sbîc, a hwnnw ar ffwl blam. Bechod ffor ddêr lityl sôls. Ond môrôfyr, mae 'na pobol ddiarth wedi bod yn drws ffrynt 'ma yn holi amdana chdi, y chdi a'r Slici Ffin 'na! Dwi 'di deud erioed, yn do Leswold, dim ond traffath ydi'r Slici Ffin 'na! Traffath and trybyl ydi enw canol o! Y fo a'i ffansi wês, cymyd mantais ohona chdi pob gafals a mynd â chdi i ffwrdd o'rwtha i i neud jobsys budur drosto fo. Ac eni how, fedra i'm copio ar ben fy hun bach ddim mwy, Leswold. Sgena 'im papur toilet ar ôl yn tŷ 'ma hyd yn oed... Wt ti yna? Paid ti â meiddio anwybyddu dy hen fam! Gwranda ar y cŵn bach 'ma, not wel *at all*!' Daeth sŵn cyfarth yn y cefndir ac aeth y negas yn fud...

Edrychodd pawb mewn rhyfeddod ar ei gilydd. Gan fod Les 'di ca'l un row am beidio dilyn y llwybra cywir, roedd o rŵan yn ca'l lwmp o row gan 'i fam! Toedd ganddo unman i droi. Cerddodd nôl i ganol y llawr mor urddasol ag y medrai dan yr amgylchiada a deud wrth godi ei ffôn,

'O'n i ddim yn meddwl bod 'na signal yn y lle 'ma.'

Safodd a deialu.

'Iawn, Mam. Sori, ond dwi ar ganol rwbath pwysig.' Edrychodd pawb arno yn anghrediniol. 'Lwc i mi ga'l signal, dwi in ddy midyl of nowhere... Yes ai no. Doswch â'r cŵn at y doctor a chitha at y fet... Na, sori! Doswch at y doctor ffyrst thing yn bora a doswch â'r cŵn at y fet, dyna o'n i'n feddwl. A peidiwch agor drws i ffwc o neb.'

Ddudodd Cidw 'run gair, mond edrach yn gegagorad. Roedd y tawelwch yn un llethol. Llenwodd Gronw ei biball, gan dwt twtian a deud, 'Anghredadwy,' wrth ei thanio. Symudodd neb o'u safleoedd parod. Roedd meddylia pawb yn dechra chwalu a Cidw yn berwi y tu mewn. Roedd rheola clir am beidio defnyddio ffôns wrth weithio. Sut y medrai Les fod mor amhroffesiynol?

Toedd 'na ddim captan ar y llong hon ac roedd y plania

cyfrin clyfar wedi dechra datgymalu o flaen eu llygada'n barod fel candi fflos yn y glaw a'r gobaith mawr o flasu'r cwmwl pinc wedi toddi'n driog am goesyn y pren tena. Rhoddodd Dafydd Aldo ei ben yn ei ddwylo ar y bar ffug, yn paderu'n dawel am botal o fodca gan ei fod mewn anobaith llwyr.

Eistedd ar ei din ar y llawr wrth ddrws cefn y wagan geffyl roedd Carbo yn deud dim. Mi oedd fel Leonardo Da Vinci bach yn chwythu pluen o'i law i'r aer a'i gwylio'n troelli 'nôl lawr, ac mi ddaliodd sylw Antonia yn ei throell.

'Reit, ni'n cario mlân te. O's rhywun arall moyn ffono gatre? Achos fel mae pethe'n mynd ar hyn o bryd, bydd rhaid i ni ofyn i Ffred y ci ddod ar y jobyn.'

Troellodd y mwg o getyn Gronw ac mi nodiodd Mici ar Les.

'Be am y fisitors mae Mam 'di ga'l, Mici?'

'Blagio chdi mae hi, Les, i ga'l chdi fynd adra ati hi. Ond os wt ti'n mynnu mynd, dos di, mêt. Wela i di nôl yn Trench Town.'

Roedd yr orchwyl tu hwnt i'w cyrradd. Disgynnodd pob gobaith yn y fentar yn glewt ac mi atseiniodd y gwir hwnnw yng nghlustia pob un yn y sied fawr. Gwyddai pawb fod ganddyn hwytha eu ffaeledda, ond hefyd gwelsant fod dau hen ffrind yn dal i fod yn driw iawn i'w gilydd.

Cododd Carbo ar ei draed a tharo'r bluan yn ei bocad.

'Reit ta, awn ni drwy betha eto, ia? Y ffor oddan ni'n paratoi am jobsys dwyn oedd gadal i betha ddigwydd yn naturiol a pheidio amseru dim i ddechra. Cadwa dy stopwatsh am funud, Cidw, os gweli di'n dda. Hannar cam i ddechra a slofi pob dim lawr er mwyn i bawb ga'l gweld be sy'n digwydd. Dyna'r ffor ora i neud petha, yn enwedig ar y dechra fel hyn. 'Da ni'n gweithio ar dair lefal, tydan? Fatha'r chwaral stalwm.'

Sylwodd fod Les yn gadael am y llenni dur yn benisal.

'Les, tyd nôl, synshein. 'Edra i'm neud o hebdda chdi. A gwranda di, fedran nhw ddim neud o hebdda chdi a fi chwaith.'

Edrychodd ar Cidw a'r gweddill – roeddan nhw'n gwybod fod hynny'n ddigon gwir.

'Mae'n rhaid i chdi drio dychmygu y walia, y grisia a'r coridors i gyd, ocê, a dilyn marcia'r sialc sy'n mynd â chdi fyny i bob llawr. Ond dyro dy ffôn off tro 'ma, ia? 'Da ni i gyd yn goro dal dwylo'n gilydd ar hon, tydan? So lets get tw ffycin wyrc, ia?'

Aeth siot o drydan drwy draed Mici Ffinn a ias fyny ei war. Ai hwn o bawb oedd am eu tynnu nhw 'nôl at ei gilydd? Ai y sgilffyn tena, llygid gwallgo yma oedd ar fin codi'r hwyl a llywio'r llong o longddrylliad rhacs jibadêrs ar greigia geirwon i ddiogelwch y dyfroedd dyfnion? Dyma oedd Mici yn ei werthfawrogi mewn person – dewrder call, rhywun oedd yn fodlon achub y sefyllfa pan fydda petha'n troi'n giami. Gweld be ddigwyddai rhwng y criw roedd Mici 'di neud. Roedd ei flynyddoedd yn y fyddin wedi dysgu iddo sefyll 'nôl a gweld pwy oedd yr arweinydd naturiol.

Mae angan captan ar bob llong, ond hefyd, beth ydi'r llong honno heb ei hangor?

◆ ◆ ◆

Ond aeth petha o ddrwg i waeth pan aeth hi'n ffrae rhwng Gronw a Cidw am y diffyg trefn a disgyblaeth. A dechreuodd Dafydd Aldo sgrechian arnyn nhw o ben pella'r sied enfawr.

''Da ni mynd i nunlla yn gyflym iawn. Sortiwch ych

hunan allan. A Toni, gwna di rwbath yn lle sefyll o gwmpas yn tynnu dy jîns am dy din ac yn gneud llgada llo bach ar y twat yna!'

Clywsai ei brawd gloch fach ei chalon yn tincial ac roedd rhaid iddi ymateb er mwyn amddiffyn ei hun. Roedd hi wedi neilltuo lot fawr o'i hamser i'r fentar hon yn barod ac ar ôl y pantomeim o ymarfer a geiria sbeitlyd ei brawd, roedd hi wedi dod i ben ei thennyn.

'Paid ti â meiddio sefyll yn fanna yn deud wrtha i be i 'neud, Dafydd Aldo. Trio ffocin helpu chi ydw i. O'n i ddim isio bod yn rhan o'r palafa yma i ddechra arni os bysa hi'n dod i hynny ac mae genna i betha gwell i neud na sefyllian yn fan hyn yn gwrando arnach chi i gyd yn malu cachu!'

Roedd golwg lloerig yn ei llgada wrth iddi gerad hyd y lle yn bytheirio, fel gwrach wedi ei meddiannu gan gŵn annwn. Toedd neb wedi disgwyl hyn o gwbwl.

'Wel?'

Ddudodd neb iot, ddim ond sbio arni fatha lloua.

'Da chi'n hoples! Toes 'na'm trefn o gwbwl yma!' Ac mewn llais nawddoglyd mi ddwedodd, 'Fysa chi'n licio i mi olchi'ch tronsia budron chi 'fyd, 'ogia? A'u smwddio nhw... hefo ffacin tractor tra da chi'n dal i'w gwisgo nhw. You gang of hasbins! Carry on, ta, y cari ffycin dyms! A cyn i chi ddechra hefru arna i Dad, a deud be di be wrtha i, gewch chi gario mlaen i fyw'r freuddwyd yma sgynnoch chi o dalu 'nôl i *Hustons and Co* yn Llundan am be wnaethon nhw. O'n i'n meddwl bo chi'n ca'l gafal ar griw proffesiynol. Sbiwch arnyn nhw, Dad, maen nhw'n pathetig! Pathetig!'

Toedd o ddim 'di gweld tymer fel hyn yn ei ferch o'r blaen ac roedd wedi ei frifo i'r byw wrth i'w geiria atseinio yn ei ben.

'Achos o be wela i o 'mlaen yn fama, de, sgynnon ni ddim gobaith gneud y joban 'ma. Dwi wedi... wedi... gwaedu petha gwell na chi!' Roedd hi'n wallgo. Aeth i bocad tin ei jîns gyda'i dwy law a deud, 'Chi bia rhein, ia?' A chododd ddau fys ar bob un ohonynt. Trodd ar ei sowdl a sleidiodd un o' r drysa mawr yn agorad. Camodd allan i ola'r dydd a chyn cau y drws yn glep ategodd gan bwyntio bys at bob un ohonynt.

'Wancars 'da chi! Pob un ohonach chi, yn trio profi i'ch gilydd eich bod chi yn rhywun. Wel, sa well gen i fod yn rwbath... yn rwbath heblaw chi! 'Da chi fatha *mirrors* 'di cracio, yn trio eich gora i adlewyrchu eich gilydd, yn fi fawr bwysig. *Go screw someone else*, ia? Ond wedi meddwl, 'da chi'n gneud joban reit dda o ffwcio hefo'ch gilydd.'

Caewyd y gola naturiol wrth i'r drws mawr gau yn glep ac mi adawodd hitha fel corwynt. Mi oedd hyd yn oed mwg o biball Gronw wedi ei sugno allan y tu ôl iddi. Toedd 'na ddim smic, 'blaw am sŵn y to sinc yn tincian wrth i wres y dydd dreiddio drwyddo a delwa o ddynion yn sefyll yn stond ar y concrit lliwgar. Roedd y belan felyn tu allan yn anelu drwy'r bydysawd, er mwyn suddo 'nôl y tu ôl i'r môr a chodi'n wawr newydd yn rwla arall, er mai yr un fyddai hi.

Ddudodd 'run o'r hogia air. Mond sbio ar ei gilydd, fel babŵns dryslyd. Roedd hi'n llanast cyn i neb sychu'r llestri a Gronw'n diawlio'n dawel iddo'i hun. Nid fel hyn roedd petha i fod o gwbwl.

'Gadewch iddi fod am dipyn, mi ddaw at ei choed. Tempar ei mam sydd ganddi, Iesu grasusa! Cariwch chi mlaen hefo'r ymarferion, mi a' inna i baratoi tamad o swpar i ni at heno.'

Roedd Gronw wedi teimlo i'r byw ond doedd o ddim am ddangos hynny i'r gweddill.

'Diolch i chi,' meddai Mici wrth hel pawb i ista wrth y

bwrdd. 'Fe wnawn ni fel gynigiodd Carbo – awn ni drwy bob cam yn ara deg, iawn? Pawb yn cytuno?'

Cododd ei law ac fe wnaeth y gweddill yr un fath.

Mi fu'r hogia yn ymarfer drwy gydol y pnawn a'r darna pwysica yn dechra disgyn i'w lle. Ond y syndod mwya i bawb oedd gweld cystal oedd Les Moore a Carbo yn cydweithio. Roedd eu hamseru yn gwella a chysidro eu bod yn gorfod drilio drwy'r *briefcase* bob tro i ddal y sbring hefyd. Roedd Cidw yn eu gweithio'n galad a Mici a Dafydd Aldo yn cadw llygad ar eu cynnydd. Buont yn ail-wneud y ddefod drosodd a throsodd a'r *briefcase* yn mynd yn debycach i ridyll bob gafal. Mi oedd Les druan yn chwys doman wrth orfod brysio fyny ac i lawr y grisia dychmygol ac yn chwythu 'tha hen fegin lychlyd. A Carbo, o'i gymharu, fel wiwar, yn sionc ac ysgafn ei droed.

'Reit, dwi'n ffwcd ŵan 'ogia. Gawn ni frêc bach, ia? Plîs?' Pwysodd Les ei ddwylo ar ei benglinia i ga'l ei wynt ato.

'Mae angen codi lefel ffitrwydd y bachan 'ma, Mici.'

'Fydd o'n iawn sti. Gad ti o i mi, ocê? A mond unwaith fydd o'n goro i neud o ar y diwrnod, ynde? Maen nhw wedi gneud digon am heddiw beth bynnag. A rhwng pob dim mae hi 'di bod yn ddiawl o ddiwrnod i ni i gyd, yn do?'

Galwodd Mici y ddau arall at y bwrdd. Llyncodd Leswold botelaid o ddŵr a thywallt 'chydig lawr cefn ei wâr.

'Ffwgin lyfli,' meddai.

''Na ni am heddiw, hogia. Adawn i hi yn fanna.'

'Ie, *gents*. Chi'n gwella bob gafel, whare teg.'

Edrychodd Les a Carbo ar ei gilydd yn wên o glust i glust.

'Bydd yn rhaid i fi fynd i Lunden heno i gadw llyged ar bethe yn fyn'na a ffindo mas yn gwmws pryd bydd y cerrig yn gadel am yr Iwerddon. Ma 'da ni o leia dridie i ga'l pethe'n berffeth gywir. Wi'n moyn i chi gario mlân 'da'r ymarferion a cha'l yr amseru'n berffeth. Felly, pob lwc, gyfeillion. Fe adawa i chi yn nwylo galluog Mr Michael Finnley. Wela i chi ar y dwrnod pwysig.'

Ysgydwodd law â phob un a gadael mor ddisymwth ag y cyrhaeddodd.

◆ ◆ ◆

Fedrai Carbo ddim gadael y gwagle heb ga'l golwg ar y ddau foto beic. Teimlai fel petai wedi anghofio dau hen ffrind yng nghefn y býs a hwytha 'di cysgu drwy'r cyfan oll.

Roedd yn amser i'w ddeffro – wêci wêci rais and shain – a chysylltu amball weiran i weld a oeddan nhw'n canu cystal ag roddan nhw yng Nghaerdydd. Mi neidiodd y ddau foto beic i fodolaeth y munud y cafon nhw sbarc. Diffoddodd y beic rasio a thywallt petrol i danc y beic sgramblo.

Wrth i Dafydd agor un o ddrysa'r sied, mi ruodd Carbo heibio iddo ar y moto beic. Neidiodd hwnnw bron o'i groen wrth i Carbo chwyrlïo heibio.

''Di'r hogyn 'na ddim hannar call, siŵr Dduw!'

Toedd o ddim yn or-hoff o Carbo – roedd yn rhy haerllug o'r hannar iddo.

Mi aeth Ffred y ci yn balistic pan welodd y moto beic yn dod i fyny drwy'r buarth ac mi ruthrodd a chythru am yr olwyn ôl. Ond trodd Carbo mewn cylchoedd o'i gwmpas a gyrru Ffred yn hurt bost. Daeth Gronw i'r ffenast i weld be oedd y ffasiwn sŵn. Cododd Carbo y moto beic ar ei olwyn ôl a gneud *wheelie* i fyny am y lôn fynydd. Ysgydwodd Gronw ei ben.

Toedd gan Carbo ddim syniad i ble roedd o'n mynd, mond dilyn yr hen lôn drol a gweld i ble yr âi hi â fo. Hon oedd yr hen lôn drosodd i Gwm Llety ryw ddwy filltir yr ochor bella i'r fawnog. Arferai porthmyn ei throedio ganrifoedd 'nôl ac ym Mwlch yr Agoriad, cyn croesi i Gwm Llety, roedd murddun. Nôl y sôn ar lafar gwlad arferai eglwys fechan sefyll yma a dyna, mae'n debyg, roddodd yr enw i'r ffermdy lle trigai Gronw. Adfail ydoedd, hyd yn oed pan arferai'r porthmyn bedoli eu gwartheg yno a noswylio, cyn ei throedio'i ymlaen am Lundain bell dan rimyn glas y bora cynta.

◆ ◆ ◆

Eisteddai Toni ar yr unig gonglfaen a oedd yn dyst i'r hen eglwys bellach. Roedd hi'n difaru ei henaid iddi golli ei limpyn, ond brifo'i thad oedd yn pigo'i chydwybod fwya. Geiria ei brawd wnaeth gyffwrdd nerf go sensitif ac achosi iddi golli ei thymer ac i'r llif o emosiyna fyrlymu allan ohoni yn hollol annisgwyl.

Ymdawelodd ei meddwl drwy anadlu'r awyr iach ac amsugno'r tawelwch a oedd i'w ga'l yma yn yr ucheldir. Roedd sudd y gwanwyn wedi treiddio drwy wreiddyn y tir a'r maeth i'w weld ar floda'r eithin. Aroglodd ei mam a chronnodd perlan o ddeigryn yng nghongl ei llygaid glaswyrdd. Canodd y Cwtiad Aur ei ddau nodyn hiraethus. Brathodd y deigryn hallt.

Y posibiliad erbyn hyn, meddyliodd, oedd fod pawb wedi gadael bellach beth bynnag, a'r plania i gyd yn ddim ond llwch lliwgar ar lawr y sied. Y peth gora fedra hi neud oedd ymddiheuro i'w thad ac ymdoddi yn ôl i'w bywyd bob dydd. Teimlai ryddhad ac ysgafnder yn meirioli dros ei hysgwydda. Byddai'n llawer haws wedi iddi adael y lle yma ac yn arbennig yr hen hogyn gwirion 'na oedd wedi chwythu plu drwy ei meddwl a gneud i bilipalas ddawnsio yn ei bol. Mynd 'nôl adra i'w *routine* dyddiol fysa ora a chario mlaen hefo'i bywyd bob dydd. Blydi grêt, meddyliodd. Penderfyniad doetha roedd hi wedi ei wneud ers tro. Roedd hi'n llawer hapusach ei byd mwya sydyn. Syniad hurt oedd yr holl beth i gyd beth bynnag a ffwlbri noeth fysa mentro gneud y ffasiwn beth. Be oedd ar eu penna nhw i gyd yn meddwl y bysan nhw'n gallu gwneud y joban i ddechra cychwyn a cha'l get awê hefo hi wedyn?

Tarfwyd ar ei myfyrdod gan sŵn yn dod o'r pelltar. Sŵn fel gwenynen, ond gwenynen mewn potal, neu tu ôl i ffenast tŷ gwydyr poeth, yn methu'n glir â chael dihangfa. Gwrandawodd yn astud – rhywun yn torri coed hefo *chainsaw* islaw yn y cwm efallai? Na, roedd y wenynen yn agosáu, toedd 'na ddim llonydd i'w ga'l, ddim hyd yn oed ar ben mynydd!

♦ ♦ ♦

Plicio tatws roedd y tad a'r mab ar y bwrdd derw tra roedd Ffred y ci yn sbio'n ddwys o'r naill i'r llall ac yn gwrando'n astud gan drio dyfalu pwy fyddai'n siarad gynta. Un tawel oedd Dafydd Aldo ar y gora a toedd dim llawer o hwylia arno i gynnal sgwrs na mân siarad ar ôl y pantomeim o ddiwrnod roedd o wedi ei ga'l.

♦ ♦ ♦

Caeodd Mici Ffinn fotyma ei wasgod, cyn gwasgu botwm allwedd y car du er mwyn ca'l hoe fach ar y seti lledar. Am ryw reswm edrychodd i fyny am yr ucheldir. Teimlai ei fod yn ca'l ei wylio. Roedd yn rhaid iddo reoli hyn – deuai'r teimlada *paranoid* 'ma drosto weithia yn ddirybudd o nunlla, fel swnami. Triodd argyhoeddi ei hun nad oedd gan neb seits gwn arno, na neb am ei ddal yng nghroes eu telisgôp cyn tanio bwled i chwalu ei benglog ynta. Ond waeth iddo heb, deuai'r atgofion erchyll yn hollol fyw o flaen ei lygaid a gallai ogleuo'r frwydr a blasu y *cordite* a'r andrenalin. Clywai y fwled yn chwibanu heibio'i glust. Aeth yn chwys oer drosto. Clywodd ei lais mewnol. 'Tania 'nôl at y bastad. Brysia! Ond lle mae'r ffycin sneipar 'na'n cuddio?' Cysgododd ar ei benglinia tu ôl i'r car. 'Gwasga'r gyrlan ddur 'na a sbyda'r bwlets 'na i bob man! *Ambush* 'di o, mae'n rhaid. Dos am y siedia a'r walia cerrig. Ffendia guddfan reit sydyn, tania wrth i chdi redag.'

Pwysodd yn erbyn y car du a'i galon yn dobio yn ei glustia.

Daeth Les tuag ato a'i wynt yn ei ddwrn. Sylwodd bod ei fêt ar ei gwrcwd.

'Iawn, Mic?'

Atebodd o ddim.

Roedd Leswold wedi cynhyrfu braidd, ac yn tueddu i droi i'r Wenglish ar adega fel hyn.

'Ffac mi, ti 'di gweld y ffycin things hefo cyrn mawr pointi 'na, do Mici?' Toedd Les mond wedi gweld gwarthag ar cyntri ffeil. 'Es i am gachiad tu ôl i wal, as iŵ dŵ, and iŵ wdynt bilif ut, mi ddoth 'na un bach ata i, ysti, un hefo *big brown eyes* and ôl ddat. Oedd o jyst yn sterio arna i, ciwt oedd o fyd... *a creature with a feature* de...'

Gwelodd fod Mici yn chwys diferol.

'Wt ti'n iawn, Mici?'

'Yndw, Les'

'Ti'n siŵr?'

'Yndw.'

'Wel ti ddim yn edrach yn iawn i mi, de. Ti 'di ca pwl arall, do?'

Roedd Les yn nabod ei gyfaill yn dda.

'Dwi'n iawn. Les. Go iawn rŵan.'

Ond y gwir oedd, roedd Mici'n falch iawn fod Les 'di ymddangos pan nath o a thorri ar ei rith wewyr. 'Be o chdi'n ddeud, mêt?'

'O, ia 'fyd. 'O'n i ddim yn siŵr be oedd yn mynd mlaen am funud, ond ges i *moment* bach o clariti o sut mae petha'n gweithio allan yn y stics 'ma a fel o'n i'n tynnu syrfiét i...'

'Syrfiét?'

'Ia, syrfiét. Ddos i â llond pocad hefo fi o'r Brigands Inn, 'cofn i fi oro cachu yn goedwig ne rwla. Ffac mi, dim dyna 'di point eniwe, naci Mic?'

'Sori, Les. Sori, cari on.'

'Eni how, o'n i yn sterio arna fo ac mi oedd o yn sterio 'nôl ata i...'

'Sut ti'n gwbod na nid hi ydi o?'

'Reit ffwcio chdi. Ti isio clywad y stori 'ma neu ddim?'

'Oes siŵr.'

'Wel ut cwd of bin rwbath Mic, hogans buwchs, hogyns buwchs, it dysynt matar dys ut, ffo ffyc mi Meri Adams!'

'Sori. Caria mlaen, lyfli man.'

'Fel o ni'n codi 'yn nhrywsus a cau y melt de... gesia be?'

'Be?'

'Nath o lyfu gwynab i hefo'i dafod smwdd pinc!'

'Be? Ges di snog hefo llo bach?'

'Ai wdynt côl ut e snog de, Michael.' Cymodd saib i feddwl am y peth. 'Eniwe, ddoth i fam o yna, neu i dad o, ffyc nos prun, hefo cyrn masif ar ei ben, fatha rei ti'n ca'l ar flaen y ceir 'na yn America sti, a gneud sŵn mŵŵŵŵŵ mawr! Wel jesd mi gachu eto, yn 'y nhrwsus.'

Fedrai Mici ddim peidio â chwerthin, gan fod ei gyfaill mor siriys.

'Isho rifenj oedd o de? Yn meddwl bo fi'n mynd i ddwyn yr un bach.'

'Ia?'

'Wel I wasynt was I?'

'Be, a dyna fo, ia?'

Meddyliodd Leswold am dipyn, cyn atab.

'Ia, priti mytsh. The wondyrs of nature, de Michael... ond laddwn i am stecsan.'

◆ ◆ ◆

Mi ffendiodd Toni yn reit sydyn pwy ne be oedd y wenynen yn creu'r fath sŵn. Fe hedfanodd 'na foto beic heibio iddi ar dop refs a Carbo ar ei gefn, cyn glanio ryw hannar can llath oddi wrthi.

Meddyliodd hitha na toedd o ddim wedi ei gweld. Ond pan landiodd mi sgidiodd ar ei olwyn ôl gan godi tywyrch a throi 'nôl tuag ati.

Edrychodd arni'n wên o glust i glust a chododd ei fawd. Ond rhoddodd hi ei hwyneb yn ei dwylo. 'Ffaginel, mae hwn 'di landio 'ma rŵan!'

Diffoddodd Carbo yr helicoptar o foto beic a'i osod ar ei stand cyn ista arno yn goc i gyd a'r gweiriach a phryfetach yn ffrio ar yr injan chwilboeth.

'Ti'n teimlo'n well?'

'Be wt ti, Carbo? Doctor mwya sydyn, ia? A be wt ti isio, beth bynnag?'

'Dim. Dim byd. Mond mynd am sbin o'n i. Do'n i'm yn gwbod bo chdi'n ista ar dy fynsan ddel fyny fan hyn ar dy jac jôns, nag o'n? A dodd gynno 'run ohona ni A tw Z hefo deirecsions sut i ffendio chdi. Na map ordynans syrfe i weithio allan lle oddat ti 'di mynd chwaith, nag oedd?'

Toedd ganddi ddim atab am unwaith.

'Ac eniwe, chdi roth row fawr i bob un ohonan ni a'i heitelio hi o 'na 'tha cwîn a gadal ni i gyd yn clecian tu mewn. Ooo ia a bei ddy wê, dwi'm yn gwisgo trôns! Felly 'mond bymp deimli di wrth fynd drosta i yn dy dractor.'

Iesu, mae hwn yn hy, meddyliodd, ond triodd ei gora i beidio chwerthin. Be bynnag oedd o, mi oedd o'n gneud iddi deimlo'n grêt tu mewn. Mond trwch croen sydd 'na rhwng cariad a chasineb a phan fod oerfel geiria a ddywedwyd yn meirioli yng ngwres y chwerthin, hawdd iawn ydi madda ac ildio i'r gwir emosiyna.

Pam ddiawl oedd rhaid i hwn droi fyny yn fama rŵan? Pam?

Er ei bod yn ca'l ei chyfareddu'n llwyr ganddo, gnaeth yn amlwg iddo drwy ieithwedd ei chorff na toedd 'na'm croeso iddo eistedd wrth ei hymyl ar y gongol faen.

'Jyst dos, ia Carbo? A gad lonydd i mi, plîs.'

Chymrodd o ddim pwt o sylw ohoni. Camodd oddi ar y moto beic a heliodd ei din ar dwmpath bychan o rug i rolio smocsan a'i gefn tuag ati.

'Ew, mae 'na fiw lyfli o fyny fama, does?'

Sbiodd arno ac ysgwyd ei phen, gystal â deud be 'na i efo hwn. Ond roedd 'na wên fach yn dawnsio ar hyd ei gwefusa.

Mi ddaliodd ati i siarad a'i gefn yn dal ati. Dwedodd fod petha wedi dechra siapio ar y llong lonydd ac y byddan nhw'n ailddechra ar y gwaith ben bora fory. Rhegodd yn dawel wrthi ei hun. Mi aeth o ymlaen i ddeud bod ganddi hitha o hyd ran allweddol i'w chwara yn y cynllun hefyd, yn toedd? Ta oedd hi am abyndyn ship fel mae llygod mawr yn gneud?

Toedd hi ddim yn medru coelio ei chlustia a theimlai ei phwysa gwaed yn saethu fyny. Pwy ddiawl oedd hwn i siarad fel 'na hefo hi? Fysa fo ddim yma o gwbwl heblaw amdani hi!

Rowliodd ynta garbod risla'n grwn gyda brwynen a'i gwthio i'r pen sugno. Taniodd ei smôc gyda'i zippo a'i gau yn gliciad pleserus. Sugnodd y mwg melys.

'Mae'n ddigon clir 'ma i weld riwyn yn newid 'i feddwl ar ben yr Wyddfa.'

Trodd ati, ond edrych i gyfeiriad gwahanol roedd hi yn trio ei gora i beidio cymryd unrhyw sylw ohonno. Syllodd ynta'n ôl allan ar yr olygfa o'i flaen.

'Fedran ni neud o sti, 'di o'm allan o'n gafal ni. Ffwcio nhw, Toni. Fedra ni neud o, dwi'n gwbod, dwi'n teimlo fo tu mewn i mi. Maen nhw'n haeddu be ga nhw am be naethon nhw i ni. Hefyd de, dwi'n gwbod a dallt be ddudast di ynglŷn â ni'n dau. Mi gadwa i allan o dy ffor di yli. Y peth ydi de, motsh amdanan ni, nac 'di, y job sy'n bwysig, ynde? Be sydd o'n blaena ni.'

Gwnaeth gylch o fwg gyda'i smôc a'i wylio'n codi ac ymdoddi yn aer y mynydd. Teimlodd y Brython yn cyrradd ei frên sels a chwalu'r atoma. Trodd rownd i edrych arni, ond toedd hi ddim yno.

Trampiodd hi i lawr yr hen lôn drol, yn diawlio iddi hi'i hun fod ei phlania pêr o adael 'di troi'n nodyn cras, fel ffliwt bren wedi ei hollti a rŵan roedd ei phen hi hefyd.

'Dynion. Blydi dynion,' gwaeddodd.

◆ ◆ ◆

Gosododd Gronw ddeuddeg o asenna cig eidion yng ngwaelod trwmbal y crochan poeth ac mi boerodd pob un 'nôl ato.

'Arclwy! Faint o dân sgen ti dan din hwn, hogyn?' A throdd y fflam i lawr rhyw fymryn.

'Be nei di o betha heddiw ta, fachgian?'

Torrodd Dafydd Aldo y moron yn gylchodd fel ceinioga a llafn ei gyllall yn taro'r blocyn derbyn fel cnocell y coed. Wnaeth o ddim hyd yn oed sbio ar ei doriada, mond cario mlaen yn dawel yn cysidro cwestiwn ei dad. Y nionod gafodd hi nesa. Tynnodd groen y tri ohonyn nhw mewn chwinciad ac mi sleisiodd a'u deisiodd cyn i'r sylffenic asid ga'l y cyfla' i neud iddo grio.

''Da chi'n dallt, tydach? Hon 'di'r trip ola un i mi. Dwi mond 'di dod 'nôl ar hon am eich bod chi wedi crefu arna i a Jiffy i 'neud hyn.'

Taflodd y cwbwl o'r cynhwysion i'r crochan a throi'r fflam nôl fyny i'r entrychion. Trodd heibio'i dad i estyn potyn clai o berlysia i'w cynnwys gyda gweddill y briwas. Cymysgodd y cwbwl gyda gwin coch a dŵr y nant. Ond roedd mwy na photas yn ffrwtian yn y gegin fach hon.

'Dw i'n gwbod, washi. Dwi'n dallt sut ti'n teimlo, sti. A dwi'n gwbod bo finna 'di bod braidd yn hard down arna chdi rioed. Ond mi roedd ei cholli hi, a chitha'n ddim ond yn gywion... Iesu, Aldo, dwi 'di esbonio i chdi o'r blaen, do. Ond wel...'

Roedd o'n ffendio hyn yn anodd iawn. Fuo Gronw rioed yn un am drafod ei deimlada. 'Dwi mond yn gobeithio 'mod i ddim... wel 'y mod i ddim wedi bod yn rhy galad arna chdi.'

Chododd Dafydd Aldo mo'i ben, mond troelli cynhwysion y crochan efo'i lwy bren a rhoi caead dros y cwbwl.

'Ond be am Toni, Dad? Be am ben honno ta? Ydach chi'n ffycin ddall ta be? Pam dod â hi'n ôl yma?'

'Gwranda. Cyn i ti ddechra meddwl bo chdi neu hi 'di ca'l cam gynna i. Efallai 'mod i'n hen ac yn hyll, ond dwi'n gallu teimlo a gweld pob dim i chdi ga'l dallt, washi.'

'Pasiwch yr halan i mi, plîs!'

Pasiodd y potyn halan iddo, ond pupur oedd ynddo.

'Dwi mond wedi gwneud be o'n i'n feddwl oedd ora i chi'ch dau. Mae'n rhaid imi dalu'r pwyth 'ma 'nôl iddyn nhw am be naethon nhw i 'mrawd i a theulu Carbo, neu a' i ddim i 'medd yn ddyn hapus. Mae cloc amsar yn tician arna inna 'fyd, 'y machgen i a sgenna i'm llawar ar ôl i fynd yn yr hen fyd 'ma. Chawn ni ddim cyfla arall fel hyn eto, byth eto.'

'Na, wn i hynny gystal â neb, Dad!'

◆ ◆ ◆

Ista yn y Range Rover oedd Les a Mici yn trafod digwyddiada'r dydd. Mi ddudodd Les na fedra fo aros ym Mwlch y Gloch am noson arall, oherwydd fod tici toc y grandffaddyr cloc wedi ei gadw'n effro am y rhan fwya o'r noson cynt a'i yrru'n hurt bost. A fedra fo, no ffwcin wê wrando ar y ffycin thing yn bing bongian pob hannar awr am noson arall. Fysa hi'n llawar brafiach iddyn nhw ga'l aros mewn hotél gyfagos, yn lle goro cysgu ar drap llygod o giamp beds yn y parlwr ffrynt.

Roedd Mici yn cytuno. Mi fysa hynny lot brafiach iddynt oll, yn lle bod pawb frith draphlith ar draws ei gilydd ac yn achosi tensiyna toedd neb eu hangan.

Wrth i Carbo ei hanelu hi'n ôl i lawr am y tŷ fferm toedd 'na ddim golwg o Toni yn unlle. Od, meddyliodd. Ond roedd

Madam wedi mynd drwy'r caea a thorri llwybyr clir drwy
floda sana'r gog tuag at yr afonig sy'n lledu'n ara deg ar ei
ffordd i lawr am y gwastadedda. Chwys y bugail a olcha i'r
môr. Y boi ola roedd hi isio ei weld oedd Carbo a gwyddai
y bydda'n bownd Dduw o'i dilyn i lawr yr hen lôn drol a'i
mwydro fel ryw hen bry clust.

◆ ◆ ◆

Hwylio'r bwrdd oedd Gronw pan ddaeth Mic a Les i'r tŷ ac mi
wirionodd Les pan ogleuodd y cig eidion yn ffrwtian a'r ogla
bendigedig yn llenwi ei ffroena gan dynnu'r dŵr o'i ddannadd
gosod.

'Blydi marfylys, hogia. Dwi'n starfio a dwi'n siŵr bo fi 'di
colli tua stôn heddiw 'ma'n barod. Iesu, mae'n ogleuo'n lyfli.
Be ydi o, Gron?'

'Stedda wth y bwr ac mi gei wybod yn ddigon buan.'

Torrodd Gronw'r bara menyn fel mae hen bobol yn gneud,
yn dena 'tha rasal a gofynnodd Les yn dirion a gâi o'r crystyn
i aros pryd, fel petai. Taenodd Gronw drwch o fenyn ar y
crystyn iddo. Roedd gwynab Les yn bictiwr, fel plentyn peth
cynta ar fora Dolig ac mi dywalltodd lwyaid go lwythog o'r
potyn siwgwr drosto. Mi blygodd y crystyn yn ei hannar a
gan ei fod o ar ei gythlwng, mi wthiodd y rhan fwya ohono
i'w geg.

Awgrymodd Mici y bysai'n syniad doeth iddyn nhw aros
mewn gwesty y noson honno er mwyn rhoid 'chydig o sbes i
bawb. Ond cyn iddo esbonio mwy mi ddwedodd Gronw ei fod
wedi eu bwcio i mewn i'r Royal yn y dre o dan yr enw A.P.R.
Construction, a bod pob dim wedi ei dalu amdano'n barod ac
y bydda Les yn siŵr Dduw o fod yn falch o ga'l clywed fod y

brecwast yn *all inclusive* yn y pris. Roedd hi'n gwella 'ma bob munud ategodd Les a'i geg yn llawn crystia.

Dechreuodd Ffred gyfarth tu allan ac mi aeth Gronw'n syth at y ffenast i weld be oedd yn styrbio'r hen gi. Cyn pen dim gwelodd Carbo a'r moto beic yn rhuo am y buarth. Ond yng nghefn ei feddwl roedd Gronw yn eitha pryderus am ei ferch erbyn hyn, gan ei bod hi wedi mynd ers oria bellach.

Mi holodd Gronw Carbo'n syth oedd o wedi gweld Antonia, a dwedodd hwnnw wrtho iddo'i gweld ar y topia, ond fod golwg arni fel sa hi wedi bod yn cnoi danal poethion drwy pnawn. Roedd hynny'n gryn ryddhad i Gronw ac mi ddwedodd wrth y gweddill nad oedd neb i edliw dim iddi am be ddigwyddodd.

Wrth i Dafydd stwnsio'r tatws a Gronw gnesu'r platia drwodd yn y gegin, mi gyrhaeddodd Toni gyda'r un grymuster â phan adawodd. Doedd y dychwelyd ddim yn mynd i fod yn hawdd iddi, ond fe'i cyfarchwyd hi gan bawb 'chydig bach yn rhy gynnas a bod yn onast ac mi synhwyrodd hitha hynny. Ond mi gymerodd ei lle wrth y bwrdd gyda'r gweddill mor urddasol ag alarch. Gosododd Dafydd gyllath a fforc a llwy bwdin o'i blaen a'i chusanu ar ei boch, a sibrwd, 'Neis wan, sis.'

Ac wrth i'r dŵr rhew a lemons dincial yn eu gwydra fe gododd Gronw ei un ynta a dilynodd y gweddill gan ddeud 'Iechyd da' gyda'i gilydd cyn rhoi eu penna i lawr i fwynhau'r ffidan. Mi sglaffiodd pawb y wledd ar eu hunion, a mi ddechreuodd Carbo fwmian gan ei fod yn ei fwynhau cymaint. Roedd y nionod 'di meddalu i'r stoc a'r moron wedi ymdoddi ym mraster y cig. Pryd perffaith.

Mi ddwedodd Mici eu bod yn bwriadu dechra ar yr

ymarferion am wyth fora trannoeth ac fe gytunodd pawb. Ymddiheurodd Toni yn foneddigaidd am golli ei thymer gyda'i brawd a phawb arall yn y stafall ac na ddylai fod wedi gwylltio fel hynny gyda'i thad chwaith.

'Anghofia fo 'mach i, mi roddan ni i gyd braidd yn fregus, toddan a diawl, 'di o'm otsh o gwbwl. 'Da ni i gyd yma rŵan tydan ac yn gwybod lle 'da ni'n sefyll. Mwynhewch!'

Cododd ei phen i edrych ar Carbo, mond am 'chydig eiliada, ond yn ddigon hir iddo daflu gwên gynnas a winc ati dros geincia'r bwrdd hynafol.

Mi gododd Les ei blât ac yfad y grefi'n swnllyd cyn i Gronw ddeud, 'Mae 'na fara menyn yn fanna er mwyn i ti llnau o fyny, fachgian. Arglwydd mawr, dangos bach o fanyrs, 'nei di hogyn! Mae'r ci 'cw sgenna i allan yn fanna yn cnoi esgyrn yn daclusach nag wyt ti'n byta.' Cas beth Gronw oedd pobol yn bwyta'n flêr a swnllyd.

◆ ◆ ◆

Mi roedd yn dal tipyn o waith o'u blaena eto ac mi roedd yn rhaid i Cidw y Ci Du wneud ei waith cyfrin ynta, er mwyn ffendio allan pryd yn union fydda'r cerrig yn gadael Llundain. Agorodd y pacad papur brown a oedd yn dal yn ei grys, mêd tw meshyr, a thynnu'r pinna oddi arno, cyn tycio'r crys i din ei drowsus. Gwthiodd ei ddwy fraich drwy jaced ei siwt, caeodd fotwm ucha'i grys a thynhau ei dei i'r colar gwyn newydd sbon.

Camodd Cidw o drên y tiwb a thynnodd y grisia dur ynta fel sebon newydd i lefal y stryd. Tynnodd ei gap stabal glas tywyll dros ei lygaid dde a chyfarch gwres y ddinas. Wrth i haul ola'r dydd glecian o wydra'r adeilada ac ogleuon o bob cyfandir godi uwchben concrit y ddinas swnllyd, trodd gongol pen y stryd a chroesi rhiniog y Golden Lion unwaith yn rhagor. Er bod y lle yma yng nghanol Soho ac o hyd yn fwrlwm o gwsmeriaid o bob tras, lliw a llun, gwyddai Barbara y Landledi yn union be i dywallt iddo – dybl brandi a pheint o Ginis. Gwyliodd hi'n ei dywallt yn ofalus gan wenu arno a deud,

'*Welcome back, kiddo!*'

Mi oedd yr atyniad rhywiol rhyngddyn nhw yn dal mor gryf ag erioed. Ffagin hel, roedd o'n deisyfu y peth cnawdol 'na 'to, yr ing meddyliol 'na sydd angan ei fwytho, lle mae meddwl am gyfathrach rhywiol yn deimlad cryfach na dim arall ar y ddaear. Pan fo'r bwa wedi ei dynnu'n ôl i'r eithaf a'r saeth yn un cryndod ar y llinyn yn ysu am ollyngdod…

'*Put it on my tab please, my lovely.*' A thra bo ti wrthi, sna obeth am jymp cloi lan stâr? meddyliodd. Ond rheolodd ei deimlada. Mi fyddai'n rhaid iddo aros tan *stop tap* am y plesera cnawdol hynny.

'*Sorry, kiddo,*' toeddan nhw ddim hyd yn oed yn gallu deud Cidw yn Llundan, ffo ffyc sêcs. '*Your time's up. I need you to pay your slate today, 'cos gawd only knows when I'll see you next!*' Mi roth hitha'r lechan am y misodd dwytha iddo yn glewt yn ei law.

Roedd hyn wedi dod o nunlle. Beth uffar ddoth drosti? Agorodd y darn papur.

'*How much? Bloody hell fire! Are you avin' a laff? Seventeen hundred quid?*'

Teimlai fod y dafarnwraig a oedd yn cadw'r tŷ potas hwn wedi bod yn drwm iawn ar ei phensal.

'*Come on, Babs! This can't be right! Surely you must be 'avin a laff, Taff!*'

'Taff' fyddai Cidw'n galw'r rhan fwya o bobol Llundain am

eu bod nhw mor barod i ddilorni ei acen hyfryd a naddwyd yng Nghwm Gwendraeth fach. Drwy eu galw nhw'n 'Taff' mi fyddai yn eu drysu'n lân. A gan fod ei groen ynta yn eitha tywyll, *The treacle Taffy,* neu *Taffrica* fyddai y petha Llundan 'na yn ei alw ynta, tu ôl i'w gefn.

Ond er ei gwyno a'i gyfaredd gora toedd 'na ddim yn tycio ar Barbara'r landledi.

'*Pay up, mister,*' gafodd o gan y ddynes a fu ar un adag yn ffeind iawn, iawn wrtho ac wedi gweini llawer mwy na dim ond cwrw a gwirodydd i'r dyn tal tywyll hwn.

'*Your time's up,*' meddai wrtho ac roedd hi'n ei feddwl o. Roedd y siwrna fach hon ar ben iddo. Ac fel tedi bêr wedi ei rwygo a'r stwffin wedi ei dynnu ohono, fe gyfrodd hynny o arian sychion oedd ganddo a thalodd weddill ei ddyledion gyda'i gardyn.

'*Thanks, treacle,*' meddai. A mi drodd Barbara'r landledi oddi wrtho mewn amrantiad a gwenu hyd yn oed yn gynhesach ar y cwsmar nesa.

Wel yr hen ast, meddyliodd. Roedd hi 'di ca'l be oedd hi isio ganddo fo, ac wedi ei demtio 'nôl i'w ffau lawer gwaith am ffwc a maldod. A rŵan, mae hi newydd rwygo'i walat yn racs. Dyma oedd ei gêm mae'n rhaid. Roedd hi'n gwbod yn iawn lle mae gwendida dynion – yn eu baloga ac yng ngwaelod eu gwydra peint.

Joban ydi joban yn pen draw a chwara teg iddi hi, fo ydi'r un proffesiynol i fod. Ond fe gafodd ei chwara ganddi hi fel chwibanogl syml. Mae'r petha pwysig yn ca'l eu hanghofio weithia. Fel cymaint oedd ei rhywioldeb hi wedi ei ddallu o. Roedd hi wedi hocedu un o'r hocedwyr gora ac wedi ca'l pleser cnawdol yn y fargen. *Two for the price of one!*

Yfodd ei ddybl brandi ar ei dalcan, cododd ei beint o Ginis a rhoi'r papur newydd a oedd ar y bar dan ei gesail. Edrychodd ar ei Rolecs, roedd hi bron yn amser cwrdd â Jiffy unwaith eto.

◆ ◆ ◆

Mi gliriodd pawb eu platia ac ar ôl cymysgu'r jam mwyar duon cartra mewn i'w pwdin reis a gneud i Les ei fwyta gyda llwy de am fyta ei swpar mor swnllyd, aeth Dafydd Aldo ag asenna'r cig eidion allan i fowlan Ffred y ci addfwyn. Roedd hi'n noson fwyn a rhimyn y lloer yn codi heibio i'r fawnog yn ewin claerwyn.

Mi ddechreuodd Mic a Les hel eu petha a deud y bysan nhw'n gweld pawb yn y bora.

'Be? 'Da chi am fynd i'ch gwlâu rŵan?' meddai Carbo. 'Iesu goc, mond hannar awr 'di saith ydi hi!'

'Na, 'da ni'n aros yn y Royal yn dre heno er mwyn i bawb arall ga'l mwy o le 'ma,' atebodd Les.

'Blydi grêt o syniad! A' i nôl 'y mhetha rŵan ta! A fydd peint yn lyfli, bydd!' Gwnaeth ystum yfad un dychmygol a gneud sŵn glyg, glyg glyg. Roedd o wedi cynhyrfu'n lân ac yn wislo llond ei focha wrth lamu fyny'r grisia. Wrth iddo daflyd petha i'w fag, clywodd y gweddill o'n canu ar dop ei lais.

'*Welcome to the Hotel California, such a lovely place, such a lovely face.*'

'Gei di ddeud 'tha fo, iawn Mic,' meddai Les. 'Dwi'm yn rhannu rŵm hefo'r larwm!'

Mi neidiodd Carbo lawr y rhan fwya o'r grisia ag mi roedd 'na wên fawr stiwpyd ar ei wep pan ddaeth 'nôl i'r stafall.

'Reit ta, off wi go ta 'ogia.'

Mi synhwyrodd Carbo fod 'na rwbath ddim cweit yn iawn gan fod pawb yn rhyw hyw sbio ar ei gilydd.

'Wel? 'Da ni'n mynd ta be?'

'Yli Carbo, mond dwy stafall dwi 'di neilltuo. Wel, mond dwy oedd ganddyn nhw ar ôl, deud y gwir 'tha chdi, 'machgian i,' meddai Gronw. 'Mae 'na ryw ŵyl fwyd ymlaen yn y dre dros y penwythnos 'ma.'

'Duw, Duw, fydd 'na wely neidar i mi yna, siŵr Dduw. Ryw pwl owt bed bach ne rwbath, bydd?'

Ond chafodd o ddim cefnogaeth gan neb. Yr holl bwynt o fynd i westy i ddechra hefo'i oedd i bawb ga'l 'chydig bach o sbes, ac mi roedd Mici a Les yn edrach mlaen at ga'l stafall iddyn nhw eu hunan. Gan fod petha wedi bod yn eitha *intense* dros y dyddia dwytha 'ma a deud y lleia.

Mi oedd Carbo'n gwingo isio ca'l mynd hefo'r hogia i ga'l brêc bach o fan hyn yn un peth a chal peintyn neu dri tra ei fod o wrthi. Ond toedd petha ddim yn edrach yn addawol iawn iddo ga'l croesi pyrth Hotel Califfornia a blasu ei phlesera heno 'ma. Roedd yn rhaid iddo feddwl am rwbath ar fyrder. Roedd ei frêns yn troi fel mae olwynion cloc yn 'i neud pan fo'r sbring wedi torri. Mi waeddodd.

'Wwwwni beee naaai! Mi a' i ag un o'r ciamp beds 'na efo fi o'r parlwr. Fydda i'n *champion* ar hwnnw siŵr. Ffwgin lyfli... *sorted*. Ga i rannu rŵm efo chdi, caf Mici?' Mi aeth ar i ben i nôl un o'r ciamp beds o'r parlwr, y stafall oedd mond yn ca'l ei defnyddio dros y Nadolig, neu pan alwai rhywun go offishal yno.

Mi oedd Toni a Dafydd yn gweld y sefyllfa yn reit ddoniol, gan ei fod o'n ysu isio mynd o'na ond mi wnaeth Gronw benderfyniad dros bawb wrth i Carbo faglu trwodd yn trio cau y camp bed.

'Fydd yn rhaid i chdi aros yn fama mae gen i ofn, 'y machgian i. 'Da ni isio gair hefo chdi ynglŷn â rwbath beth bynnag, wel di.'

'Ond ymm… Ia wel… ym… wel… Blydi Nora!'

Tydi jobsys fel hyn ddim yn dechra am naw yn y bora a gorffan am bump y nos ac roedd ynta yn gwbod hynny gystal â neb. Roedd o yn stympd.

'Wel, diolch. Diolch yn fawr iawn i chi… am ffyc ôl!'

Mi sodrodd ei din lawr wrth y bwrdd 'di pwdu fatha hogyn bach 'di ca'l lwmp o gam.

Mi oedd Butch Cassidy a'r Syndans Kid yn ca'l mynd am jolihóit i Hotel Calffwcohwyl am y noson a chael y cyfla i hel fflewjians, mwn, ag yfad y bar yn sych os oeddan nhw isio. Ond o na! Toedd *o* ddim yn ca'l mynd. Mi oedd *o*'n gorfod aros yn y tŷ i chwara sodin snap hefo'r *Addams Family*. Ffycin *charming*! Roedd o wedi llyncu mul go iawn a hwnnw yn un llawn ysgall.

◆ ◆ ◆

Steddodd Cidw y Ci Du ar fainc bren y tu allan i'r Golden Lion. Sganiodd dros y papur newydd wrth aros am Jiffy. Sylwodd fod strydoedd Soho'n dechra prysuro. Yfwrs y prynhawn yn ymadael ac yfwrs y nos ar eu ffordd i mewn i'r tafarndai i ymuno hefo'r diotwyr a fu yn ei swigio hi drwy'r dydd.

Pan gyrhaeddodd Jiffy, rhoddodd y papur newydd yn ei blyg rhwng slatia'r bwrdd. Eisteddodd hwnnw gyferbyn. Aeth Cidw i mewn i boced gwasgod ei siwt a thynnu'r cwdyn bach du melfed allan a'i osod yn llaw y dyn a oedd newydd gyrraedd.

'Iawn, Jiffy? Wi wedi siarad 'da'r Iddew yn barod. Cer â hi 'nôl ato fe iddo fe ga'l gneud y gwaith torri terfynol. Ma fe'n gwbod yn nét be i neud 'da hi. Fe rannwn ni beth gawn ni mas ohoni rhyngto ti, fi a Daf, iawn? Galwe fe yn insiwrans.'

Cytunodd Jiffy gan edrych o'i gwmpas yn bryderus. Roedd yn gradur reit nerfus ar y gora.

'Sud mae Daf ta? Ydi o'n cadw'n iawn?'

'Odi, ma fe fel y boi a ma fe'n cofio atot ti yn 'wys domen!'

Roedd hyn yn newyddion i Jiffy, gan nad oedd wedi bod mewn cysylltiad â Dafydd Aldo ers dros fis, am ei fod o'n gweithio yn rhannol i gwmni *Hustons and Co*, felly roedd hi'n saffach o lawar iddo beidio cadw mewn cysylltiad efo Dafydd a'r gweddill, rhag ofn i'r cwmni ffendio allan fod ganddyn nhw rwbath ar y gweill, neu dyna oedd ei esgus *o*, beth bynnag.

'A ma fe'n drychid mlân i ddod bant y *big ship*, ne'r "bwced rhwd," fel ma fe 'i galw hi. 'Ware teg iddo fe. Fe welith e ti'n streit ar ôl i ni roi'r jobyn hyn yn 'i wely, medde fe.'

'Cofia finna ato fo 'fyd pan weli di o.'

'Siŵr o neud, Jiff,' gwenodd arno. 'Popeth yn iawn rhyngto chi, odi e?'

'Yndi, yndi siŵr.' Ond edrychodd o ddim i lygid y Ci Du wrth ei ateb.

'Drycha i ar 'i ôl i ti, paid ti â becso, gw'boi.'

'Diolch i ti, Cidw. A phob lwc i chi. 'Mond gobeithio bod y criw 'ma sgen ti ar gyfar y joban yn gwbod be maen nhw'n neud achos os aiff y job yma *tits up* a bod *Hustons and Co* yn ffendio allan... Wel, bydd rhaid i mi fynd ym mhell bell i ffwrdd o fan hyn er mwyn achub 'y nghroen yn hun, yn bydd? A fydda i'n gorfod gadal bob dim sgen i ar ôl yma.'

'Gad hi nawr. Sdim amser 'da ni i ddechre becso am y *what ifs* nawr, os e? Ni'n trafod busnes fan hyn, dim dy berthynas di a Daf 'chan! Ma 'da pob un ohonon ni lot fowr i'w golli os aiff pethe o whith. *Deal with your emotions* gw' boi. Nawr gwed 'thoi, os 'da ti unrhyw syniad pryd bydd y cerrig yn debygol o adel, achos cynta yn y byd ga i wbod pryd, gore i gyd i'r criw.'

'Mewn pedwar dwrnod, o be dwi'n ddallt.'

'Mor gloi â na! Felly dydd Llun 'ma bydd *D-Day!*'

'Hyd y gwela i. Trên o Euston yn pnawn, a chroesi ar y llong am Iwerddon nos Lun. Ond mi fydda i'n gwybod yr amseroedd yn berffaith iawn erbyn fory. Adawa i ti wybod cynta glywa i, ocê?'

''Na fe te. A beth am y *shipment?*'

'Hon ydi'r *big one,* fel oddan ni'n disgwyl. Dwi 'di gweld y cerrig. Maen nhw'n ddigon i ddod â dagra i dy lygada di.'

'Biwts?'

'Bob un wan jac. Gei di lunia ohonyn nhw gynna i.'

Diolchodd Cidw iddo wrth godi ac ysgwyd llaw cariad Dafydd Aldo. Fo wrth gwrs oedd eu cysylltiad mewnol gyda *Hustons and Co* yn y ddinas fawr ddrwg. Fe sylwodd fod golwg reit boenus ar Jiffy heno 'ma, ddim cweit ei hun, rywffordd. Ond fe adawai betha fod am y tro. Gwahanodd y ddau yn ganol rhialtwch Soho.

◆ ◆ ◆

Taflodd Gwilym Posman ei gardia â'u hwyneba am i lawr ar y bwrdd crwn yn nhafarn y Goat. Toedd o ddim wedi ca'l llaw dda o gwbwl. Byddai ynta a'i gyfeillion bora oes yn cwarfod yn wythnosol yma i chwara cardia ers i'r gwcw gynta gachu mewn nyth ddiarth.

Hen lawia'n dal y rhifa a'r siapia deuliw – y calonna, y clybs, y sbêds a'r deimonds. Gwyddai Gwil Posman bob dim am bawb a phopeth yn ei ddalgylch, o wadna eu sgidia i gopa'u penna gwallgo. Crëwyd joban posman gwledig ar gyfer pobol fel Gwilym am ei fod mor fusneslyd. Y fo fyddai'r cynta i ga'l gwbod pwy oedd wedi mynd i'r ochor draw ym mherfeddion y nos neu pwy oedd wedi esgor ar blentyn yn oria mân y bora gan ei fod o a'i fan fach goch ar hyd llawr gwlad cyn toriad gwawr. Gwelodd a chlywodd ryfeddoda ar ei rownds boreol.

Gan fod un aelod o'r ysgol gardia ddim yno heno, sef Gronw, roedd o'n ama'n gryf bod rwbath ar droed. Roedd o wedi gweld Range Rover du diarth ym Mwlch y Gloch wrth gludo llythyra yno ben bora a chyrtans 'di cau ymhob stafall. Digwyddiad anarferol iawn oedd gweld nad oedd Gronw ar ei draed ac heb agor y cyrtans.

Er ei fod o'n hen uffar busneslyd roedd yn gaffaeliad mawr i bentra tlws Talmynydd. Mi fyddai'n fodlon helpu unrhyw un, unrhyw bryd ac mi roedd pawb wrth eu bodda gyda'r dyn hawddgar, parod ei gymwynas.

Ond pan ddeuai hi'n gêm o gardia am 'chydig geinioga, roedd o'n ddyn tra gwahanol. Mi fyddai ei gymeriad yn newid yn gyfan gwbwl a hen strempan filain gystadleuol yn dod i'r wyneb. Os ddigwyddai golli gêm, fyddai hi ddim yn anghyffredin iddo alw un o'i ffrindia penna yn 'hen ffwc hyll, pen ffurat, uffar!' A dyma ddigwyddodd yn y llaw hon o gardia. Ifor Tŵ Pê enillodd y gêm honno, a phan chwerthodd Gwynfor Dau Grys wrth ei weld yn cyfri ei enillion, mi fylliodd Gwilym Posman yn lân am ei fod wedi colli ffiffdi sics pens, nad oedd yn ddigon i brynu stamp ail ddosbarth iddo hyd yn oed.

Chododd ei hwylia ddim rhyw lawar pan gyrhaeddodd llond platiad o sandwijis o'u blaena, rhei ham ar un ochor a rhei wya yr ochor arall a phowlan llawn o'r hen betha 'Ffrensh Nicars 'na' chwadal Gwynfor Dau Grys. Ond mi fydda Ifor Tŵ Pê yn ei gywiro'n wythnosol, drwy ddeud na Ffrensh Ffreis ydi eu henwa iawn nhw, siŵr Dduw!

'Run hen jôc, bob un wythnos ond roeddan nhw'n chwerthin arni bob tro.

'Gas gin i Ffrensh Ffreis,' medda Gwil Posman. Ond y gwir oedd mai casáu colli roedd yr hen foi ac mi fytodd nhw 'run fath yn union a dechra delio'r cardia unwaith yn rhagor. Mae'n siŵr ei fod wedi colli mwy nag roedd o wedi ennill dros yr holl flynyddoedd, ond mi oedd o hyd ar ei ennill gyda'r creigia yma o ffrindia.

◆ ◆ ◆

Rhyw fustachu o gwmpas y tŷ yn cwyno am ei gefn oedd Gronw ac mi ddudodd ei bod hi'n hwyr glas iddo fo a'r gweddill fynd am y ciando.

Fflicio pys oddi ar y bwrdd i gyfeiriad y grât oedd Carbo a gwrando arnyn nhw'n sislo yn y tân. Llnaodd Dafydd Aldo'r bwrdd o'i gwmpas ond symudodd Carbo 'run fodfadd iddo. Ac fe'i gwnaeth hi'n eitha amlwg ei fod yn teimlo fel gwystl a mwmblan rwbath am Terry Waite o dan ei wynt.

Cyn hir mi ofynnodd a gâi o fynd allan am 'chydig o awyr iach a smôc.

'Maen nhw'n ca'l gneud hynny yn y jêl, yn tydyn?'

Ond gwyddai'r gweddill yn iawn na gwthio'r moto beic lawr yr allt yn ddigon pell o'r tŷ fysa fo'n i neud, cyn ei danio a'i hanelu hi'n syth am y dafarn gynta.

'Stê pwt, Evel Knievel. Mae fi a'n chwaer isio gair.'

Ac ar hynny mi ganodd cloch y landlein.

'Arclwy mawr! Pwy ddiawl sy'n ffonio 'radag yma o'r nos?'

Dim ond toc wedi naw oedd hi ond mi fyddai Gronw'n mynd i'w wely'n eitha cynnar bob nos.

'Helô? Bwlch tri wyth saith.'

'Iawn, Gron? Gwilym sydd yma.'

Jyst be oedd o isio – y rwdlyn mwya a grëwyd yn mynd i'w fwydro am awran dda am hanas y byd a'i wraig.

'Fedrwn i ddim dod lawr am gêm o gardia heno, yli Gwil, roedd gen i betha i neud. A dwi ar fynd i'r cae sgwâr a deud gwir wrtha chdi rhen bartnar, dwi 'di blino braidd wel'di.'

'Ia, iawn siŵr. 'Na i ddim dy gadw di'n hir, yli.'

Ond gwyddai Gron fel arall. Cafodd wybod fod Gwil wedi colli ar y cardia eto ond fod hwylia reit dda i'w glywed arno. 'Di ca'l peint ne ddau i leddfu'r boen yn ei bocad siŵr o fod. Ond mi ddwedodd rwbath pwysig a diddorol iawn sef bod 'na ddau foi diarth 'di dod i mewn i'r Goat heno – un hefo pen fatha sliwan a llgada neidar a thatŵ o ddeigryn glas dan un ohonyn nhw a'r llall efo golwg wyllt a blin fel mwnci 'di colli ei fananas.

Y brodyr Anhysbys. Yr un rhai a driodd ddilyn Mic a Leswold i'r gogledd. Roedd un peth yn saff, medda Gwil, toddan nhw ddim ar drip Merchaid y Wawr. Mi oedd o wedi sleifio at eu hymyl wrth y bar i ga'l gweld beth oedd eu perwyl ac mi ffendiodd allan reit handi.

Roeddan nhw'n holi oedd rhywun wedi gweld dau foi rownd y lle yn dreifio Range Rover du. Mi ddangoson nhw lun o Michael Finnley i bawb a oedd wrth y bar. Cofiodd Gwil mai hwnnw oedd y boi a arferai ddod i aros ym Mwlch y Gloch ers talwm. A dyna pam y penderfynodd ffonio Gron, er mwyn rhoid *warning shot* iddyn nhw.

'Hwnnw fuodd yn 'rarmi 'di o, de Gron? Mici oedd i enw fo, ynde? Mi oedd o'n dod i aros atoch chi weithia yn doedd? Pan oedd ei ben o yn y cae swêj, y cradur. Ti'n cofio, dwyt?' Bu tawelwch am ennyd.

'Yndw, tad. Dwi'n 'i gofio fo'n iawn.'

'Ond mi ddudish i a phawb arall oedd yn digwydd bod wrth y bar, nad oeddan ni rioed wedi 'i weld o, yli. Wel dim ond y fi oedd wedi ei gyfarfod o, ynde.'

Mi oedd ceg Gronw yn llawn llwch lli mwya sydyn. Be ddiawl oedd yn mynd ymlaen? Ond mi gadwodd ei bwyll. Y peth ola oedd o isio oedd ca'l Gwil Posman yn infolfd yn y briwas. Gwelodd Antonia fod rwbath yn bod gan fod ei thad wedi troi'n wyn 'tha'r galchan. Mi ddudodd wrthi a'i law dros y ffôn, tra oedd Gwil yn dal i siarad, fod 'na ddynion yn chwilio am Mici a Les.

Mi bwysodd hi fotwm y *loud speaker* er mwyn i'r gweddill ga'l clywad be oedd yn digwydd.

'Dwi 'di dod i ista ar y ceudy yli, o ffor bawb, er mwyn riportio 'nôl i chdi, ynde Gron.'

'Diolch i ti, Gwil.'

'A dwi 'di bod yn y car parc yn ca'l sbecsan bach hefyd i chdi ga'l dallt a'r unig gar diarth sydd yno, o be wela i, ydi un o'r Pôrshis ffôr wîl dreif 'na. Un crand yr olwg 'fyd. Yn hwnnw maen nhw wedi cyrraedd yma, saff i ti. Sa neb ffor hyn yn gallu fforddio un o'r rheini, na fasa? A dwi 'di sgwennu'r nymbar plêt lawr i chdi 'li, i chdi ga gwbod pwy ydi'r diawlad. Wyt ti isio fo?'

'Ia, diolch ti.'

Roedd Gwil yn teimlo'n rêl ditectif ac yn teimlo'n falch iawn ohono'i hun.

'Aros di am funud rŵan.' Estynnodd am y darn papur o'i bocad. 'Reit dyma ni. 'Sgen ti bensal yn barod, Gron?'

'Oes.'

'Reit ta.' Mi oedd o wrth ei fodd yn chwara plisman pentra. 'Barod?'

'Yndw. Ffeiar awê, Gwil, wir Dduw!'

'Iawn... O for Oscar. Y for Yankee. Ffaif, three. C for Charlie. W for Wisgi and T for Tango. Ewadd, lwcus bo fi'n cofio'n phonetic alffabet, ynde Gron. *Army trained* weldi. 'Di gweld petha mawr.'

A daeth uffar o glec wrth i ddrws y toilet ddod oddi ar ei hinjîs am ben Gwil nes bod ei ben o'n sownd rhwng ei benglinia. Mi gododd y Gorila y drws oddi arno a'i daflyd o'r neilltu fel weffar eis crîm.

'Who the fuck are you giving my number plate to?'

Bu bron i Gwilym *Sherlock Holmes* gachu lwmp drwy'i drowsus i'r toilet. Fedrai o ddim siarad, mond stytran fel hen dractor methu tanio.

'T... t... t... t... t... ai... ai... ai... ai... ai... d... d... d... don't.' Mi oedd yn crynu trwyddo ac ofn drwy dwll 'i din ac allan. A gallai criw Bwlch y Gloch glywad bob dim wrth gwrs.

'Tell me, old man, or otherwise you're going to lose one of your thumbs.'

Tynnodd bâr o bleiars allan o'i bocad a dechra gwasgu pen bawd llaw chwith Gwil nes bod hwnnw'n gwichian fel mochyn wedi ei ddal o dan giât. Cipiodd y ffôn oddi ar Gwil a deud,

'Can you hear that? Your little spy is in pain.'

Gwenodd y Gorila wrth weld Gwilym Posman druan yn diodda.

Cymrodd Dafydd Aldo'r ffôn gan ei dad.

'Now listen, let the old man be. I can meet up with you and take you to see Mici Ffinn, ok? I'll be there in ten minutes. I'll meet you in the car park. I'll be in a white Merc Transit.'

'If you're not here on time, mister, your old friend will be losing a nail for every minute you're late and then I'll start cutting off every one of his fingers. You got me?'

'*I'll be there.*' Mi aeth y ffôn yn fud.

'Wel pwy ddiawl ydi'r rhein rŵan eto, neno'r tad?' meddai Gronw.

'Yr Anhysbys, swn i'n ddeud,' oedd atab Carbo.

'Be maen nhw isio gin Mici a Les ta?' gofynnodd Toni.

'Teiars newydd ella ar ôl i Les roid cyllall ynddyn nhw.'

'O, blydi Nora!'

'Mi rydach chi'n gwbod ych hunan na peth gwirion iawn ydi croesi y rhain. Unwaith maen nhw'n brathu wnawn nhw ddim gadal fynd, yn union fatha ci hefo'i asgwrn,' ategodd Gronw.

Ond toedd 'na ddim amser i din-droi a malu cachu. Roedd yn rhaid mynd i achub Gwil Posman o grafanga'r Gorila cyn i Gwil druan golli ei grafanga ynta.

Roedd hi'n *all systems go*. Mi driodd Gronw ffonio Mici a Les yng ngwesty'r Royal i'w rhybuddio, ond toedd dim posib ca'l gafal arnyn nhw. Roddan nhw yn y bar yn slochian, mwn. Triodd y dderbynfa hefyd ond ofer fu ei ymdrechion. Y plan felly oedd bod Carbo i fynd yn syth i'r gwesty ar y moto beic i'w rhybuddio fod ganddyn nhw ymwelwyr a'i fod ynta i ddychwelyd yn syth i'r ffermdy. Mi wnâi Antonia ddreifio'i brawd lawr i'r Goat i gyfarfod yr Anhysbys, er mwyn rhyddhau Gwil y gwystl ac mi âi hitha â Gwil y Posman i'r Ysbyty os bydda angan.

Erbyn i Dafydd Aldo a Toni gyrraedd maes parcio y Goat roedd yr Anhysbys yn ista yn ei Ffôr Bei Ffôr a Gwil druan yn ista yn y sêt gefn hefo papur toilet wedi ei lapio am ei fawd. Toddan nhw ddim wedi gneud llawar o ddamij i'r hen gradur gan ei fod o wedi dechra crio a chanu fel caneri a wedi deud bob dim oedd o'n 'i wybod wrthyn nhw. Drwy lwc, doedd hynny ddim yn llawar, ac yn lwcus iawn iddo fo, roddan nhw yn ei goelio.

Agorodd Dafydd ddrws cefn car yr Anhysbys i ryddhau'r Posman gynta y medra fo.

'Ti'n iawn, Gwil?'

'Yndw, tad. 'Di bod yn 'rarmi stalwm, do boi? Wedi hen arfar sti.'

Ond roedd wedi cachu llond ei drywsus go iawn ac yn methu aros i ga'l dianc a chael mynd adra i guddio'i ben mor ddyfn ag y medrai o dan blancedi ei wely.

'Eith Antonia â chdi adra, yli.'

'Paid poeni. Dwi'n iawn i ddreifio sti.' Fedra fo ddim aros i ga'l denig oddi yno.

'Hwyl ti ŵan, Dafydd bach.'

A ffwr â fo yn ei fan fach goch a gâi ei dal wrth ei gilydd hefo cortyn bêls.

'*So you're looking for Michael are you?*' meddai Dafydd wrth y Gorila a'r boi Pen Sliwan.

'*I take it that this is business rather than pleasure?*'

Y Gorila oedd yn gneud y siarad.

'*I don't think It's none of your business. So just hop in and show me where he's staying.*'

◆ ◆ ◆

Mi oedd Carbo 'di cyrradd y Royal ar gefn y moto beic mewn record teim ac yn chwilio yn y gwesty am ei gyfeillion. Toedd 'na'm sôn amdanyn nhw. Fel roedd o'n mynd i holi am weithiwrs A.P.R. Construction yn risepshyn fe welodd Mici a Les yn dod allan o'r lifft. Diolch byth.

Pan gyrhaeddodd Dafydd Aldo a'r ddau giangstar y Royal roedd negas yn eu disgwyl yn y dderbynfa yn deud fod Mici Ffinn yn disgwyl amdanyn nhw yn stafall rhif 216.

Roedd y syniad o ga'l yr Anhysbys ar eu gwartha yn broblam fawr i Mici. Un ai roeddan nhw isio'u pres 'nôl yn syth, y pres roedd arna fo oherwydd y ddyled, neu rwbath arall. A'r rwbath arall 'na oedd yn ei boeni fo ar hyn o bryd. Mi oedd Mici wedi gorfod meddwl yn gyflymach nag amsar ei hun sut i ddelio â'r sefyllfa ger bron.

Gall yr ymennydd weithio'n gyflym iawn pan fydd o angan a llith o ddelwedda o wahanol sinarios yn dechra fflachio o flaen llygaid y meddwl. Ond mi oedd o'n un da am feddwl yn sydyn ar ei draed. Gwnaeth sawl penderfyniad mewn 'chydig eiliada gan gynnwys y bysai'n cyfarfod yr Anhysbys ar ei ben ei hun. O leia bydda Les a Carbo yn y stafall drws nesa, ac yno fel bac yp, os digwyddai petha droi 'chydig bach yn ffriwti.

Cnociodd Dafydd Aldo'r drws a gadawodd Mici y Gorila a'i fêt Pen Sliwan i mewn i'r stafall. Gadawodd Dafydd nhw i sortio be bynnag oedd ganddyn nhw i'w sortio. Meddyliodd gysylltu â Cidw, ond beryg bod gan hwnnw ddigon ar ei blât fel roedd hi. Wedi'r cwbwl, toedd gan hyn ddim i'w wneud ag o. Triodd roid caniad i Jiffy, ond chafodd o ddim atab. Mi fysa ca'l sgwrs gyda'i gariad yn codi ei galon gan ei fod yn ei golli'n ofnadwy.

Mi orweddai Mici ar ei wely â'i ben yn erbyn y pared er mwyn i'r ddau drws nesa ga'l clywad be oedd yn ca'l ei ddeud. Gofynnodd Mici sut medrai o helpu'r ddau ymwelydd ac mi gafodd wybod mwy neu lai yn syth fod eu bos nhw isio derbyn gweddill y ddyled. Hefyd, tair mil ar ben hynny am yr anghyfleustra o drio ca'l pedair teiar newydd sbon yng nghanol nunlla a gorfod aros noson ychwanegol yn y Brigands Inn, oedd yn gneud y cyfanswm yn ddeunaw mil o bunnoedd.

Gwrando hefo gwydyr wrth ei glust yn erbyn y wal

rhyngddo fo a'r stafall drws nesa roedd Leswold, tra roedd Carbo yn ratlo drwy gynnwys y *mini bar*.

'Ti'n gallu clywad rwbath ta, Les?'

'Bydd ddistaw ffor ffyc sêcs!'

Ond parablu 'mlaen wnaeth Carbo.

'Reit, mae 'na betha peryg mewn poteli bach yn fama de. Sa well i ni adal rheini am rŵan bysa? Owwww! Lyfli! 'Ma ni, yli. Dau gan bach dileitffwl yn llawn sudd afal o'r berllan decaf, myn brain i.'

Mi roedd wedi dychryn ei hun ar glyfrwch ei ddisgrifiad o'r cania Strongbo, ond yn ddiarwybod iddo, roedd hada dylanwada Gronw wedi dechra blodeuo yn ei ieithwedd yn barod a phan fydda petha annisgwyl yn digwydd, fel pobol ddrwg yn landio'n ddirybudd, bydda rhai'n gwywo yng ngwres y tân, tra bod eraill yn ffynnu ym mherygl y fflama, yn enwedig o ganfod ffrij yn llawn lysh.

Ymunodd Carbo â Les ar y gwely gyda gwydyr wrth ei glust er mwyn gwrando. Mi oedd yn gallu clywad y sgwrs o'r stafall drws nesa yn glir fel cloch. Wrth ddal y gwydyr i'w glust ag un llaw, triodd agor can o seidar rhwng ei benglinia â'r llaw arall. Ond mi aeth y rhan fwya o'r cynnwys yn un ffownten o ffroth dros Les.

'Ffacin hel! Be sy'n bod arna chdi, lad?'

'Sori... sori, Les.'

Ac mi aeth i nôl tywal iddo ga'l sychu'r ewyn seidar oddi arno'i hun a'i sbectol. Diawliodd Carbo i Maenofferen a 'nôl.

'Shsh, Les. 'Cofn iddyn nhw'n clwad ni.'

'Taw dy hun, y twat bach tena.'

Eisteddodd Carbo reit yn ymyl Leswold ar y gwely i glustfeinio drwy'r pared tena â'i wydyr.

'Mwf yp nei di, a ffeindia dy le dy hun i wrando!'

Cododd Carbo a deud,

'Wel o'n i wedi dechra cymryd ata chdi 'fyd, Leswold ac wedi meddwl mynd â chdi ar y trên bach i dop yr Wyddfa ben bora fory i weld y fiws. Ond na, ti fatha rhyw hen... hen...' Triodd feddwl am y gair. '*Walrus* mawr tew! Ia 'fyd, dyna be wt ti. Hen *walrus* mawr tew a blin ac yn amhosib i neud dim hefo chdi.'

'Shwsh, y dic sblash, dwi'n trio gwrando fan hyn.'

Ac mi aeth Carbo i eistedd ym mhen arall y gwely 'tha hogyn bach drwg er mwyn gwrando ar y sgwrs o'r stafall drws nesa.

Toedd hi ddim yn ymddangos fod y Pen Sliwan deigryn glas yn deud dim, mond cerad rownd y stafall a mynd mewn ac allan o'r bathrwm i roi'r gola 'nôl a mlaen a sbio drwy'r ffenestri i fusnesu. Codai betha a'u rhoi nhw lawr drachefn. Trodd yr *hair dryer* 'nôl a mlaen ddwy waith neu dair a'i ddal fel gwn o aer cynnas. Rhoddodd y teli mlaen wedyn a dechra fflicio drwy'r *channels*. Ond mi gafodd y Gorila myll a gweiddi arno ar dop ei lais mewn iaith Albenian i fod yn dawal ac ista'n llonydd, nes bod clustia Les a Carbo yn clecian.

'*The thing is, gents, I asked you not to come near us again uninvited. But you took it upon yourselves to track my car and then to follow us that day, regardless of our understanding. Where I go and what I do is entirely up to me and has nothing whatsoever to do with you. So we simply had to lose you.*'

Cododd Carbo ei fawd ar Les am ei fod yn meddwl bod Mici'n gneud yn dda. Ond mi beidiodd bod cweit mor sbreitli pan glywodd be oedd gan yr Anhysbys i ddeud nesa.

Mi ddwedodd y Gorila fod ei fos yn hollol fodlon gadael i'r ddyled gysgu am y tro, ond eu bod nhw isio Carbo a'r car 'na gollodd o yng Nghaerdydd yn ôl cyn gynted â phosib. Felly roedd yn rhaid iddyn nhw ddod o hyd i Carbo heno 'ma. Dyna oedd ordors y bos, dim ond pasio'r negas ymlaen oddan nhw wedi'r cwbwl. Doedd ganddyn nhw ddim problem o gwbwl hefo Mici. Ond os na fyddai o'n eu helpu nhw i ffendio Carbo, mi fedran nhw wneud bywyd yn anodd iawn iddo fo a'i fusnas, a'i deulu! Gwyddai Mici'n iawn nad oedd 'na ddim diwedd i'w tricia budur. Aeth y Gorila 'mlaen i ddeud efallai y gallen nhw ddod i ddealltwriaeth, lle fydda'r ddwy ffyrm yn hapus eu byd drwy gydweithio. Ond toedd Michael Finnley ddim am faeddu ei ddwylo gyda'r Anhysbys o dan unrhyw amgylchiada.

Mi roedd llygid Carbo fel dwy sosar. Ac mi ddudodd Les yn dawal wrtho,

'Ti ddim byd ond trwbwl. Dyna wt ti. Trwbwl. Maen nhw wedi dod ôl ddy wê yma oherwydd bod nhw'n chwilio amdana chdi! Y chdi ydi'r bai am hyn i gyd.'

'I'm sorry gents, but I can't help you. The last I saw of Carbo before I came up here was when I shook his hand and bode him farewell at Bristol airport. And before you ask, I have no idea where he was heading. Your guess is as good as mine, gents. He's probably sipping a cocktail in Thailand as we speak, telling one of his cock and bull stories. But I can't blame him for getting out of Dodge City, can you? As far as I'm concerned, my business with him is done. He's a free man.'

Cododd Carbo ei fawd ar Les.

'Where's the fat one?' gofynnodd y Gorila.

'Wel y bastad digywilydd,' medda Les dan ei wynt wrth Carbo.

'Behind the shower curtain with a shotgun. Your brother must have missed him with his hairdryer,' oedd ei ateb chwim.

Mi gafodd Carbo a Les ddiawl o job peidio rhuo chwerthin yn uchal. Roedd yn rhaid iddyn nhw frathu clustoga i drio cadw'n dawal nes bod dagra'n powlio lawr eu bocha a bol Les yn crynu fel cwstad wy meddal.

'Only joking! He had to rush back to Cardiff this morning – his mother's not well at all. So I wouldn't bother him right now, because he ain't in the best of moods. And as I said, we know nothing of Carbo's whereabouts. Tell your boss I'll be in Cardiff in a few days time and I'll be in touch then to settle the outstanding debt. I'm sorry I can't help you any further, gentlemen. So if that's all, will you excuse me? I have other business to attend to.'

Cododd ac agor y drws iddynt.

'And you be careful not to shoot your nuts off with that gun you've got hidden down your trousers. The roads are quite bumpy up here!' meddai wrth y Pen Sliwan. Ond ddalltodd hwnnw'r un gair, dim ond gneud sŵn gryntio wrth adael a gwynab y Gorila fatha Mormon yn Disneyland.

Roedd Mic wedi gallu datrys un broblam, ond rŵan roedd o'n gwynebu un o'i ofna mwya. Rhoddodd alwad i Polish, cyfaill a chydweithiwr agos a gofyn iddo wneud 'chydig o waith gwarchod iddo. Yna rhoddodd ganiad i'w wraig.

'Haia, pish... yndw, chditha?... Ia, wn i. A finna chditha 'fyd. Sut mae'r ddau fach? Grêt. Dyro sws bob un iddyn nhw gynna i.' Teimlodd ei wddf yn tynhau. 'Yndi, bob dim yn iawn fan hyn. Yli Jiw, fydd Polish yn galw draw acw nes mlaen... Ia, wn i bod hi'n hwyr... Ia, ond mae o isio lle i aros am 'chydig ddyddia yli... Yndi, ca'l 'chydig o broblema teuluol mae o am wn i 'de... Ia wn i hynny, ond fedra i'm gwrthod, na fedra? Mae'n un o'r gweithiwrs gora sgenna i. Mond tan iddo sortio petha allan... Ia, wn i, sori... Mewn 'chydig ddyddia 'de... Be? Wel on i'n meddwl sa fo'n ca'l rhannu gwely hefo chdi.' Chwerthodd y ddau. 'Dyro fo yn y llofft sbâr, siŵr Dduw... Blydi hel, Jiw. Im motsh am neud gwely iddo fo – fydd ganddo fo *sleeping bag* hefo fo mae'n siŵr. Paid â chreu traffath i chdi dy hun… Ia iawn… siarada i efo chdi'n fuan… A chdi fyd, pish. Ta ra. Ta ra.'

Gorweddodd ar y gwely er mwyn ca'l hel a thwtio ei feddylia. Anadlodd allan fel trên yn gollwng stêm rôl siwrna serth a llwythog. Cnociodd ar y wal a daeth Carbo a Les at ei ddrws mewn chwinciad.

'Les, dos i'r bar i ga'l dybl o Benderyn a rhew i mi a be bynnag wt ti isio. Dw i iso gair hefo Carbo yn fama gynta 'li.'

'Ti'n iawn, Mic?' gofynnodd ei hen ffrind.

'Yndw, *champion.*'

'Welish i'r ddau arall yn gadal so mae'r *coast* yn glir, iawn?'

'Grêt, diolch ti. A ffonia Bwlch y Gloch i mi nei di a deud bod pob dim yn iawn i ni gario 'mlaen hefo petha. Ddown ni lawr ata chdi yn y munud. Fydda i'm yn hir.'

'Cym sêt, Carbo.'

Newidiodd ymarweddiad Mici'n llwyr wrth iddo gau'r drws. Gwelodd nad oedd hwylia Mr Finnley yn rhy dda o gwbwl. Steddodd reit llywath fel sa fo 'di ca'l ei alw i fynd o flaen y prifathro yn rysgol stalwm. Allan o bawb roedd Carbo'n ei adnabod, hwn oedd yr unig un roedd ganddo barchedig ofn tuag ato.

'Dwn i'm os glywist di'r sgwrs ai peidio ond mi dduda i wrtha chdi beth bynnag. Chwilio amdana chdi maen nhw Carbo a'r car na gollist di. Ond be sy'n pisio fi reit off de, er mwyn ca'l gafal arna chdi maen nhw'n crybwyll bygwth 'y musnas i. A llawar gwaeth na hynny, 'y nheulu i. Felly, mae'r gêm wedi newid yn gyfan gwbwl rŵan, tydi? Yn tydi?'

Nodiodd Carbo. Tynnodd Mici gadair reit gyferbyn a sbio i ganhwylla ei lygid.

'Be uffar sy'n mynd mlaen?'

Ddudodd Carbo 'run gair, mond sbio lawr ar y carpad gwyrdd tywyll.

'Glywist di fi, do? Yn nheulu i, Carbo, 'y ngwraig i, a 'mhlant bach i. Oes gen ti atebion i mi?'

Roedd dwyster Mici yn eitha dychrynllyd a'i bresenoldeb fel 'tai'n gwasgu popeth arall oedd yn y stafall o'r neilltu.

'Dwi'm yn gwbod be maen nhw isio, Mici. Go iawn rŵan, dwi ddim!'

'Wel pam bod nhw wedi trafferthu dod yr holl ffordd fyny fama i chwilio amdana chdi ta? Mae'n rhaid bod 'na rwbath yn berwi ym mhen y bos 'na sgynnyn nhw.'

'Dwi'm yn gwbod. Ar fy llw!'

'Gwranda arna i, nei di? Na nhw ddim gadal llonydd i chdi na fi tan byddan nhw wedi ca'l be maen nhw isio. Ti'n dallt hynny, dwyt?'

'Yr unig beth fedra i feddwl amdano...'

'Ia?'

'Ydi bod nhw isio i mi ffendio'r car... a mynd â fo nôl iddyn nhw.'

'Pam? Be sy mor sbesial am y car yna, Carbo?'

'Wel...'

'Ia?'

'Wel jyst meddwl ydw i...'

Cododd y cyn-soldiwr ar ei draed a gwyro reit lawr nes ei fod wynab yn wynab â Carbo. Siaradodd yn ara deg bach gan wneud iddo deimlo fel plentyn bach oedd ar fin ca'l diawl o gweir.

'Be wt ti'n ei wybod nad ydw i ddim Carbo? E? Deud wrtha i. Neu coelia di fi, fydd dy fywyd di ddim gwerth ei fyw.'

'Wel, mond rŵan dwi'n meddwl am y peth.'

'Wel llongyfarchiada a iypydidŵ ddeuda i!'

'Go iawn rŵan.'

'Dwi'n glustia i gyd. Tyd â hi ta. A mae'n well i chdi fod yn strêt hefo fi neu mi dorra i bob ffycin asgwrn sgen ti yn dy goesa!'

Llyncodd ei boer. Roedd hi'n amlwg iawn bod Mici yn meddwl pob gair.

'Bob mis oddan ni'n arfar 'nôl y ceir o'r Almaen, 'de...'

'Ia, wn i hynny.'

'A mae amball un yn cario rwbath fel arfar...'

Toedd Mici ddim yn lecio be oedd o yn ei glywed. 'Crac on.'

'Wel meddwl ydw i, ar ôl iddyn nhw chwilio drwy'r car diweddara, sef yr un mis yma, toedd be oddan nhw isio ddim ynddo fo, mae'n rhaid. Felly mae'n rhaid ei fod o yn y car ddwynoch chi.'

Cydiodd yng ngwddw Carbo gydag un law a'i dagu.

'O, wela i. Felly'n bai ni 'di hyn i gyd mwya sydyn ia, y coc oen.'

A drwy ei gorn cwac cyfyngedig mi ddwedodd, 'Wel y chi fachodd o, ynde?'

Roedd yn bwynt digon teg wrth gwrs. Gollyngodd Mic ei afael.

'Blydi hel. Be sydd ynddo fo ta? Achos 'da ni wedi bod drwyddo fo i gyd er mwyn 'i newid o. Plîs, plîs, paid â deud na drygs sydd ynddo fo achos dwi newydd 'i werthu fo i gopar!'

'O, ffagin hel!'

'Ia, Ffagin hel! A mae o 'di bigo fo fyny o'r garij pnawn 'ma fel presant priodas i'w ferch ac erbyn hyn mae'r ffycin *thing* ar y dreif y tu allan i dŷ ei ferch o. Jesys Creist mewn crys, Carbo!'

'Wel 'sna'm point panicio, nag oes? Dim drygs fyddan nhw beth bynnag.'

'Wel mae hynna'n rwbath! Be sydd ynddo fo ta?'

'Pres sydd ynddyn nhw fel arfer.'

'Yn lle yn y car?'

'Yn yr olwyn sbâr. Naethoch chi ddim newid honno, naddo?'

'Wel naddo. I be de? Cash sydd ynddi, ia?'

'Ia. Fedri di ga'l chwartar miliwn yn hawdd i mewn i deiar, meddan nhw.'

'O, grêt! Blydi marfylys!'

Rhoddodd ddwrn i'r wal nes bod ei hoel i'w weld yn y plastar.

'Yli, Mic, y cwbwl dwi'n wybod ydi eu bod nhw'n gyrru *cheques* mawr adra i Albania. Mae rheini'n ca'l eu cashio i dalu bac handars am y ceir o gefn y ffactri yn Jyrmani a mae gweddill yr arian yn dod 'nôl i Gymru wedi ei llnau'n lân yn yr olwyn sbâr. Mae rhaid na tydyn nhw ddim wedi derbyn y pres o'r car sydd newydd ddod 'nôl.'

'Felly mond yr olwyn sbâr maen nhw isio?'

'Ia, 'swn i'n feddwl, motsh gynnyn nhw am y car, siŵr.'

'Pam ddiawl fysat ti ddim wedi deud rwbath yn gynt, hogyn?'

'Wel toeddwn i ddim yn gwybod fod 'na ddim byd o'i le tan heno, nag o'n? Mae raid bod nhw'n ama bo fi wedi bachu'r car 'na ar bwrpas er mwyn copio'r cash. Toes neb yn gwbod yn iawn pa gar sy'n mynd i fod yn cario'r pres, ti'n gweld. Dyna ydi'u hinsiwrans nhw – 'cofn i un o'r dreifars neud rynar. A mae'n rhaid eu bod nhw'n meddwl bo fi wedi gweithio allan na 'nghar i oedd yr un poeth llawn pres. Dyna pam eu bod nhw'n chwilio amdana i, mae'n siŵr. Fedra i'm meddwl am ddim byd arall. Sori, Mici, ond dwi'n deud y gwir wrtha chdi, ar fy llw.'

Yn ffodus iddo fo roedd Mic yn ei goelio, oherwydd cryndod ei lais yn fwy na dim. Triodd Carbo achub 'chydig ar y sefyllfa.

'Os ydi'r copar yna'n *bent* beth bynnag mi gaeith i geg, yn gneith?'

Edrychodd Mic ar Carbo.

'Mae'i ferch yn mynd ar ei *honeymoon* hefo'i charafan i'r *Isle of Man* ben bora fory.'

'So?'

'Yn y car presant priodas Carbo! Ac os digwydd iddyn nhw ga'l pyncjar a gorod newid olwyn, y peth nesa y gwela nhw ydi papura punnoedd yn fflio lawr lôn. Mi fydd P.C. Plod siŵr Dduw o fod isio gwybod pob dim wedyn, bydd? Blydi hel, y fi werthodd o iddyn nhw ynde? Mae'r peth bownd o ddod 'nôl ata i, yn tydi? Ffac mi am lanast!'

Eisteddodd Mic ar erchwyn y gwely a rhwbio'i wyneb blinedig.

'A ti'n gwbod sut un ydi bos yr Anhysbys, dwyt? Chawn ni byth lonydd gin hwnnw. Dim motsh gynno fo am neb na dim. Hwn ydi'r dyn oedd yn darllan papur newydd yn y capal yn ystod cnebrwng ei fam ei hun ac yn gneud y *crossword* yn y crematoriym wedyn!'

'Ydyn nhw'n dal i chwipio pobol yn fanno?'

'Be?'

'Wel yn yr Eil of Man de, oddan nhw'n arfar chwipio pobol yn fanno am ddwyn fala 'stalwm, doddan?'

'Blydi hel, Carbo. Fyswn i'n gallu gneud heb y shait yma ar ben bob dim arall sydd yn mynd mlaen.'

◆ ◆ ◆

Erbyn hyn roedd Polish wedi landio ger llyn y Rhath yn nhŷ Mici a'i wraig. Cerddodd rownd pob stafall yn y tŷ er mwyn gwneud yn siŵr fod pob drws a ffenast wedi eu cloi, tra bod Julia'n syllu arno'n gegagored. Mi wyddai ei fod yn gradur bach od ar y naw, ond toedd hi ddim yn coelio iddo fynd rownd y tŷ i gyd i fusnesu. Dechreuodd gnocio wya at ei gilydd gan siarad fflat owt â fo'i hun yn y gegin. Roedd y dyn yn sgut am ei omlets. Polish oedd y dyn a fyddai'n sbreio'r ceir wedi iddyn nhw ga'l eu hadnewyddu yn y garij ac yn eu gorffen nes eu bod yn sgleinio cyn eu dychwelyd i'r cwsmeriaid. Mi oedd wedi bod yn gweithio i Mici ers y dechra un ac yn ffyddlon iawn i'r teulu, felly roedd Julia'n ei nabod o a'i chwincia yn eitha da. Oherwydd ei Anhwylder Gorfodaeth Obsesiynol, neu O.C.D. roedd hi'n fodlon iddo gario mlaen i 'neud ei betha. Gwyddai y bysa'n llnau'r lle'n lân ar ei ôl. Mi fyddai'r cradur yn llnau a rhwbio pob dim am oria nes bydda pob dim yn sgleinio fath â sofran sipsiwn.

Tra gorweddai yn ei gwely edrychodd Julia ar ei ffôn rhag ofn bod ei gŵr wedi trio cysylltu unwaith eto. Ond toedd dim galwada newydd wedi bod. Dechreuodd hel meddylia. Pam bod Mici wedi gofyn i Polish fynd â'i char hi am serfis i'r garij ben bora fory? Roedd hi bron iawn yn siŵr na newydd ga'l un llawn oedd o 'chydig fisoedd 'nôl. Rhyfadd, meddyliodd. Ond gwyddai Julia yn nyfnder ei chalon bod 'na reswm elwach tu ôl i benderfyniada ei gŵr. A phan fo'r lloer tu ôl i'r cymyla ac yn gwrthod datgelu ei lewyrch, mae angan tanio cannwyll i oleuo'r cysgodion tywyll a chuddio'r ofna.

◆ ◆ ◆

Bu cyfarfod brys ym Mwlch y Gloch i drafod beth i'w wneud nesa a gwnaed y penderfyniad y bydda'n rhaid iddyn nhw fynd lawr i Gaerdydd er mwyn dwyn yr olwyn sbâr o'r Awdi A7 gan obeithio i'r nefoedd na cash ac nid gwynt oedd ynddi. Mi fydda'n rhaid iddyn nhw fynd am y Sowth y noson honno a dychwelyd 'nôl i'r North gynted â phosib. Dyna'r unig ffordd y câi Mici dawelwch meddwl ac y câi Carbo aros ar dir y byw. Cynigodd Toni fynd hefo nhw a theimlai Carbo ryw bluan fach o obaith yn cosi tu mewn i'w galon ond cytunwyd nad oedd diben i neb arall fynd, er mawr siom i'r hogyn.

Mi roedd Carbo yn ddreifar cyflym ac mae pob dreifar gwerth ei halan yn gwybod mai bwydo'r eda drwy lygaid nodwydd pob congl sydd angan gwneud. Chwifiai'r canghenna fel bysidd gwrachod uwch ei ben a'i dywys ymlaen drwy dwneli tywyll o ddeiliach. Roedd gola cefn y Range Rover du yn un stribedyn hir coch wrth wibio drwy Llanfrothen. Teithiodd lawr am y canolbarth fel seren wib a chyrraedd Llanidloes mewn dim. Yn ffodus, roedd y lôn yn glir a dim ond amball fajar gwaedlyd a chath fflat a welsai o ers gadael yr hen ffermdy. Cysgu'n drwm a'i sêt reit 'nôl roedd Mici. Roedd hi'n bryd ei ddeffro er mwyn i Carbo ga'l awran ne ddwy i gau llygaid. Ond penderfynodd adael iddo fod am 'chydig hirach. Beth oedd diben ei ddeffro rŵan beth bynnag? Wedi'r cwbwl, cafodd o'i drin yn deg iawn ganddo hyd yn hyn.

Pan gyrhaeddon nhw gyrion y ddinas, ysgydwodd ben-glin Mici i'w ddeffro. Craffodd hwnnw dan ola oren Manor Way. Toedd o ddim yn coelio eu bod wedi cyrradd Caerdydd yn barod. Cymrodd swig o botal ddŵr a phenderfynwyd mynd yn syth am y tŷ lle y bydda'r car presant priodas wedi ei barcio.

Pan arafodd y Range Rover y tu allan i dŷ yn Everswell Road

yn y Tyllgoed, gwelodd Carbo y broblam yn syth – nid oedd yr olwyn sbâr o dan y car fel y disgwyliwyd. Mi roedd rhywun wedi gosod bwlyn towio carafán ar gefn y modur felly rhaid bod yr olwyn yn y trwmbal.

Toedd 'na mond un peth amdani. Mi fyddai'n rhaid dwyn y car a mynd â fo'n syth lawr i garij Mici er mwyn cyrraedd at yr olwyn. Fedran nhw ddim stwna a gneud miri tu allan i'r tŷ yn oria mân y bora. Fysa rhywun bownd o'u clywad neu weld rwbath a ffonio'r moch yn syth.

Heb ddeud bw na be estynnodd Carbo am ei declynna agor cloua o'i fag, gwisgodd fenig lledar a tharodd *baseball cap* am ei ben.

'Wela i di… yn lle chdi.'

Gadawodd yn dawel a'i ben i lawr.

Pan gyrhaeddodd Mici'r garij i agor y drysa a rhoi'r goleuada mlaen, clywodd sŵn car yn agosáu. Roedd Carbo yno'n barod! Iesu, mae hwn yn sydyn, meddyliodd. A chyn i'r drws mawr glas agor i'r top dreifiodd Carbo yr Awdi i mewn oddi tano. O fewn chwinciad roedd y trwmbal yn agorad a'r carpad cefn wedi ei dynnu i ddatgelu'r olwyn. Tynnodd Mici hi allan a'i gosod ar y peiriant diosg teiars. Trodd yr olwyn yn ara deg a rhyddhawyd hynny o aer oedd ynddi. Trodd y ddau i edrych ar ei gilydd a chroeswyd pob bys a blewyn. Codwyd yr olwyn o'r peiriant a thynnwyd y teiar oddi arni ac wedi ei lapio mewn plastig yn dynn am ganol yr olwyn roedd trwch tair modfedd o rwbath.

'Bingo!' meddai Carbo.

Estynnodd Mici *stanley knife* o'r cwpwr twls a thorrodd sleisan fechan drwy'r plastig yn ofalus. Roedda nhw'n gweld yn glir fod wejan go lew o *euros* wedi eu lapio'n dwt am yr echal. Gwenodd y ddau a gneud ryw jig fechan o amgylch ei gilydd. Ond toedd 'na ddim amsar i laesu dwylo. Roedd rhaid dychwelyd y car presant priodas cyn gynted â phosib. Neidiodd Carbo i mewn i'r car ac mi ddilynodd Mici yn ei gar ynta. Gwnaethpwyd yr holl joban mewn llai na hannar awr. Erbyn cyrradd nôl i'r garij roeddan nhw mewn pêr lesmair. Clinciodd y ddau eu cwpana o goffi a hwnnw cyn gryfad â gwaed arth.

♦ ♦ ♦

Troi a throsi oedd Toni. Toedd o fawr o help ei bod hi'n gorfod gwrando ar ei brawd a'i thad yn chwyrnu fel dau dractor *in stereo* bob ochor i'w stafall fel tasan nhw'n ca'l sgwrs yn eu cwsg â'i gilydd. Chwyrlïodd cwestiyna dirifedi drwy ei phen a drysa cwsg yn gwrthod yn glir â chloi i ddiffodd y goleuni llachar oedd yn creu cysgodion hirion yn ei meddwl. Tynnodd y glustog i'w mynwes a gwenodd wrth feddwl am Carbo.

♦ ♦ ♦

Roedd gola'r *strip lighting* yn pylu'n felyn wrth i oleuni glas y bora bach dywallt drwy faria ffenestri swyddfa'r garej. Teimlai pen Carbo fel pum pwys o blwm ar ei ysgwydda erbyn hyn. Dechreuodd bendwmpian fel tae 'i ben ar sbring. Chwara teg, doedd o ddim 'di cysgu ers echnos.

'Cym napan Carbo ac mi a'i i offlôdio'r olwyn 'na.'

Gorweddodd ar y soffa a chau ei lygaid. Syrthiodd yn ara deg braf oddi ar glogwyn uchal drwy driog cynnas i waelodion trwmgwsg.

♦ ♦ ♦

Roedd gwaith i'w wneud cyn dychwelyd nôl am goflaid y mynyddoedd a gwaith Mici oedd mynd â'r olwyn sbâr draw i iard sgrap Mr Ferry a'i gadal hi fanno yn ddienw er mwyn i'r Anhysbys ei chael. Cysidrodd wedyn fynd adra am 'chydig. Bydda'n gyfla da iddo weld ei wraig a'i blant am awran neu ddwy. Ond, er ei fod dafliad carrag o'i gartref, ni chymerodd y troad fydda'n arwain at gofleidia a chariad. Fydda hynny mond yn gneud hi'n llawer anoddach ffarwelio â nhw wedyn. Parciodd ei gerbyd y tu allan i dŷ mam wen Les. Gwyddai ei bod ar ei thraed. Roedd hi'n codi tua hannar awr 'di pump bob bora er mwyn ca'l ffagan a phanad a dechra gwatsiad y *Shopping Channels*.

Sbiodd hitha drwy dwll llygad sbecian yn y drws pan glywodd gloch y drws yn chwara Vivaldi. Mi gafodd o groeso a hannar ganddi a hitha isio gwybod pob dim y munud hynny wrth gwrs, tra bod Shandi a Bentli, y pŵdls, yn iap iapian rownd ei ffera fo.

'Lle mae o ta? 'Yn biwtiffwl boi i? Gobeithio fod o'n iawn neu mi dorra i dy fôls di ffwr hefo siswrn rhydlyd, Michael Finnley!'

Mi dawelodd ei meddwl hi drwy ddeud wrthi fod Les yn *champion* a mond galw yno ar ei ran o ydoedd i ga'l gweld a oedd hi a'r cŵn bach yn well. Sbiodd Meri Jên arno'n ddryslyd am 'chydig. Toedd hi ddim yn cofio dim am y peth oherwydd mai lwmp o gelwydd tin noeth oedd stori'r salwch er mwyn trio ca'l ei mab nôl adra dan ei hadain. Ond fel pen chwip yn clecian mi gofiodd mwya sydyn.

'Wwww, ia 'fyd, 'da ni lot gwell, thenciw am ofyn Michael. Gesh i dablets sbeshal gin doctor, i mi a'r cŵn bach 'ma, usynt ut.'

Edrychodd ynta lawr ar y cŵn rhech. Gwyrodd hitha lawr i'w mwytho.

"Da ni reit as rên bora 'ma, yn tydan ni lêdis?'

Gwenodd ynta'n annwyl arni. Roedd o'n nabod yr hen wreigan hoffus yma'n reit dda erbyn hyn. Unig oedd Meri Jên yn y bôn a Leswold oedd canolbwynt ei bywyd. Roedd hi'n dal i weu sgarffia iddo 'cofn iddo ga'l annwyd a fynta yn ei bedwar dega. Mi oedd Les wedi gorfod stwffio dwsina o'r petha hir lliwgar tu ôl i'w wardrob. Mi fydda hi hefyd yn gofalu gosod potal ddŵr poeth yn ei wely yn ddi-ffael bob nos, rhag ofn iddo ddigwydd dod adra yn yr oria mân.

Mi ddwedodd Mici wrthi y bydda'i ei mab nôl mewn 'chydig ddyddia, ac mi daniodd ei llygaid mwyar duon fel dwy fatsian.

'Mi 'na'i banad bach i ni, Michael, a phlatiad o fusgets. Gennan ni lot i drafod, yn does!'

'Sgen i'm amsar am banad na jinjyr nyt bora 'ma, Miss Moore. Ond diolch yn fawr i chi 'run fath.'

Tynnodd wadan o denars allan – rhai roedd o wedi ca'l gan Les i'w rhoid iddi tan y dôi o'n ôl adra. Gobeithiai y bysa hyn yn ei phlesio a rhoi taw ar ei holi di-baid oherwydd gwyddai fod Meri Jên yn gwirioni ar chwara bingo. Fel arfar mi fyddai hi wedi rhoi'r arian sychion yn syth ym mhocad ei ffedog a miglo'i fyny grisia i newid i un o'i ffrogia gora a tharo'r sgarff lwcus ymlaen, yr un felyn sidan a gafodd gan ei mab ar ei phen-blwydd dwytha yn saith deg. Yna, mi fysai yn bwydo'r cŵn bach, cyn cerddad yn fân ac yn fuan am yr *Eyes Down Lucky Bingo Hall*. Smocio dwy neu dair ffag yn fanno a gadael hoel ei minlliw pinc o amgylch pob un corcyn o'i *Embassy Filters* wrth ddisgwyl i'r drysa agor, gan ddychmygu iddi hi ei hun ei bod yn mynd ar ddêt, fel y gwnâi yn yr hen ddyddia.

Ond mi gafodd Mici ei siomi. Toedd y wreigan ddim am gymeryd ei arian. Gwell o lawar fysa ganddi hi fynd hefo fo i ble bynnag roedd o'n mynd ac ella y gallai hi ei helpu rwsut. Wedi'r cwbwl, roedd hi wedi bod yn ddigon da i wneud amball joban iddyn nhw yn y gorffennol, yn doedd? Ond doedd ganddo ynta ddim yr amser na'r amynedd i fynd i drafodaeth hefo Meri Jên heddiw. A thra oedd hitha'n dal i barablu fel melin bupur rhoddodd yr arian yn ei llaw fach a tharodd gusan ar ei boch meddal cyn troi ar ei sowdl a'i gadael.

◆ ◆ ◆

Agorodd Gronw gyrtans ei stafall wely dywyll i ga'l gweld be oedd gan y dydd i'w gynnig. Bora digon llwydaidd oedd hi a'r awyr fel mwg tân wedi ei fygu, a oedd yn gweddu i'w hwylia. Crwydrodd gwrid y wawr tros grib Mynydd Llyffant a fedrai'r dyn mond gobeithio am ddiwrnod gwell na'r un a gawsai y diwrnod blaenorol. Mi aeth i fedyddio'i wyneb, ca'l shiefan a chachiad reit swmpus.

Wrth dywallt panad iddo'i hun o'r tebot clywodd sŵn fan Gwilym Posman yn dynesu. Roedd wedi anghofio am y cradur busneslyd hwnnw yn gyfan gwbwl yng nghanol ei holl ofidia. Rhaid iddo feddwl am glwydda clyfar a hynny'n reit handi. Damia, jyst be oedd o isio. Gweld hwn y peth cynta bora 'ma!

Cyn iddo ga'l cyfla i wnïo stori fysa'n dal dŵr, clywodd y gnoc a cherddodd Gwilym Shyrloc i mewn.

'Bora da! Mond dau lythyr sgenna i i chdi heddiw Gron, a bil ydi un ohonyn nhw. Saff i ti.'

Sylwodd fod ganddo fandej mawr gwyn ar ei fys bawd a theimlai'n uffernol dros ei gyfaill am fod top ei fawd yn slwtsh. Ond cyn iddo ga'l dechra ymddiheuro am ei roid yn y fath sefyllfa, meddai Gwilym,

'Mae'n iawn, Gron. Sdim angan i ti esbonio dim i mi. Dwi

ddim isio gwbod mwy. Mae pob dim yn iawn hefo fi.' Daeth golwg ofnus iawn i'w wyneb. 'Cyn bellad na wela i byth mo'r mwncwns uffarn 'na byth eto!'

Toedd Gron ddim yn coelio'i glustia. Hwn o bawb, y cradur mwya busneslyd a grëwyd dan haul a lloer ddim am dyllu'n ddyfnach i waelod stori ei anffawd bawdol! Rhyfadd ar y naw.

Ond beryg bod ganddo gywilydd mawr am iddo ga'l ei ddal gan y Gorila yn riportio o giwbicl toilet yn y lle cynta ac iddo ga'l cymaint o fraw. Felly doedd o ddim isio cyfadda bod y ffasiwn beth wedi digwydd iddo. Daliodd ei fawd i fyny wrth ddeud,

'Yli Gron, os digwydd i bobol holi, a maen nhw bownd Dduw o wneud, rhoi clec i dop 'y modyn hefo mwrthwl lwmp 'nes i am fod y stwffwl wedi gneud sgwarnog ohona i. Dewadd, tydi pobol mor fusneslyd tydyn? Ac isio gwybod pob dim rownd y ril.'

Mi dagodd Gronw lond cegiad o'i de dros y bwrdd.

◆ ◆ ◆

Moduro 'nôl am y gogledd oedd lladron yr olwyn. Toedd Carbo ddim wedi stopio siarad ers gadael Caerdydd ac wedi holi Mici'n dwll. A gwaeth na hynny roedd o'n newid tonfedd y radio bob gafal a'r gyrrwr isio llonydd i wrando ar *Waltz* rhif dau gan Shoshtakovich ar Classic FM.

'Rybish ydi hwn, siŵr iawn. 'Tha rwbath sa chdi'n clwad mewn cnebrwn rywun ti ddim yn lecio.'

Newidiodd donfeddi'r radio unwaith yn rhagor.

'Gad o, Carbo!'

Ond wrandawodd o ddim. Ffendiodd gân gachu rwtsh a dechra chwara'r dryms ar ei benglinia a chanu ar dop ei lais.

'Stop reit ddêr, thanciw feri mytsh. Ai *need a bit more of that...*
human touch... www... www.'

Roedd y prentis a roddwyd iddo yn dechra mynd ar ei wic.
Mi ddiffoddodd Mic y radio.

'Oi! Be ti neud?'

Agorodd y gyrrwr y ffenast i drio ca'l 'chydig o dawelwch
ac awyr iach. Ond roedd sŵn y gwynt wrth fynd heibio pyst y
ffensys yn ei atgoffa o fwledi'n mynd heibio'i glustia. Pwysodd
y botwm i gau y ffenast yn reit sydyn a chyn medru deud A470
dechreuodd Carbo ar ei holi eto.

'Ysti, sdim rhaid i chdi neud hyn i gyd, nag oes?'

'Gneud be rŵan eto?'

'Wel y joban yma de? 'Di o ddim fel sa ti angan y pres, nac
'di?'

'A be wyddost di?'

'O, cym on! Gin ti fusnas da, tŷ mawr crand, a theulu a pob
dim, does?'

'A sut wt ti yn gwybod hyn i gyd? E?'

'Les oedd yn deud.'

'O, wela i. A be arall oedd gan yr oricyl ei hun 'i ddeud gan
bo chi gymint o fêts, mwya sydyn?'

'Dim. Dim byd. Iesu, ti ymbach yn tytshi bora 'ma, dwyt?'

'Arglwydd, bydd dawal am funud, nei di?'

Bu tawelwch am ennyd, ond mond am 'chydig eiliada.

'Dio 'm yn licio fi, eniwe, nac 'di?'

'Pwy rŵan 'to?'

'Wel Leswold, de.'

'Nac 'di.'

Gobeithiai Mici fod hynny'n mynd i gau i hen geg o, ond...

'Pam wt ti neud o ta? Wn i, helpu nhw allan wt ti, ia? Am
bo chi'n hen ffrindia mae'n siŵr de? Fuast di'n chwara zipydi-

dŵ-da hefo balog yr Antonia 'na stalwm 'fyd, mae'n siŵr, do? Ew, wela i'm bai arna chdi os nest di chwaith, cofia, cos mae hi yn slasian, dydi?'

Syllodd Mic ar y lôn o'i flaen gan frathu ei foch. Doedd gan Carbo ddim syniad am ei broblema o a toedd o ddim yn atebol i'r cyw bach yma.

'Wn i, mae'n rhaid bo chdi'n sgint felly? Cash fflow problems. Ia? Dwi'n iawn, dydw?'

Mi chwythodd Mici ffiwsan.

'Yli, 'ogyn! 'Nes i gytuno bod yn rhan o'r operesiyn 'ma sawl blwyddyn 'nôl. Ac os dwi'n rhoi 'y ngair dwi'n tueddu ei gadw fo. Ŵan dyro'r gora iddi wir Dduw!'

'Ocê, ocê! Cŵl hed! Iesu, mond trio cynnal sgwrs o'n i.'

'Ia wel, dyro Fars Bar yn dy geg ne rwbath ta, i mi ga'l llonydd. Ti'n mynd ar 'yn nyrfs i. Ti'n waeth na mam Les am holi.'

Bu tawelwch trwy bentra bychan Llanbrynmair.

'Yr hen ddynas 'na hefo pŵdls 'di honno, de?'

'Iesu gwyn ar gefn beic! Ia, Carbo. Cau dy dwll am funud, 'nei di?'

'Iawn. Acinél, *sorry I spoke*! O'n i 'di gobeithio bysa ni'n ca'l siarad am y byd a'i betha. Ond 'na fo, ti 'di llyncu buwch neu rwbath.'

Roedd nodwydd tanc petrol amynedd Mici ar y coch ond roedd yn rhaid iddo ei gywiro.

'Mul'

'Be?'

'Llyncu mul 'di o.'

'O ia... ac un o'r rheini 'fyd.'

Bu tawelwch am ysbaid.

'Dwi jyst â byrstio isio piso. Mae 'na byb fyny lôn 'ma, gawn ni beint yr un a paciad o sgampi ffreis ia? Fyddi di 'm 'run dyn wedyn sdi, Mici bigog. Ddreifia i o fanno, i ni ga'l cyrradd cyn fory, ia?'

Roedd yr hogyn hwn yn amhosib. Mi ganodd ffôn Mici. Cidw y Ci Du oedd yn galw. Atebodd ar yr *hands free*.

'Iawn, Cidw? Bora da gyfaill.'

'*Good morning, gentlemen*. Ni'n dod mlân ddiwrnod.'

'Be?'

Edrychodd y ddau drafaeliwr ar ei gilydd.

'Ni'n hwylio dydd Sul. Wi wedi esbonio wrth Dafydd Aldo. Chi wedi sorto'ch *mess* mas yn Gaerdydd?'

'Do. 'Da ni *en route* 'nôl i H.Q.'

'Gwd *thing*. Adawa i chi wbod y manylion. Siapwch hi. Ofyr *and out*.'

'Tipical,' meddai Carbo. A chodi ei law ar y pyb wrth basio.

◆ ◆ ◆

Cicio'r giât yn fwya digywilydd tu allan i iard sgrap Mr Ferry roedd Pen Sliwan a'r Gorila yn ista yn y Porsh ffôr bei ffôr a'r injan yn rhedag. Bu bron iddyn nhw ga'l hartan pan ruthrodd Zorro y blaidd o gi a chodi ei ddwy bawen anhygoel i fyny yn erbyn y giât.

◆ ◆ ◆

Noson ddi-gwsg gafodd Toni a rŵan mi oedd 'na weiddi mawr i'w glywad yn dod o lawr grisia. Toedd 'na ddim llonydd i'w ga'l. Cadw allan o ffrae'r tad a'r mab fydda'r peth calla iddi wneud. Wnaeth Ffred y ci ddim hyd yn oed mentro i mewn i'r tŷ – 'mond eistedd tu allan i'w gartra hannar casgan a'i ddwy glust lawr a'i gynffon melin wynt wedi sodro oddi tano.

Ar ôl gaeafa maith o wyntoedd geirwon, plygwyd amynedd onnen fynydd Dafydd Aldo i'r eithaf cyn hollti ar ei hyd a sigo i'r gweryd, yn llawn dail o ddial.

'Na! Ffwcio chi, Dad! A gwrandwch chi arna i am unwaith. Mae 'na saith ohonan ni ar y job 'ma, yn does? Ond 'da chi o hyd yn ffendio bai arna i am bob dim. 'Snelo be ddigwyddodd neithiwr ddim byd â fi. Blerwch nhw 'u hunin ydi hynny, siŵr Dduw!'

'Poeni dwi, de Aldo.'

'Ffycin *tell me about it*, Dad. Fedrai 'run ohonan ni fod wedi rhagweld be oedd yn mynd i ddigwydd na bod y joban 'ma'n mynd i ddod ymlaen ddiwrnod. Y chi ofynnodd i mi ddod 'nôl i'r gorlan i'ch helpu chi, ynde? Cofiwch chi hynny! *Jesus!* Dwi 'di bod yn hwylio 'nôl a mlaen ar y bwcad rhwd 'na am fisoedd yn trio cal petha i asio. Dwi 'di gneud 'y ngora i chi erioed. Ond na, mae 'na o hyd rwbath arall, does?'

'Fel be felly?'

Anadlodd Aldo i mewn yn ddofn ac yna anadlodd allan ei wirionedd.

'Do'n i byth yn ddigon da i chi, nag o'n?'

Chwipsan front ydi genwair y gwir ac roedd hon yn chwip annisgwyl i Gronw. Cododd ar ei draed mewn tymer, a disgynnodd ei gadair am yn nôl yn un glec ar y crawia.

Heriodd ynta ei dad wrth godi ar ei draed i'w wynebu. Roedd hi'n *stand off* llwyr.

'Paid ti â meiddio siarad hefo fi fel'na! Ti'm yn gwybod 'i hannar hi.'

Chwerthodd ei fab wrth ista. 'O, dyma ni, *poor old me* eto. Dad, mŵf on, ia? Mae'n hen bryd i chi ga'l clywad y gwir.'

'O? A be ydi hwnnw felly? Wel tyd fachgian, deud y gwirionedda mawr sgen ti wrth dy dad.'

''Da chi dal yn chwerw tu mewn, dydach? Am fod Mam wedi marw mor ifanc. A 'da chi fel sa chi'n dal yn chwilio am rywun i'w feio o hyd.'

'Gwylia di dy dafod mileinig 'y machgian i!'

'Pam? Be wnewch chi? E? Dwi mond yn deud be ddyliwn i fod wedi ei ddeud wrtha chi flynyddoedd 'nôl. Fuoch chi rioed yn hapus drosta i na rhoi sêl ych bendith ar 'y mherthynas i a Jiffy.'

Mi oedd Gronw wedi teimlo i'r byw. Mae'r gwir o hyd yn lladd. Ond cyn i betha droi'n flerach byth daeth Toni i mewn i achub y sefyllfa.

'Gadewch hi yn fanna. A steddwch, Dad, wir Dduw. Mae pwysa'r job yn deud arna ni i gyd, yn tydi? Ylwch, fydd yr hogia 'nôl yma toc. Ac mae gynnon ni waith i'w wneud, yn does? Mae'n hen bryd i chi'ch dau gladdu'r asgwrn blin 'na sydd rhyngddach chi. 'Di o'n helpu dim ar ein sefyllfa ni, nac 'di? Wel?'

Sbiodd y ddau arni, fel dau hogyn drwg wedi eu dal â'u bysidd yn y pot mêl. Ond ddudodd 'run o'r ddau air yn ôl wrthi.

'Ylwch, y peth ola dwi isio ydi gorfod gwrando arna chi'ch dau yng ngyddfa ych gilydd bob munud. Os dangoswch chi'ch ffaeledda drwy bicran a ffraeo fel dwy hen iâr rownd y ril, wel, mi gollan nhwytha eu ffydd ynddon ni a'r holl gynllun.'

◆ ◆ ◆

Deffrodd Leswold gyda thafod wadin, lwmp o fin dŵr a phen fel engan gof ar ddiwrnod pedoli. Roedd stafall 215 y Royal yn edrach fel sa 'na gorwynt 'di bod trwyddi. Clywodd Johnny Cash yn canu *'Ring of Fire'* yn rhwla, ond welai o uffar o ddim heb ei sbectol.

Wrth ymbalfalu am ei ffôn disgynnodd yn un swp allan o'r gwely. Roedd sychad y fall arno, fel sa rhywun 'di bod yn tywallt tywod lawr ei gorn cwac tra bu o'n cysgu. Mi aeth ar ei bedwar ar hyd y llawr i deimlo am ei sbectol.

'Cym owt, cym owt, wer efar iw ar!' A thrwy lwc mi ffendiodd nhw wrth ddrws y toilet. Cododd ei hun at y sinc a rhoi ei geg dan y tap. Gylpiodd y dŵr fel *hippopotamus* a tharo rhech swnllyd wrth dorri ei sychad.

'Ffycin hel! Dwi not wel at ôl.' Mwythodd ei dalcian am ei fod yn clecian. Gwelodd betha bach coch a melyn rhwng ei fysidd. 'Be ffwc 'di rhein?'

Cododd ei hun at y drych. Roedd llinynna o gaws yn hongian o'i wallt – y gwallt fydda fo'n ei liwio'n ddu bob 'thefnos hefo *Just for Men*. Roedd tameidia o domato, nionod, myshrwms a dwy *anchovy* wedi sychu'n grimp ar ochor ei wynab. Triodd gofio be oedd wedi digwydd, ond niwlog iawn oedd ei gof am y noson. 'Blydi hel am olwg!'

Daeth cnoc ar ddrws ei stafall. Rhewodd yn ei unfan. Pwy uffar oedd yno? A faint ddiawl o'r gloch oedd hi ar ddwrnod fel hyn, beth bynnag? Penderfynodd beidio'i atab a mynd 'nôl yn dawal at wely Tracey Emin. Ffendiodd ei ffôn. *Shit a brick*, llwyth o *missed calls* – pedwar gan ei fam a thri gan Mici. Roedd hi'n ugian munud wedi un ar ddeg y bora! Daeth cnoc ar y drws unwaith eto. Clywodd lais cyfarwydd Carbo.

'Les, wt ti 'na?'

Agorodd iddo. Chwerthodd Carbo ar yr olygfa o'i flaen.

'Acin hel, Les! Gest di hwyl yma neithiwr, mae'n rhaid.'

Pan welodd ochor gwynab Les mi aeth yn ei ddybla i chwerthin.

'Be 'nest di, y clown? Defnyddio *pizza* fel clustog, ia?'

'Taw nei di. Mae 'mhen i'n bowndian.' Aeth 'nôl at y sinc i lyncu tabledi i leddfu sŵn y *bongos* a oedd yn clecian yn ei ben. 'Ydi'r job wedi 'i neud ta?'

'Yndi, pob dim yn cŵl. Wt ti'n iawn, wt?'

'Ai am not feri gwd at ôl.'

'Wel dos am *shower*, wir Dduw a helia dy betha. 'Da ni'n goro mynd!'

Agorodd Carbo'r cyrtans a'r ffenast er mwyn ca'l 'chydig o awyr iach oherwydd fod y stafall yn hogleuo fel cesail camal. Rowliodd un fach dew iddo'i hun gan nad oedd Mici yn gadal iddo smocio yn ei gar. Cymrodd ddrag reit ddofn. Clywodd lais yn dod o rwla.

'Jithyth creithd!'

Ac o dan dwmpath o gwilt ymddangosodd perchennog y llais fel rwbath newydd ddeor o wy deinasor. Rhoddodd hi ei dannadd gosod yn i cheg a chodi o'r gwely mewn *baby doll* owtffit a'r rhan fwya o'r defnydd yn sownd rhwng rhych ei thin esgyrnog. Tagodd Carbo ar y mwg wrth anadlu allan.

A hefo llais fel tasai hi'n garglo hefo hoelion rhydlyd mi ddudodd hi wrtho. 'Iawn, cont? Ti ddim 'di talu eto. Ond mae rhaid i mi ddeud, ia, ti'n edrach lot gwell bora 'ma. Iesu gwyn dros bont 'rabar, ti 'di mynd i'r hannar, dros nos!'

Roedd Carbo'n methu coelio be oedd o'n 'i weld.

'Na, na, 'da chi wedi cam-ddallt. Mae Les, y boi fuoch chi hefo neithiwr, yn y *shower.*'

'Gwranda di arna i y bitsh bach powld, dwi 'm yn cofio chdi de ond os fuast ti yn 'y nhun syrop i ac yn Islwyn Ffowcio fi neithiwr, *pay up*, dol! Mae'n *double the money* am ddau ffor hyn.

Fiffti am y lwmp yna, ia, a thyrti i chdi,' pinsiodd ei foch, 'am bo chdi'n beth bach del, ia.'

Toedd Carbo ddim yn gwbod lle i sbio wrth iddi blygu drosodd i hel ei phetha, ac yn swigio gwaddod y cania a'r poteli tra oedd hi wrthi. Ar ôl stwffio ei phetha i'w bag a thaflu ei chôt amdani dros ei *baby doll* owtffit mi droiodd ato a deud,

'Reit, dwi off. *So pay up,* dol.' Daliodd ei llaw allan. Cyfrodd gan punt o'i blaen ac agor y drws iddi. Rhoddodd hitha gardyn yn ei law a llyfodd tu mewn i dwll ei glust wrth ddeud,

'Ffonia fi enitéim, dol. 'Na i sbeshal *rate* i chdi yli, hansym.'

Mi gafodd ynta gyfog gwag wrth ddeud, 'Cymwch ofal. Wela i chi.'

Daeth Les o'r gawod a thywal am ei ganol. Toedd corff hwnnw ddim y peth delia i sbio arno chwaith.

'Ew, dwi'n teimlo lot gwell ŵan. Hefo pwy odda chdi'n siarad ŵan, Carbo?'

Toedd ganddo mo'r galon i ddeud y gwir wrtho.

'Un o'r clinars oedd yn deud bod golwg y diawl 'ma, a bod hi'n amsar i ni adal. Tyd, wir Dduw!'

◆ ◆ ◆

Ista yn y Range Rover y tu allan i'r Royal yn ca'l sgwrs ffôn hefo'i wraig roedd Mici. Mi oedd hi ar ganol deud bod Polish wedi gwagio'r tunia bwyd, pob llestr o gypyrdda y gegin a 'i fod o 'di bod yn sgwrio bob dim yn lân ers ben bora. Roedd o hefyd wedi gneud y smwddio i gyd cyn i bawb godi ac wedyn mi 'nath omlets i bawb i frecwast. Ac fel mae Mic yn gwybod yn iawn, dydi hi'm yn medru diodda omlets. Ar ôl iddo llnau pob peth ddwywaith neu dair, mi fynnodd wedyn mai fo fyddai'n mynd â'r plant i'r ysgol a mynd â hi i *Tesco* i neud y siopa wythnosol. Ag erbyn hyn, roedd o'n ei dilyn hi rownd y siop hefo'i droli ac yn ei llenwi hefo bocsys o wya.

'Be ddiawl sy'n mynd mlaen, Mici?'

Esboniodd Mic fod Polish 'mond yn trio bod yn gymwynasgar am ei fod o'n ca'l aros acw.

'Blydi hel, toes 'na ddim llonydd i'w ga'l ganddo. Mae o fatha cysgod! A 'di o'm 'di stopio blydi siarad. Os nad ydi o'n siarad hefo fi neu hefo'r plant, mae'n siarad hefo fo'i hun. Neu'n wislo. Mae o wedi manijo gneud 'y mhen i mewn yn barod!'

Fedrai ei gŵr ddim arbad ei hun rhag chwerthin.

'Wel isio chdi ddeud wrtho fo am gau ei geg sydd, ynde? Ond ar y llaw arall de, Jiw, dylia bo chdi'n ddiolchgar bod gen ti howscipar cystal.'

'Dydi hyn ddim yn ddoniol o gwbwl i chdi ga'l dallt, Meical. Aros i mi ga'l gafal arna chdi. Mi dwistia i dy sach gnau di nes byddi di'n gwichian!'

'Ew! Grêt, fedra i'm aros i ddod adra.'

Gwelodd Carbo a Les yn dod allan drwy ddrws y Royal.

'Yli Jiw, mae'n rhaid i mi fynd rŵan, iawn… ia, iawn… 'Na i, siŵr… Wn i … Caru chditha 'fyd, pish.'

O leia roedd yn gwybod bod ei wraig a'i blant mewn dwylo saff ac yn ddiogel, rhag ofn y bydda 'na unrhyw ripycyshons hefo'r Anhysbys. Erbyn hyn gobeithiai fod ei blania wedi gweithio ac y byddan nhw wedi derbyn yr olwyn werthfawr. Roedd Mr Ferry wedi deud na toedd ganddo fo ddim syniad o gwbwl pwy oedd wedi ei chludo hi yno, gan mai ei ferch naw oed oedd wedi derbyn yr olwyn gan ryw foi diarth hefo locsyn mawr a phen moel, a negas ganddo i ffonio'r rhif a roddwyd iddi.

Felly, gyda lwc, mi ga nhw lonydd rŵan i gario mlaen gyda'r gwaith ger bron.

◆ ◆ ◆

Seilant pictsiyrs oedd yr unig ffordd i ddisgrifio'r awyrgylch ym Mwlch y Gloch. Pawb yn brysur yn gneud rwbath, ond uffar o neb yn deud dim. Cyfarthodd Ffred y ci fel larwm rhybudd fod rhywun yn agor y giât, filltir i ffwrdd ym mhen y lôn. Teimlai Toni ryddhad enfawr yn toddi dros ei hysgwydda. Byddai'n braf ca'l cwmni'r hogia unwaith eto – i dorri ar y tensiwn yn un peth a chael rhoi'r gora i chwara *United Nations* rhwng ei thad a'i brawd. Sgipiodd yn ysgafn i fyny'r grisia er mwyn rhoi 'chydig o golur ar ei hwyneb gwelw. Brysiodd gyda'r brwsh *rouge* ar hyd ei gruddia a rhedag *eye liner* ddu fain o dan ei llygada glaswyrdd. Tynnodd grib drwy ei gwallt hir breinddu a'i glymu'n un mwdwl o gwlwm ar dop ei phen. Gwasgodd 'chydig o bersawr ar ei gaddyrna a thu ôl i'w chlustia a theimlodd gynnwrf bach mewnol. Roedd y boi oedd wedi bod yn curo'r tambarîn yn ysgafn yn ei mynwes ers dyddia ar fin dychwelyd.

Tynnodd y net cyrtan o'r neilltu. Gwelodd fod Chief y stalwyn yn sefyll yn stond yng nghae Bonclust. Ffliciodd clustia'r stalwyn yn ôl wrth glywad sŵn y car yn agosáu.

Daeth y modur du dros y bryncyn, ond dim ond dau ohonyn nhw a welai Toni ynddo. Mici yn dreifio a Les wrth ei ymyl. Lle ddiawl oedd Carbo ta? Roedd ynta fod i ddod yma hefyd! Mond gobeithio fod y bastyn bach wedi dod 'nôl o Gaerdydd, meddyliodd. Mi roedd o'n anganrheidiol i'r fentar. Lle uffar oedd o? Mae'n rhaid bod y diawl bach wedi gneud fflît eto a 'di'i gadal nhw yn y cachu go iawn tro 'ma.

Suddodd ei chalon, a theimlodd yn naïf a gwirion ar yr un pryd. Ond wrth iddyn nhw barcio ym mhen draw y buarth sylwodd ar rwbath yng nghefn y modur – dwy ben glin yn sticio fyny o'r sêt gefn a'r rheini fel dwy wên fach ddireidus drwy ddefnydd ei *jeans*.

Ar ôl eu croesawu tros y trothwy, cytunwyd y bysan nhw'n dechra ar yr ymarferion yn syth ar ôl cinio gan fod eu hamser yn brinnach rŵan nag roedd o cynt. Eisteddodd pawb o amgylch y bwrdd i ga'l hoe cyn dechra arni. Wedi'r cwbwl, roedd hi wedi bod yn uffar o noson i bawb a rŵan caen nhw i gyd gyfla i ddal i fyny. Roedd Carbo'n ca'l traffath tynnu ei lygid oddi ar Toni a hitha'n sbio i ffwr bob tro y dalia'r ddau sylw ei gilydd.

'Ti'n dawal iawn, Leswold,' meddai Gronw. 'Sut noson gest di, ta?'

'Wel ymm, y chi, feri cweiyt.'

'O? Be 'nest di felly, fachgian?'

Sbiodd Carbo arno'n slei dros dop ei gwpan wrth sipian ei banad ac aros yn eiddgar i ga'l clywad ei atab.

'Wel, ges i un neu ddau yn bar yn Royal, de...'

'O, mond un ne ddau, ia?' medda Carbo.

Toedd y diawl bach yn gwbod yn well.

'Est di ddim allan rownd y dre 'na o gwbwl ta a gŵyl fwyd ymlaen yno? O'n i wedi ama sa chdi wedi byta dy ffordd drwy bob sdondin yno 'chan,' ychwanegodd Gronw dan chwerthin.

'Naddo chi, ges i Benderyn bach o'r bar fel neitcap, ac mi es i bedi beis efo hwnnw a gwatsiad ryw ddociwmentari ar y teli.'

'O, diddorol!' ebychodd Carbo.

'Fydda i'm yn un sy'n gwylio ryw lawar ar y teledu, ond dwi

wth modd hefo dociwmentaris. Mae 'na rei da i ga'l arno fo weithia. Be oedd o felly, Les?' holodd Gron.

'Wel ymmm... wot wos ut, dwa? Rwbath am ymmm...'

Triodd feddwl am atab sydyn i gwestiwn Gron. Ond mi roddodd Carbo ei big i mewn.

'Rwbath am y proffesiwn hyna yn y byd ddudist di wrtha i oedd o gynna, 'de Leswold?'

'Be?' Edrychodd arno'n ddryslyd. 'Am be wt ti'n rwdlian, lad?'

'Wel, prostytiwshon de. Ti 'm yn cofio?'

Disgynnodd y geiniog ac mi ddaeth atgofion o'r holl noson i gyd yn un fflyd 'nôl i'w feddwl. Cochodd y cradur at ei glustia.

'O ia, 'fyd!'

''Na chdi, ti'n cofio rŵan, dwyt mêt?' ychwanegodd Carbo.

'Arglwydd mawr! Rhaglan am buteindra oedd hi, ia? Tydyn nhw 'di mynd i ddangos pob dim ar y teli bocs y dyddia 'ma, tydyn? Secs, secs, secs! Dyna'r oll sydd arno fo wedi mynd. Fysa fo ddim yn ddigon iddyn nhw ddangos y ddau yn ca'l panad yn y bora, dudwch? Dwi'n siŵr medra ni i gyd lenwi'r giaps. Nefi wen. Ddim 'mod i'n gradur cul 'y meddwl na dim, o nac dw, ddim o bell ffordd chwaith ond fyswn i byth yn talu amdano fo, mae hynny'n saff i chi.'

Roedd Carbo wrth ei fodd. Cydiodd yn ei lwy bren fawr unwaith yn rhagor.

'Wt ti erioed wedi talu am ddynas ta, Les?'

'O, be haru chdi? Paid â gofyn cwestiyna mor bersonol i rywun, hogyn. Swn i'n gallu gofyn 'run peth i chdi, fachgian. Ond fyswn i byth yn gneud, wel'di.'

'Dwi rioed wedi gorfod gwneud ylwch, Gron,' meddai

Carbo. Gwenodd yn siriol ar Antonia. 'Dwi wedi bod yn lwcus iawn hefo merchaid erioed.'

Chwerthodd Mici. 'O, gwrandwch ar y *Gigolo* ei hun.'

'Ia, stalwyn y sir, myn brain i,' ategodd Gronw.

'Blydi hel, am sgwrs. Sgiwswch fi,' meddai Antonia a chododd o'r bwrdd. Sibrydodd Gron, fel 'tai'n deud uffar o gyfrinach fawr.

'Mi nath Ifor Tŵ Pê a Gwynfor Dau Grys dalu am un ddynas yr un i chi. Pan oddan nhw ffwr dros môr hefo'r armi, stalwm stabal ynde. A 'chydig wedyn, mi gafodd Ifor Tŵ Pê *brothel* sprowts ar 'i blaen hi. A mi fuo Gwynfor Dau Grys yn piso drwy bump twll am rai wythnosa, fel tasa fo'n dyfrio bloda. Chwerthodd y tri dros y tŷ.

'O, peidiwch â chwerthin, y ffernols! Mae'n efengyl i chi ga'l dallt.'

Gwaeddodd Toni o'r gegin fach; 'Iesgob mawr, Dad. Dorwch y gora iddi, wir Dduw!'

Toedd Dafydd Aldo ddim wedi ymuno yn y sgwrs gan nad oedd llawar o Gymraeg wedi bod rhyngddo fo a'i dad ers ben bora. Cododd a thorri ar eu miri. Dywedodd ei bod hi'n hen bryd iddyn nhw fynd i'r sied ar y llong sialc er mwyn ailgydio yn yr ymarferion, gan ei fod o'n gorfod gadael nos fory i ymuno â'r llong go iawn. A phrin tridia oedd ganddyn nhw tan y diwrnod mawr.

'Felly dowch, ôl hands on dec ydi hi!'

◆ ◆ ◆

Mi oedd Cidw yn neidio o un tacsi i'r llall wrth drio dod o hyd i Jiffy ac roedd wedi gadal niferoedd o negaseuon iddo a'r un ddiwetha oedd, *'Where the flying fuck are you, Jiffy?'*

Toedd o ddim wedi bod yn atab ei ffôn ers pnawn ddoe ac ofnai Cidw efallai ei fod wedi cachu allan o'r fargen. Galwodd heibio'r fflat a rannai gyda Dafydd Aldo, pan fyddai hwnnw adra, a waldio'r drws nes bod y lle'n crynu. Ond doedd 'na ddim sôn amdano yn fanno. Cerddodd ar hyd y strydoedd cyfagos i ga'l gweld a oedd o yn ei iwshiwal *haunts*, ond doedd neb wedi ei weld o yn 'run o'r rheini chwaith. Daliodd dacsi arall i Soho. Ellai mai 'di ca'l noson fawr gyda rhywun oedd Jiffy, meddyliodd, a bydda fo bownd o gysylltu toc.

Archebodd ddybl brandi a pheint o Ginis yn y Golden Lion. Gwên ddigon diserch gafodd gan Barbara y landledi. Am nad oedd wedi bod yn sbydu ei bres i'w choffra ers rhai dyddia, mae'n siŵr.

Roedd hi'n dyngedfennol ei fod e'n ca'l gafael ar Jiffy heddiw er mwyn ca'l gwybod symudiada y cludwyr cerrig. Roedd y cloc yn tician arnyn nhw oll a theimlai'r pryder yn codi wrth i'r amser agosáu. Os na chlywai o fewn yr awran neu ddwy nesa mi fyddai'n rhaid galw'r holl opyresion *off*.

◆ ◆ ◆

Chwipiodd pawb trwy'r ymarferion gydol y prynhawn. Fu dim o'r cecru na'r mân ffraeo arferol. Chwibanodd Mici a chymerodd pawb eu safleoedd unwaith eto.

Disgwyliodd y criw i Dafydd Aldo roi'r arwydd o'r tu ôl i'r bar i ddeud fod y sioe ar gychwyn. Cychwynnodd Mici y stopwatsh. Gadawodd Les y lori stalwyn a dechra cyfri ei gama tuag at eu gwobr. Yna symudodd Mici Ffinn a Toni at y bwrdd gamblo, lle roedd un o'r cludwyr yn mynd i fod, a rhaid oedd iddynt ei gadw'n brysur am chwartar awr o leia. Gronw oedd yn ca'l chwara rhan hwnnw ac roedd yn

cymeryd ei ran o ddifri ac yn sugno'n galad ar ei getyn wrth
chwara ei gardia.

◆ ◆ ◆

Edrychodd Cidw ar ei ffôn, ac yna ar ei Rolecs am yr ugeinfed
tro. Dal dim gair gan Jiffy.

Llyncodd Cidw y Ci Du weddill ei Ginis mewn un dracht
a meddyliodd am yr oblygiada. Be ddiawl fedrai fod wedi
digwydd i Jiffy? Roedd yn ddibynnol fel trosol fel arfer. Doedd
petha ddim yn argoeli'n dda iawn i'r fficsar heddiw.

◆ ◆ ◆

Roedd y criw yn gneud amsar da – 'chydig o dan naw munud
a hannar. Y bwriad oedd gadael deuddeg munud i wneud yr
orchwyl gyfan er mwyn rhoi 'chydig o le iddyn nhw ga'l eu
gwynt atynt. Ond gwell fyth fydda gallu ei wneud o dan naw
munud. Mi oedd darna'r jigsô yn dechra syrthio i'w llefydd a
phawb yn cyd-dynnu'n reit daclus.

'Reit, gawn ni frêc wan. Mae'n amsar panad beth bynnag,'
meddai Mici. Mi oedd ei ysgwydda'n dechra gwegian
oherwydd yr holl densiwn a deimlai. Disgynnodd ei freichia'n
llipa ar ei benglinia wrth iddo eistedd.

Daeth dwy *jet* yn ddychrynllyd o isal drwy'r cwm tawel.
Rhwygwyd y ffurfafen gan eu tarana enbyd ac oherwydd
gwagle enfawr y sied fe helaethwyd sŵn eu corwynt cras hyd
yn oed yn fwy byddarol nag arfar.

Dechreuodd Mici grynu wrth dywallt llefrith i'r paneidia
ac aeth y rhan fwya o gynnwys y botal dros y bwrdd.
Toedd o ddim wedi disgwyl clywed sŵn awyrenna rhyfal

mor ddirybudd. Dechreuodd ddatgymalu wrth i'r atgofion ddychwelyd yn fyw o flaen ei lygaid. Sylwodd neb arall fod dim o'i le arno wrth iddo drio sychu llanast y llefrith. Rhedai chwys oer i lawr ei asgwrn cefn ac esgusododd ei hun drwy ddeud ei fod angan pishad. Teimlai ei fod yn mygu ac aeth ei geg yn sych grimp oherwydd bod yr adrenalin yn chwyrlïo'n boeth drwy ei wythienna. Aroglodd ryfel yn ei ffroena unwaith yn rhagor. Cwffiodd am ei anadl wrth agor un o'r drysa mawr ac fe'i dallwyd gan ola dydd. Dechreuodd ei benglinia grynu. Gorweddodd ar wastad ei gefn ar leithder oer y gwair. Llyncodd yr awyr iach a thriodd reoli ei galon a oedd fel petai'n trio dianc drwy ddyrnu ei hun allan drwy esgyrn ei asenna.

''Da ni wedi gneud yn reit dda, pnawn 'ma,' meddai Dafydd Aldo. 'Am ein bod ni i gyd yn cydweithio ac yn dibynnu ar ein gilydd. Ond mae'n rhaid i ni gyflymu, trŵps, achub yr hannar eiliada 'na. Unwaith mae Les a Carbo i mewn 'da ni *on*. Mae'n rhaid i ni roid *fine tune* ar amball i beth achos fydd na ddim ail gyfla pan fyddwn ni'n hwylio drosodd am Werddon. Mae'r amseru'n *vital* er mwyn gneud yn siŵr fod Les a Carbo'n ca'l amsar i wneud eu gwaith unwaith maen nhw yn eu safleoedd. Sydyn a slic, heb adal ein hoel. Dyna be 'da ni angan.'

Agorodd Mic ei lygaid. Roedd pob dim wedi dechra tawelu. Canolbwyntiodd ar y ddwy stribed wen uwch ei ben yn ymdoddi gyda'i ofna i'r ffurfafen fawr las. Yna'n ara deg mi lwyddodd i dawelu ei feddwl a'i anadlu. Dim ond goriad bychan oedd ei angan i agor y glicied fawr a rhyddhau'r hunllefa mewnol a ddeuai i'w boenydio. Ond byrhau wnâi'r *flashbacks* bob tro y dychwelent. Mi fyddai ynta'n ymdopi'n well â nhw oherwydd bod treigliad amser yn falm i'w feddwl ac yn ei ymbellhau oddi wrth y sefyllfaoedd erchyll.

◆ ◆ ◆

Ar fin deialu rhif ffôn Bwlch y Gloch oedd Cidw i dorri'r newyddion drwg fod Jiffy wedi abandyn ship ac felly bod y plan wedi mynd â'i ben iddo, pan weiddodd Barbara arno i ddeud bod 'na alwad iddo ar ffôn y pyb.

'*It's for you, Treacle!*'

Cipiodd y ffôn o'i llaw. 'Chdi sy 'na, Jiffy?'

'Ia.'

'*Well thank Christ for that!* Lle yffach ti 'di bod? Odi popeth yn iawn?'

'Yndyn, dwi'n iawn. Ond ges i ddos go hectig o baranoia, sti a dwi'm 'di bod yn iwsio'n ffôn. Sori, o'n i'n meddwl bod un ohonyn nhw yn 'y nilyn i ar ôl y cyfarfod neithiwr.'

'Pwy?'

'Wel un o ffyrm *Hustons and Co,* ynde?'

'Cachu hwch! Beth ddigwyddodd?'

'Stori hir ond mi gadwish i yn glir o ganol y ddinas a cholli pwy bynnag o'n i'n meddwl oedd yn 'y nilyn i a rhoi 'mhen lawr am y noson.'

'Ond ma pob dim yn iawn, odyn nhw?'

'Ydyn, diolch byth. *False alarm* oedd o, mae'n rhaid.'

'Da iawn, Jiff! *Better safe than sorry* achan. Gwd man.'

'Eniwe, es i yno bora 'ma i ga'l gweld sut roedd y gwynt yn chwythu hefo nhw ac roedd pob dim yn ticyti bw. 'Y mhen i ydi o sti, poeni am bob dim dwi, de.'

'Ti'n moyn cwrdd te?'

'Ffaginel, nac dw. Rhag ofn... ti byth yn gwybod.'

Mi oedd cadw'n glir rhag pawb yn haws iddo o lawer beth bynnag.

'Beth sy'n digwydd? Ni'n dal mlân, odyn ni?'

'Yndan. Dwi 'di sgwennu'r amseroedd a'r manylion i gyd lawr i chdi. Wt ti isio i fi roid o mewn enfilop a'i anfon ata chdi hefo *courier*?'

'Ie! Top man, 'chan. Anfona fe ata i fan hyn.'

'Iawn. Fydd o hefo chdi mewn rhyw awran.'

'Diolch i ti, Jiffy. Ro'n i 'di dechre becso amdanot ti.'

Ond toedd o ddim, go iawn. Poeni am y joban oedd o.

'Wela i chi ar yr ochor arall ta, ia?'

'Wela i ti pan ddown ni'n ôl, Jiffy.'

'Ôl ddy best, de!'

'Ofyr and owt.'

Daeth ton o ryddhad drosto. Archebodd beint arall a chynnig un i'r landledi i weld a gâi wên ganddi hi'r tro hwn. Ac mi gafodd beint *on the house*. Roedd hi wedi ei golli mae'n rhaid!

♦ ♦ ♦

Daeth yr ymarferion i ben am y dydd ac mi holodd Carbo'n syth, 'So be 'da ni am neud heno 'ma ta?' Taflodd edrychiad slei i gyfeiriad Antonia a chilwenodd hitha'n ôl arno.

'Pawb i aros adra yn y tŷ, siŵr Dduw,' meddai Gron a oedd wedi sylwi ar yr edrychiada a fu rhwng y ddau gydol y pnawn.

'A gneud be yn union felly?' Chwerthodd yn goc i gyd. 'Darllan y Beibl, ia?'

'Sa'n rheitiach o lawar i chditha ddarllan 'chydig rhwng ei gloria fo, 'machgan i a dysgu adnod neu ddwy tra ti wrthi, yn lle rhedag tuag at y peth nesa weli di drwy'r amsar. Yma i weithio wt ti cofia, ddim i jolihoitio. Tyfa fyny, bendith Tad.' Cododd o'r bwrdd. 'Dowch, wir Dduw. Mae hi'n dechra oeri. Awn ni i'r tŷ at y tân.'

Cododd y gweddill a'i ddilyn dan bwffian chwerthin a gwneud i'r hogyn deimlo'n stiwpyd.

'Wela i chi wedyn, ta.'

Ond atebodd neb. Roedd yr egni a fu yn prysur ddiflannu a daeth unigrwydd fel cwrlid amdano wrth eu gwylio'n gadael. Dim ond y fo a'r dwmi dillad oedd ar ôl, yn ista'n fud, a'r ddau'n edrach ar ei gilydd. Teimlai ansicrwydd yn troelli gwaelod ei stumog oherwydd fod Gronw wedi ei ddilorni. Gwyddai fod hon yn joban enfawr iddo. Teimlai gynnwrf ac ofn yn cnewian yn ei fol ar yr un pryd fel dwy gath fach mewn sach. Bachgen croendena oedd o yn y bôn, yn waldio ei hun am neud coc oen o'i hun. Ond ar yr un pryd yn trio'i ora i ganolbwyntio ar yr hyn a oedd ganddo i'w wneud.

Edrychodd dros y plania a'r llunia unwaith yn rhagor. Yna caeodd ei lygaid a dechreuodd redag yr holl gynllun drwy'i feddwl. Gweithiodd y posibiliada – y *pros and cons*, yr ins a'r owts – a gobeithiai y bydda petha'n mynd ei ffordd o am unwaith.

Pan agorodd ei lygid gwelodd fod y dwmi dillad yn dal i syllu arno.

'Ag ar be ffwc wt ti'n sbio?'

Camodd Antonia o'r tu ôl iddo a rhoi ei dwylo tros ei lygid. 'Y chdi, Carbo!'

Neidiodd i fyny fel sbring a throelli i'w gwynebu.

'Blydi hel, fu bron i chdi roid hartan i mi.'

Fe ruodd hitha i chwerthin a datododd y cwlwm gwallt o dop ei phen a chwympodd yn rhaeadra du dros ei hysgwydda.

'O'n i 'm yn gwbod bo chdi'n hogyn bach nyrfys, Carbo!'

'Tydw i ddim. Wel, mond pan mae *Catwoman* yn sleifio i fyny tu ôl i mi.'

Cydiodd yn ei dwy law a'i thynnu hi i mewn ato.

'O'n i'n meddwl bo chdi wedi mynd 'nôl i'r tŷ beth bynnag.'

'Des i 'nôl yma do, i nôl y cwpana budron.'

'Medda chdi de.'

'Wel o'n i ddim isio tarfu arna chdi... a chditha ganol gweddïo, bechod.'

'To'n i ddim yn gweddïo, siŵr Dduw.'

'Wel, mi oedd dy lygid di wedi cau a dy ddwylo di hefo'i gilydd fel 'sa ti'n deud dy badar.'

'Meddwl o'n i de!'

'Www. Am be sgwn i? Gobeithio nath o ddim brifo gormod.'

'Iesu, mae gin ti *cheek*, does!'

'Medda chdi!'

Gwenodd y ddau a sbio'n ddyfn i lygada'i gilydd. Roeddan nhw'n gorfforol agos a thamborîns a chlycha'r galon yn clecian. Mi fedran nhw arogli ei gilydd – y hi o sebon gwallt bloda gwyllt y mynydd a fynta o olew, chwys a baco.

Rhoddodd sws ffeind ac ysgafn iddi, reit ar ei gwefusa a oedd yn blasu fel *Milky Bar* cynnas yn toddi. Gollyngodd fynd ar ei dwylo a gwenodd arni'n addfwyn, rhag ofn ei fod o wedi pwshio'i lwc. Estynnodd hitha am ei war a'i dynnu i mewn am gusan arall, a oedd hyd yn oed yn felysach. Cydiodd amdani yn dynn a'i hanwesu.

Ond mi drodd Antonia ei phen naill ochor.

'Be sy?'

'Dydi hyn ddim yn iawn sti. Sori, Carbo, fedran ni ddim.'

'Ond...'

'Na, 'di o'm yn deg ar y gweddill a 'di o'm yn broffesiynol iawn chwaith, nac 'di? Fel ddudodd yr hen ddyn, yma i weithio ydan ni ynde?'

Edrychodd arni fel hogyn bach ar goll yn llwyr.

'Ga i gyfarfod chdi ta, ar ôl inni ddarfod ar y job 'ma?'

'Duw a ŵyr. Dwi 'm yn gwbod lle bydda i erbyn hynny sti. Sori.'

Rhoddodd sws ar ei foch, cydio yn y cwpana budron a gadael mor dawal ag y cyrhaeddodd hi. O leia rŵan, roedd o'n gwybod ei bod hi'n teimlo rwbath bach amdano a bod 'na ryw lygedyn o obaith i aildanio'r ffwrnas o nwyd a deimlai o. Teimlodd fflach bach cynnas o hapusrwydd a chododd ei fawd ar y dwmi dillad.

Taniodd Gronw ddwy gatran o'r twelf bôr i ddynodi wrth bawb oedd ar wasgar eu bod i ddychwelyd i'r tŷ er mwyn iddyn nhw ga'l trafod y newyddion a gafodd Dafydd Aldo gan Cidw.

Tolltodd Dafydd wydriad o ddŵr rhew a lemons i bawb a'u hysbysu fod y plania yn symud rhag blaen. Mi fydda'r cludwyr cerrig yn gadal *Euston station* ar y dydd Sul yma ac yn cyrraedd Caergybi yn barod i hwylio am ugian munud wedi chwech. Newidiodd yr awyrgylch yn y stafall fach glyd wrth iddyn nhw i gyd sylweddoli fod y bwystfil, a fu'n cysgu yn nghefn eu meddylia, newydd ddeffro dan ruo.

Nôl y drefn arferol, bydda'r ddau sy'n cludo'r cerrig yn mynd â nhw lawr i *Waterford* yn yr Iwerddon er mwyn ca'l eu torri yn gerrig perffaith gan Wyddal o'r enw O'Malley. Iwerddon oedd y lle rhata i'w torri ac roedd hi'n haws eu hallforio i America o fanno i ddwylo cwsmeriaid oedd eisoes wedi talu blaendal enfawr amdanynt, ond heb ofyn cwestiyna, wrth gwrs. Y deimonds hyn ydi'r rhai gora posib, ond toedd eu hanes ddim mor hyfryd. Caethweision, mwy neu lai, oedd y trueiniaid fu'n cloddio amdanyn nhw, yn tyllu am y cerrig dryta dan wyneb y ddaear, gyda'r dwylo tlota yn y byd.

Gan fod pob dim yn mynd yn reit dda iddyn nhw erbyn hyn, cynigiodd Mici y dylian nhw i gyd ga'l hoe bach am heno a chychwyn arni bora fory. Mi ategodd Les y bysa'n syniad felly iddyn nhw i gyd ga'l mynd allan am beint bach, gêm o pŵl a tec awê cyn dod adra. Meddwl am ei fol roedd o fel arfar wrth gwrs!

Cododd Carbo ar ei draed a tharo'i jaced ledar dros ei sgwydda mewn un symudiad.

'Dyna'r peth gora dwi 'di glywad ers talwm iawn, Leswold. Da iawn chdi. Deg allan o ddeg, a seren aur ar dy dalcian.'

Cyn pen dim, roeddan nhw i gyd wedi peilio i mewn i'r fan wen a hwylia reit joli ar bawb. Dechreuodd Gronw ganu 'Fflat Huw Puw', ac fe ymunodd pawb i forio canu gydag o ar eu ffordd lawr i'r dafarn.

'Ga i'r rhein,' meddai Gronw ar ôl cyrradd y Goat. Mi sbiodd y brawd a'r chwaer ar ei gilydd mewn anghrediniaeth. Gronw yn cynnig talu!

'Dos di i ordro, Carbo. Be mae pawb isio?'

Mi oedd y pyb yn dawal a heblaw am y barmed a chath fawr gochlyd yn llyfu ei phawenna ar sil y ffenast, dim ond y nhw oedd yno. Mi aeth Mic a Les at y bwrdd pŵl a dechra sgwennu enwa pawb lawr ar y bwr sialc er mwyn ca'l gêm o *killer pool*.

Safodd Antonia yn ymyl Carbo wrth y bar. Teimlai'r ddau 'chydig bach yn chwithig a 'run ohonyn nhw'n siŵr iawn be i ddeud wrth ei gilydd.

'Ti'n iawn?' gofynnodd iddo.

'Yndw, wt ti?'

'Yndw.'

'Reit dda.'

A bu tawelwch annifyr wrth i'r diodydd ga'l eu tywallt.

'Gymra i bacad o sgampi ffreis 'fyd plîs,' medda fo wrth y barmed.

'Da ni'n ca'l *chinese* wedyn sti,' medda Toni yn trio cynnal sgwrs.

'Startar ydi hwn de,' ac ymunodd â'r hogia wrth y bwrdd pŵl a'i gadal hi yno i sefyll fel lembo.

'Mae'r ddau 'na'n closio gormod at ei gilydd, ffor mei leicing,' medda Gronw wrth ei fab.

Hynny oedd y geiria cynta iddo fo'u torri gyda fo'n uniongyrchol drwy'r dydd.

'Duw, Duw, gadwch iddyn nhw fod. Mond ryw hen hwyl diniwad ydi o, siŵr.'

'Ia wel, mewn sefyllfa fel hon, mi fedar hwyl diniwad droi yn draffath yn y diwedd.'

''Da chi'n gwbod be, Dad?'

'Be?'

''Da chi'n gallu bod yn hen uffar blin ac yn amhosib gneud hefo chi weithia.'

'Wn i.'

Cododd Dafydd Aldo ei wydyr.

'Iechyd da ta.'

'Iechyd da, Aldo bach.'

'Os mêts.'

'Wel mêts am byth ynde, washi.'

Erbyn hyn, dim ond Carbo a Toni oedd ar ôl yn chwara pŵl ac wrth i'r seidar a'r Ginis fynd lawr, fe doddwyd 'chydig ar y tensiwn chwithig oedd rhyngddyn nhw'n gynharach. Fedrai Carbo ddim tynnu ei lygaid oddi ar ei phen ôl hyfryd wrth iddi blygu drosodd i gymeryd ei siot, felly penderfynodd fynd i 'nôl paciad arall o sgampi ffreis a pheint bob un i dynnu ei feddwl oddi arni.

'Hoi, y fi sy nesa, y *dick head*. Wyt ti'n bleind wyt?' meddai llais drwodd o'r bar.

Ond anwybyddodd Carbo y llais a chario ymlaen fel 'tai o'n cyfri ei newid mân.

'Glywist ti, ta be? Ta wt ti'n *deaf* hefyd y *prick*?'

Mi oedd gweddill y criw wedi codi eu penna.

'Sori, be o' chdi'n ddeud mêt?'

'Mêt! Pwy ffwc wt ti'n alw'n mêt?'

Roedd hi'n eitha amlwg i bawb bod hwn a'i seid cic yn chwilio am drwbwl.

Ymddiheurodd Carbo iddo'n gwrtais a gofyn i'r barmed godi peint i'r cegog a'i bartnar. Nefyl Snêls a Scott Sneid oedd y ddau a gerddodd i mewn i'r dafarn, dau a rannai un brên sel rhyngddynt. Ac os oedd 'na firi hyd y lle, mi alla rhywun fetio'i socs na fydda rhein ddim ymhell ohono. Ond pan sylweddolodd y ddau fod Carbo wedi codi peint yr un iddyn nhw, newidiodd eu cân.

'*Awesome, nice one*,' medda Snêls. 'Doedd dim rhaid i chdi siŵr, tynnu arna chdi oddan ni, ynde Scotti?'

'Ia, tŵ reit,' medda hwnnw.

Cerddodd Carbo nôl at Antonia wrth y bwrdd pŵl.

'Da ŵan Carbo,' medda hitha wrth dderbyn ei pheint. 'Wt ti nabod nhw?'

'Nac dw, a dwi'm isio chwaith.'

Ond cyn iddo roid ei beint lawr ac agor ei ail baciad o sgampi ffreis, daeth y ddau labwst drwadd atynt a gosod eu pres lawr ar y bwrdd pŵl am y gêm nesa.

'*Winner stays on* ia?' medda Snêls.

'Mae'n iawn sti, 'da ni'n gadal ar ôl hon yli. Gewch chi gêm wedyn, ia?' atebodd Carbo.

'Bechod 'fyd, cos sw'n i ddim yn meindio plannu 'nghiw a dwy belan fyny dy fusus di!'

Fe waeddodd y barmed, 'Nefyl, bihafia, neu fyddi di allan ar dy ben. 'Da ni'm isio traffath yma eto heno, iawn!'

'Cau hi y slagsan, cyn mi gau hi i chdi.'

'*Final warning*, Snêls, dwi'n warnio chdi. Os gei di ban, fyddi di'n ffycd i fynd i mewn i'r un ffycin pyb yn y sir 'ma, ti'n ffocin dallt?'

Mi oedd Janice y barmed yn gellu rhegi gyda'r gora.

Clywodd y pedwar drwadd yn y bar bob dim. Cododd Les ar ei draed, ond mi dynnodd Mic o 'nôl lawr i eistedd.

A medda'r Snêls. 'Ymbach o bantyr ydi o siŵr, ynde Scotti?'

'Ia siŵr,' medda hwnnw, fatha llo cors yn dilyn tarw.

'A 'da chi'ch dau 'im yn meindio, nag dach?'

A chyn i Carbo ga'l cyfla i ymatab.

'Ti'n gweld,' meddai wrth Janice y barmed. '*No sweat, take a chill pill, babes!*'

Trodd ei sylw 'nôl at y ddau wrth y bwrdd pŵl.

''Da chi isio gêm o dybyls ta? Gei di chwara hefo fo yli, Scotti... *and I'll play with you... all fuckin night long, gorgeous.*' Rhoddodd ei fys canol yn ei geg a'i lyfu. 'Swn i wrth 'yn ffycin modd.'

A chyn i Carbo ga'l cyfla i gamu i mewn.

'Digon ŵan ia? Gewch chi ych gêm ar ôl i ni ddarfod, iawn?' meddai Toni yn amlwg yn dechra myllio.

'Ffaginel. Ti wedi dysgu hon i siarad 'fyd.'

'Cau hi,' medda Toni. 'Neu mi sticia i dy ben di fyny twll dy din di a dy rowlio di 'nôl lawr i'r twll 'na ddringist di allan ohono fo.'

Chwerthodd y ddau fwli yn gras er mwyn ei bychanu hynny y medrent.

Cerddodd Carbo atyn nhw ac er ei fod yn berwi tu mewn, mi ddwedodd wrthyn nhw'n ddigon cŵl.

'Ylwch, mond 'di dod yma am beint a gêm o pŵl ydan ni, iawn? Felly yfwch yn dawal, ne ffwciwch hi o'ma.'

'Ew glywast di hynna, Scotti... *fighting talk, music to my ears. Fuckin brave aren't you pal?*'

Cododd yr horwth oddi ar ei stôl ac mi roedd o'n dipyn mwy o foi nag roedd Carbo wedi feddwl. Plygodd ei ben mawr *neanderthalic* reit lawr ato, nes ei fod drwyn yn nhrwyn efo Carbo.

'Cym on ta mêêêt! Tria hi ac mi ffycin mala i chdi.'

Cododd y criw yn y bar a'u cega'n gorad fel parti cerdd dant ar fin canu. Ond roedd hi yn un ar un, felly fedran nhw wneud dim am rŵan er mwyn achub y sefyllfa. Ond os digwyddai'r llo cors ymuno, roedd hi'n bur debyg y bydda'r pyb yn rhacs jibadêrs mewn 'chydig eiliada.

Rhoddodd Snêls hergwd go hegar i Carbo am yn ôl.

'*Cym on then, hero. Let's see what you've got.*'

Tynnodd Carbo ei jaced ledar a'i thaflu ar y bwrdd pŵl.

Ond mi ddaeth Scotti Sneid rhyngddyn nhw a phwyntio at Carbo.

'Hei, dwi newydd gofio. Ti'n gwbod pwy ydi hwn, dwyt? Carwyn bach 'di o siŵr... o ysgol Port ers talwm. Oedd o yn 'rysgol fach hefo ni. Ti'n cofio?'

Ac fe wawriodd hen wên wirion dros wynab y Snêls.

'*Well look who it is*! Carwyn bach ydi o 'fyd!'

Ac fel sy'n medru digwydd gyda seicos, ar amrantiad newidiodd ei ymarweddiad yn gyfan gwbwl.

'Ti'n iawn mêt? Dwi heb weld chdi ers talwm. Esu sori am hynna, nesh i ddim nabod chdi.'

Ysgydwodd law Carbo fel tasa fo'n ffrindia penna hefo fo. 'Long time no see, ia?'

Gwenodd Carbo, yn falch o'r gydnabyddiaeth yn fwy na dim. Ond roedd o'n gwybod y bydda'n well iddyn nhw adael rŵan, tra oddan nhw ar delera da ac osgoi unrhyw draffath.

'Ia, neis wan. Reit ta hogia, sgiwsiwch ni. 'Da ni'n goro mynd 'lwch. Wela i chi eto, ia.'

Ac wrth fynd drwodd am y bar, fe waeddodd Snêls ar ei ôl.

'Be sy? 'Da ni'm digon da i chdi ŵan, nag'dan? Oddan ni'n ddigon da i chdi'n 'rysgol ers dalwm, doddan?'

'Fel dudis i hogia, 'da ni'n goro mynd.'

'Os dwi'n cofio yn iawn, hen fabi Mam oedda chdi yn rysgol 'fyd de? Yn crio o hyd, ac yn denig adra at Mami bob munud. Am fod Dadi ddim o gwmpas ddim mwy.'

Fedrai Carbo ddim cymeryd mwy.

'Paid cymyd sylw ohono fo,' medda Toni.

Ond trodd ar ei union a cherddodd 'nôl i'w wynebu.

'Be ddudist di'r twat hyll?'

'O cym on! Sdim isio bod fel 'na, nag oes? O'n i'n meddwl bod ni'n fêts? Be ddigwyddodd i Dadi 'fyd Carwyn? Wt ti'n cofio Scotti?'

Roedd hyn yn fêl ar fysidd budron Snêls a'r gwreiddyn hyll o fwli a fu'n tyfu ynddo erioed erbyn hyn yn gainc o gasineb pur.

Ddwedodd neb air, mi fasa hi'n bosib clywad cocrotshan yn taro rhech yn y lle.

'O ia fyd. Dwi'n cofio ŵan.' Chwerthodd yn filain.

'Hongian ei hun yn jêl nath o, ynde Carwyn bach.' Chwerthodd yn snichlyd. 'Couldn't handle it inside. What a fuckin wan...'

Ond cyn iddo ga'l cyfla i orffan y gair, mi gafodd glec ar gefn ei ben hefo ochor dew y ciw pŵl nes bod splintars yn tasgu dros y lle. Mi aeth i lawr ar ei benglinia yn un swp.

Rhoddodd Toni ei throed ar ei ysgwydd a'i wthio ar wastad ei gefn gan ddal gweddillion y ciw pŵl yn ei llaw chwith. Fflachiodd mellt a gwreichion drwy'i llygaid gwyrddlas.

'Mae'n hen bryd i chdi ddysgu cau dy geg.'

Fedrai o ddim ymateb oherwydd y boen ddirfawr. Pistylliai gwaed o gefn ei gorun. Fedrai o ddim hyd yn oed codi ar ei draed, mond griddfan a gwneud y syna rhyfedda, wrth iddo wylio'r sêr yn troelli yn ei benglog *neanderthal*.

'Blydi ffyc, be 'da chi wedi neud iddo fo?' gofynnodd ei was bach. 'Sa ti wedi gellu rhoid ffractshyd sgyl iddo fo ddynas. Ti'n iawn Nef?'

'Hen bryd i rywun gnocio 'chydig o sens i mewn i'w ben mwd o. Rŵan dos â fo o 'ma, cyn mi wthio hannar arall y ciw 'ma i fyny rwla.'

Pwysodd Carbo yn erbyn y bwrdd pŵl, ddim cweit yn gallu amgyffred be oedd wedi ca'l ei ddeud, na be oedd newydd ddigwydd.

Daeth Mic a Les draw i dywyllu gwagle'r drws a rhythu ar y ddau fwli.

'Gawn ni chi 'nôl am hyn... *mark my words! Pay back. big style!*' medda Sgotti Sneid.

Llusgodd ynta y Snêls i'w draed a gadael llwybr o smotia gwaed ar eu hola wrth adael y dafarn.

'Sgen ti gamras yn y lle 'ma?' gofynnodd Mic, mwya cŵl i Janice y barmêd.

'Oes, ond 'dyn nhw ddim yn gweithio. Wel ddim heno, eniwe. Ddilitia i nhw 'li.'

'Grêt, diolch i ti... a welist di ddim byd 'lly, naddo?' meddai Les.

'Wel naddo, siŵr. *About time* i rywun ddysgu gwers i'r sglyfath, beth bynnag. 'Da chi isio peint arall? *On the house* wrth gwrs.'

'Na, sa'n well i ni fynd, cyn i'r cafalri gyrradd' meddai Gronw.

'Pa gafalri? Sgynnyn nhw ddim ffrindia yn y lle 'ma, siŵr. Sneb yn y pentra 'ma'n gallu eu diodda nhw. *You've done us all a favour.* Duw, cymrwch beintyn bach. *Go on.*'

'Na, fedran ni ddim, ond diolch i chi 'run fath. Dowch yn ych blaena, mae'n *Chinese* ni bron yn barod', meddai'r hen ffarmwr a'u bugeilio tua drws ffrynt y tŷ potas.

Ella bod y barmêd yn deud y gwir, ond gwell o lawar fysa ei sgidadlan hi o'na. Y peth ola roeddan nhw eu hangan oedd mwy o draffath.

◆ ◆ ◆

Fu dim llawar o sôn am ddigwyddiada'r noson ym Mwlch y Gloch. Cyn bellad ag y gwyddai Mic a Les, malu cachu oedd y Snêls 'na beth bynnag, er mwyn trio ratlo Carbo, ond toedd hwnnw ddim wedi yngan gair wrth neb ers y digwyddiad, mond chwara hefo'i *Chicken Chow Mein a* throelli'r nwdls rownd ei blât hefo'i fforcan. Toedd dim archwaeth bwyd arno o gwbwl, ac oherwydd y ffordd wnaeth Antonia ymatab i be ddywedodd Nefyl Snêls, teimlai amheuon yn ei bigo fel draenan ddu yn gweithio'i hun yn ddyfnach i mewn i'w gnawd. Dyfarodd ei enaid na fysa' fo wedi rhoi clec iawn i'r bwli yn syth er mwyn ei dawelu, yn lle trio cadw'r ddesgil yn wastad.

Mi oedd pawb yn ymwybodol bod rwbath yn ei gnoi, felly mi gynigiodd Mic a Les iddo fo fynd hefo nhw i'r Royal i aros y noson honno. Ond gwrthod wnaeth o, er mawr syndod i bawb. Toddan nhw rioed wedi ei weld o mor dawedog. Cododd o'i gadar heb ddeud gair a mynd allan am awyr iach a smôc.

'Ydi o'n iawn, Dad?' holodd Toni.

'Y peth gora i'w wneud ydi 'i adael o i fod am heno 'ma. Mi ga' i air hefo fo yn y bora.'

♦ ♦ ♦

Ar ôl i'r gweddill noswylio, steddodd Carbo yn y tywyllwch yn gwylio fflama ola'r tân yn llyfu'r parddu.

Fedrai o ddim ca'l geiria ola y Snêls 'na allan o'i feddwl, y bastad hyll iddo fo 'fyd. Enaid bach rhadlon fuodd Carbo erioed, yn trio ei ora glas i dorri ei gŵys ei hun yn y byd, ond heno 'ma, teimlai'n wirioneddol fychan ac yn fwy unig nag y bu erioed.

Roedd amheuon am y gwirionedd fel chwyrligwgan yn ei ben. Efallai mai ei warchod rhag y gwirionedd am ei dad roedd pawb wedi bod yn ei wneud erioed.

Meddyliodd am ei fam ar yr adag honno pan gollodd o'i dad. Cronnodd pylla bychin yng nghorneli ei lygada a phowliodd dagra poeth i lawr ei ruddia. Dechreuodd igian crio a rhoddodd ei ddwy law dros ei wynab rhag ofn i rywun ei glywad. Cwffiodd am ei anadl wrth ddychmygu ei dad yn crogi o faria y gell, ei draed yn cicio'r brics oer... cyn llonyddu am byth a'i lygaid marw yn llydan agorad.

Clywodd draed rhywun yn dod i lawr y grisia. Sychodd ei drwyn a'i ddagra'n reit sydyn.

'Iawn boi? Be ti'n neud yn y twllwch yn fama ar ben dy hun bach?'

Atebodd Carbo ddim.

Rhoddodd Dafydd Aldo ola mlaen a gweld bod llygid Carbo fel dwy farblan fawr goch.

'Mae'n wir, dydi?' holodd Carbo'n dawel fach.

Toedd Dafydd ddim yn siŵr sut i'w ateb. Eisteddodd wrth ei ymyl a rhoi ei fraich am ei ysgwydd a'r weithred honno'n deud cyfrola.

'Plentyn oedda chdi, Carbo.'

Claddodd ei ben yn ei ddwylo.

'A toedd y penderfyniad i gadw'r gwir oddi wrtha chdi yn ddim i'w neud efo ni.'

Cododd ei ben a thaniwyd ei gynddaredd.

'Wel am ffwc o ffor i ffendio allan ar ôl yr holl flynyddoedd. Gin hwnna o bawb!'

'Oddan ni'n mynd i ddeud wrtha chdi, sti.'

'O ia? Oeddach siŵr! Hawdd deud hynna rŵan, dydi? Pryd yn union oeddach chi'n mynd i ddeud wrtha i, felly?'

'Y noson o'r blaen ond nath yr Anhysbys droi fyny, yn do? A chafon ni ddim cyfla wedyn.'

'Be ddigwyddodd iddo fo ta? A tyd â'r stori go iawn i mi tro 'ma.'

Anadlodd Dafydd i mewn yn ddwfn.

'Mi gafodd dy dad ddedfryd o dair blynadd am y ddamwain craen ar y seit pan laddwyd un o'i gyd-weithwyr ac mi wnaeth *Hustons and Co* addo ei warchod nes y deuai o allan. Hefyd, mi wnaethon nhw addo edrych ar ôl chdi a dy fam yn ariannol tra bydda fo yn y jêl.'

'Ond naethon nhw ddim.'

'Naddo siŵr. Mi ddiflannon nhw gynta medran nhw hefo

pres y ffyrm i gyd a gadael dy dad i bydru yn y jêl. *Fall guy* i'r cwmni oedd o, cymryd y bai i gyd er mwyn achub y busnas. Ac ar ôl sylweddoli eu bod nhw wedi'ch sgriwio chi i gyd, wel mae'n rhaid bod hynny wedi bod yn ormod i'r cradur, wedi ei bwshio fo dros y dibyn.'

Mi fferrodd Carbo yn ei gadair. Roedd y cadarnhad hwn fel gordd ar ei galon a gyda'i lais yn torri, mi ddwedodd, 'Blydi hel, Mam druan!'

'Dwi'n sori na fel hyn y ffendist di allan.'

Syllodd arno heb ddeud gair. Edrychai fel plentyn coll. Teimlai Dafydd Aldo ei wewyr a chydiodd amdano'n dynn. Ond wnaeth hynny ddim lleddfu dim ar yr ing a'r boen anferthol a deimlai.

''Da ni i gyd yma i chdi, mond i chdi ga'l dallt de. A mae Dad wedi bod yn dy warchod di o bell ers blynyddoedd 'sti. Dyna pam 'da ni'n gneud y joban yma ynde, oherwydd be naethon nhw i chi – dy dad, a brawd 'y nhad inna wedyn. 'Da ni i gyd yn gorfod dibynnu ar ein gilydd rŵan, tydan. Un tîm ydan ni, un tîm sydd yn mynd i dalu'r pwyth yn ôl, unwaith ac am byth.'

Fyny'r grisiau, prin y gallai Toni gysgu. Doedd hi ddim yn gallu stopio meddwl am Carbo ac am sut y bydda hyn yn effeithio ar ei ben o a'r holl fentar. Toedd ganddi ddim llawar o awydd codi o'i nyth gynnas y bora wedyn ond gwell fyddai iddi fynd i ga'l gweld sut oedd o erbyn hyn.

◆ ◆ ◆

Tarodd Gronw y baromedr, *'south east rain and storms likely...'*

'Blydi grêt,' meddai o dan ei wynt. Agorodd y drws i Ffred y ci ac eisteddodd i lawr hefo'i getyn a'i banad foreol. Diwrnod yn unig oedd ganddyn nhw cyn gadael am Iwerddon ac mi roedd cymaint yn y fantol. Teimlai fod yr anghenfil a oedd yn cynrychioli'r holl *operation* yn rhuo amheuon eto, wrth iddo danio ei faco cachu jiráff.

Daeth Toni i lawr grisia ar fyrder.

'Dio'm yma, Dad!'

'Pwy?'

'Carbo de. Ma' i wely o'n wag.'

'Ydi o yn y bathrwm?'

'Wel nac 'di siŵr, dwi 'di sbio'n fanno siŵr a mae o wedi mynd â'i fag hefo fo a pob dim.'

'Wyt ti wedi trio'i ffonio fo?'

'Do, siŵr Dduw. Ma'i ffôn o off a mae o 'di gadal y ffôn gafodd o gynnon ni wrth ochor ei wely.'

'Wel, ella i fod o wedi mynd am dro i ga'l awyr iach neu rwbath neu 'i fod o wedi newid 'i feddwl neithiwr ac wedi mynd draw at yr hogia i'r Royal.'

'Neu ei fod o wedi ca'l llond bol a gadal, de.'

'Pam fysa fo'n gneud hynny, 'mach i?'

'Mi ddoth Dafydd lawr grisia i nôl diod o ddŵr neithiwr ac mi roedd Carbo yn ista ar 'i ben 'i hun yn y twllwch. Wel, mi oedd o'n ypsét ofnadwy ac mi ofynnodd yn blwmp ac yn blaen be oedd y gwir am ei dad. Doedd gan Daf ddim llawar o ddewis nag oedd, mond deud wrtha fo yn union be ddigwyddodd.'

'O, nefi wen! Well i ti ffonio Mici felly a gobeithio i'r nefodd 'i fod o yn fanno hefo nhw.'

'Gobeithio de.'

Deialodd rif Mici a thrwy ryw wyrth mi atebodd hwnnw yn syth, gan ei fod o newydd fod ar y ffôn gyda'i wraig a oedd erbyn hyn yn dechra drysu hefo Polish wrth i hwnnw ei dilyn rownd y tŷ a rwdlian ei phen yn dragywydd.

Mi ddwedodd wrth Toni nad oedd o wedi gweld Carbo. Aeth hitha yn oer drwyddi wrth i'w hofna ddod yn fyw. Mi esboniodd iddo be oedd wedi digwydd.

Bu saib hir cyn iddo ddeud, 'Mae'r stori'n wir, felly. Bechod, wel o leia mae'n gwybod rŵan a siawns gen i neith o ddelio hefo'r peth.'

'Ond tydi o ddim wedi, nac 'di Mici... yn amlwg'. Cododd ei llais octif yn uwch gyda phob gair.

'Mae o wedi mynd o'ma a'n gadal ni. Be ddiawl ydan ni'n mynd i neud, Mic? 'Da ni fod i adal fory.'

'Reit, cŵl hed, Toni. Ddown ni i fyny acw rŵan. Fyddan ni ddim yn hir, ocê.'

Rhoddodd y ffôn i lawr yn galad yn ei grud a throdd at ei thad.

'Wel yn bai ni'n hunan ydi hyn i gyd, de. Wela i ddim bai arno fo am godi 'i bac a ffwcio hi o 'ma.'

'Iaith, Antonia.'

'O... *just*... ffyc off, ia Dad!'

Mi oedd petha yn dechra troi yn flêr yn y ffermdy wrth i Antonia ga'l ei rhwygo'n ddau. Toedd hi ddim isio meddwl am funud ei fod o wedi gadael am eu bod nhw ei angan o ar gyfar y lladrad ac yn ail, wel ei chalon hi oedd yn comandirio hynny.

'Pam na weli di fai arno fo, felly?'

'Wel,' mi sadiodd 'chydig. ''Da ni wedi ei fradychu o mewn ffor, yn do?'

'Sut felly?'

'Drwy beidio â deud y gwir wrtho fo am ei dad ar y dechra un.'

'Chafon ni mo'r cyfla, na'r amsar iawn i ddeud wrtha fo, naddo?'

'Wel, dyliach chi fod wedi deud wrtho fo ych hun, pan ddaeth o yma gynta!'

'O, wela i, 'y mai i ydi hyn i gyd mwya sydyn, ia?'

Daeth Dafydd Aldo lawr o'r llofft. 'Ydi o 'di mynd, yndi?'

'Yndi,' medda'r ddau ar yr un pryd.

'O, ffaginel! Ond cyn i ni gyd neidio i unrhyw conclwsyns 'de, sut aeth o o'ma 'lly? Mae'r fan yn dal tu allan.'

Cododd hyn galon a golygon Toni.

'Mae'n rhaid ei fod o wedi mynd ag un o'r moto beics,' meddai Gronw.

'Damia,' medda hitha a rhoi ei phen yn ei dwylo.

Dechreuodd Ffred y ci gyfarth a rhedodd at y drws ffrynt i synhwyro a chwyrnu oddi tano. Cododd y tri yn syth at y ffenast i ga'l gweld pwy oedd ar fin cyrraedd, gan obeithio i'r nefodd na Carbo oedd wedi dychwelyd. Ond Les a Mic oedd 'di landio.

'Mi wna i banad i ni i gyd,' medda Dafydd Aldo, fel tasa hynny yn mynd i ddatrys eu dilema.

Steddodd y pump ohonyn nhw o amgylch y bwrdd a neb yn deud affliw o ddim, mond sipian eu paneidia a sbio i rwla, rwla, heblaw ar ei gilydd.

Ar ôl ysbaid go lew. 'Sgynnoch chi fisgets yma, Gronw?' holodd Les.

Brathodd hwnnw. 'Jympin Jesus of Jeriwsalem! Fedri di ddim meddwl am ddim byd arall mond am dy fol dwad, hogyn?'

Amddiffynnodd Mici ei gyfaill yn syth.

'Sdim isio bod fel 'na chwaith, Gron. Dim 'i fai o ydi hyn.'

Roddan nhw yn stympd. Fedran nhw ddim gwneud y job

heb Carbo ac mewn ffordd ryfadd, roedd pawb yn gweld ei golli'n barod.

Ond roedd Dafydd yn corddi. Gwastraff llwyr fu'r misoedd dwytha iddo fo yn fwy na neb arall, a gwastraff llwyr oedd yr arian roeddan nhw wedi ei fuddsoddi yn y fentar hefyd. Mi fydda'n rhaid iddo roi galwad i Cidw a gadael iddo wybod be oedd wedi digwydd. Mi fedrai o ddychmygu be fydda ymateb hwnnw – mi fyddan nhw'n gallu gweld y ffrwydriada a'r ffeiarwyrcs yn tanio yn Llundan o fan hyn! Ag heb feddwl ei ddeud o'n uchal meddai, 'Blydi hel, am lanast!'

'Be ydan ni'n mynd i neud?' holodd ei chwaer.

Ysgydwodd ynta ei ben. 'Fydd yn rhaid i ni adael Cidw wybod cyn gyntad â phosib. Mae o'n cwrdd ag Ishmael yr Iddew heddiw er mwyn trafod trosglwyddo a gwerthu'r cerrig.'

'Gad o tan amsar cinio,' meddai Gronw yn dawal. 'Rhag ofn.'

'Rhag ofn be, Dad? Ydach chi wir yn meddwl y daw o'n ei ôl?' gofynnodd ei ferch.

'Dwn i'm. Fedran ni mond byw mewn gobaith. A' i lawr i'r sied fawr i ga'l golwg pa foto beic mae o wedi ei ddwyn.'

''Di o'm otsh am hynny, nac 'di? Mae hi tw lêt rŵan, eniwe. Mae o wedi hen fynd o'ma ers oria, siŵr!'

Heb ymatab iddi, cododd Gronw a'u gadael. Cerddodd Antonia yn anniddig yn ôl a blaen o'r gegin gefn, bron â thynnu gwallt ei phen mewn rhwystredigaeth.

'Stedda lawr, wir Dduw, sis, ti'n neud fi'n chwil. Be wt ti'n feddwl, Mic? Oes 'na ffor rownd hyn?'

Gobeithiai pawb y bydda gan y cyn-filwr ryw atab gwyrthiol. Ond ysgwyd ei ben wnaeth o, a deud, 'Fedran ni ddim gneud y job heb rywun sy'n gallu agor cloua a chawn ni nefar afal ar rywun arall i neud y joban erbyn fory.'

'Be am Polish? Mae hwnnw yn gallu, yn dydi?' meddai Leswold yn obeithiol.

'Yndi, ond 'di o 'm yn Carbo chwaith. Sa fo ddim yn gallu eu hagor nhw'n ddigon cyflym nafsa? Cloua drysa ceir 'di petha hwnnw. A beth bynnag, fyswn i ddim yn lecio mynd â fo ar joban fel hon, fysat ti?'

'Gwd point. Mae o braidd yn *loopy*, dydi.'

Wrth i Gronw agosáu at ddrysa'r sied fawr, taerai ei fod o'n clywad cerddoriaeth yn dod o'r tu mewn. Sleidiodd y drws yn gilagored. Doedd o ddim yn clywad petha, roedd 'na'n bendant gerddoriaeth yn chwara. Gwelodd fod rhywun yn eistedd yn y gongol bella a'i gefn ato, yn cydganu gyda Bob Marley. Trodd y canwr ei ben wrth glywad y drws yn agor.

'Bora da, giaffar!'

'Wel yn fan hyn rwyt ti'n cuddiad, fachgian.'

'Wel ia siŵr, lle o' chi'n meddwl o'n i?'

'Wel ym… ym, dwn i'm a deud y gwir 'tha chdi.'

'Ddes i yma ben bora i ymarfar agor yr *handcuffs* gwahanol 'ma roedd Toni wedi eu ca'l i mi, a dwi newydd sylwi fod un o'r pinna sydd gynna i yn rhy drwchus ar gyfar un o'r cloeon, felly dwi'n gorfod ffeilio un i lawr.'

Oherwydd y llawenydd anferthol a deimlai, doedd Gronw ddim yn siŵr iawn be i'w ddeud na gwneud. Gwelodd fod yr hogyn wedi hongian dau drôns, crys, dau bâr o sana, a dau di-shyrt ar damad o gortyn.

'Wyt ti wedi bod yn brysur bora 'ma, 'machgian i,' meddai gan gyfeirio at y lein ddillad hôm mêd.

'O, do. Haws sychu nhw mewn fan hyn dydi, gan ei bod hi'n piso bwrw tu allan. Olchish i nhw yn y sinc bora 'ma efo 'chydig o'ch powdwr golchi chi. Gobeithio bo chi ddim yn meindio.'

'Ddim o gwbwl, washi. Ddim o gwbwl chwaith.'

Cofiodd y dylai fynd 'nôl ar fyrder i ddeud wrth y gweddill am ei ddarganfyddiad hyfryd.

'Reit ta, a' i 'nôl am y tŷ 'na 'lly. Gymri di banad a bechdan becyn mae'n siŵr, gnei?'

'Ew ia. Lyfli, swn i wrth 'y modd. Diolch yn fawr, Gron.'

'Croeso washi, croeso siŵr.'

Toedd gan Carbo ddim syniad pa mor falch oedd Gronw o'i weld o.

Agorwyd drws ffrynt Bwlch y Gloch yn un glec yn erbyn y parad a daeth Gronw i mewn yn wên o glust i glust.

'Gesiwch pwy dwi newydd ffendio?'

'Be? Ydi o yno?' holodd Dafydd wrth godi ar ei draed.

'Yndi, neno'r tad, yn hogi ei binna agor cloeon ac yn sychu ei dronsha ar damad o linyn, myn uffar i. Chi o 'chydig ffydd!'

'Blydi grêt,' meddai Les a Mici hefo'i gilydd, a gadawodd Antonia cyn i neb sylwi.

Rhedodd yn droed noeth am y sied fawr gan drio ei gora i reoli ei hemosiyna wrth gyrraedd. Gwelodd ei amlinelliad wrth y bwrdd a'r llwch lliwgar yn dawnsio o'i gwmpas wrth i'r drysa mawr agor a'r aer yn eu hamsugno. Gwaeddodd arno wrth gerdded tuag ato.

'Pam ddiawl na fysat ti 'di deud bo chdi wedi dod i fan hyn. Dwi 'di poeni'n enaid drw'r bora.'

Edrychodd Carbo arni'n hurt.

'Oedd pawb yn cysgu, doedd?'

'Iesu gwyn. Mae isio mynadd hefo chdi, hogyn.'

'Pam? Be dwi 'di neud ŵan eto?'

Cerddodd ato gan ysgwyd ei phen.

'Ti'n gwbod be?'

'Be Carbo?'

'Mi wt ti dal yn ddel hyd yn oed pan wt ti 'di gwylltio.'

Fedra hi ddim madda iddi'i hun. Cydiodd yn dynn amdano cyn torri lawr i grio – o ryddhad yn fwy na dim arall.

'Hei, be sy? Paid â crio. Mae pob dim yn iawn, siŵr.'

Daliodd hi yn ei freichia.

'Y bastad! Dwi 'di poeni gymint 'de, sa ti ddim yn coelio.'

'Pam?'

'Wel... O'n i'n meddwl... bo chdi wedi mynd, do'n? Ar ôl be ddigwyddodd neithiwr.'

'Tynnodd ei grys o'r lein ddillad hôm mêd, a sychu ei dagra.'

'Fyswn i ddim yn ych gadal chi siŵr! Ddim ych bai chi oedd be ddigwyddodd, naci? Ddylia bo chi fod wedi deud 'tha i, ond 'na fo, naethoch chi ddim. Dwi'n gwbod y gwir rŵan, yn dydw, a dwi 'di bod yn meddwl am y peth drwy'r nos... Dwi'n mynd i gofio amdano fo fel bydda fo pan fydda fo'n hapus.' Pwyntiodd at ei galon. 'Yn fan hyn, yli.'

'O Carbo, ti'n lyfli,' gwenodd yn siriol.

'Ac mi dalwn ni 'nôl iddyn nhw, saff i ti, am be naethon nhw iddo fo ac i Mam a dy Yncl.'

Cododd ar flaena'i thraed i roi cusan iddo ar ei foch.

'Hei, sgen ti'm sgidia am dy draed, mei ledi. Tyd mi garia i chdi 'nôl i'r tŷ.'

Cododd hi fyny a'i swingio rownd ar ei gefn, cydiodd hitha am ei ysgwydda a lapio'i choesa'n dynn am ei ganol. Yn yr eiliad honno, roedd hi'n hapusach nag a fu hi ers hydoedd.

Cafodd Carbo lond pen go iawn gan Dafydd am ddiflannu o'r tŷ y bora hwnnw heb ddeud wrth neb ble oedd o'n mynd. Teimlai fel hogyn bach am ei fod yn ca'l cerydd o flaen pawb.

'Ffagin hel! Mond paratoi ar gyfar y trip 'ma o'n i, a chitha'n dal i chwyrnu yn ych gwlâu!'

'Mae hi'n dyngedfennol ein bod ni gyd yn cyfathrebu hefo'n gilydd, ti'n dallt? Doedd gynnon ni ddim syniad lle roeddat ti wedi mynd.'

Atebodd o ddim. Dylia Dafydd Aldo fod 'chydig yn fwy sensitif oherwydd amgylchiada Carbo, meddyliodd Mici Ffinn.

Ar ôl iddyn nhw ddarfod eu bechdana becyn a'u paneidia, mi aeth Dafydd i fwy o fanylion am y plania – pryd, sut a pam.

Mi fyddan nhw'n gadael pnawn fory am hannar awr wedi tri ar y dot. Mi fydd Les, Carbo a Toni yn mynd yn y wagan geffyl hefo Chief, y stalwyn, a Mici yn eu dilyn yn y fan.

'Fydda i ddim yn dod dros y môr hefo chi ar y trip, mae gin i ofn,' meddai Gronw. 'Mi fydd yn rhaid i mi aros adra yn cnoi 'y ngwinadd a phlygu amball i wrych, beryg.'

Roedd Carbo wedi gobeithio y byddai Gronw yn mynd hefo nhw. Heblaw am ei jaced ledar, y dyn hwn oedd yr unig gynhesrwydd a chysgod a deimlai ymhlith y dynion.

'Mi fysai'n blesar dod hefo chi, wrth gwrs, ond dim dyna ydi'r plania. Mi gadwa i'r tân ynghyn, wrth reswm, i chi ga'l gweld y mwg yn codi pan ddowch chi nôl adra i'r Bwlch 'ma. Ond cyn dim arall, gyfeillion annwyl, mi fydd yn rhaid i chi ymarfer eto y prynhawn 'ma, er mwyn i chi ga'l yr amseru'n berffaith. Achos erbyn hyn, rydach chi i gyd yn gwybod yn union beth sydd angan i chi neud yfory.'

'Reit, gawn ni ailafael yn y cynllunia?' meddai Dafydd yn ddiamynadd.

'Caria di mlaen, 'machgian i.'

'Ar y ffordd i'r harbwr, mi fydd Cidw yn ca'l ei bigo i fyny o stesion trêns ym Mangor gan Mici, a fydda i ar y llong yn barod yn disgwyl amdanoch chi. Unwaith y bydd pawb yn eu safleoedd ac y byddwn ni wedi gwahanu'r ddau gludwr, fydd dim arall yn digwydd nes y bydda i'n rhoi'r arwydd i Cidw y tu ôl i'r bar. Iawn? Pawb yn dallt?'

'Iawn,' meddai pawb.

'Wedyn, mi ddaw Cidw lawr i waelod y llong atoch chi i drosglwyddo'r cerrig ffug. A dyna pryd bydd fy chwaer annwyl yn dod i fyny at Mici a fi i'r bar, a wedyn mi fydd Les yn dechra ar ei siwrna ynta i fyny'r grisia am lolfa'r gweithiwrs. Dyna pryd bydd y cloc yn dechra tician. Fydd gin Les ddau funud a hannar, cyn y bydd Carbo yn gadael i'w ddilyn a dechra ar y gwaith.'

'Mae gen i gwestiwn,' meddai Carbo. 'Dwi'n cymyd na dim manecin fydd y boi 'ma byddan ni'n dwyn oddi wrtho fo, naci?'

'Wel naci, siŵr,' atebodd Dafydd Aldo heb edrych arno.

'Wel sut uffar dwi'n fod agor y cloeon, heb iddo fo sylwi ta?' holodd nôl yn flin.

'Fyddan ni wedi gofalu am hynny.'

'Sut?'

'Fydd o'n cysgu'n drwm, Carbo, yn drwm iawn gobeithio. Fydda i wedi gneud yn saff o hynny.'

'O wela i! A 'da ni fod *stay down* bilów hefo'r lori a'r ceffyl, tan cawn ni'r arwydd i ddechra arni, ia?'

'Ia, dwi wedi esbonio hynny o'r blaen i chdi, yn do? Cyn i ni ddechra ar y gwaith, mae'n rhaid i'r llong adal yr harbwr, yn does, a bod dair milltir allan ar y môr cyn ein bod ni yn *duty free zone* ac yn gallu agor y casino.'

'O, wela i,' meddai yn bwdlyd.

'Ista ac aros fyddan ni i gyd, ella, os na ddaw'r arwydd gan Dafydd Aldo,' ategodd Mici. 'Fydd neb i symud o'u llefydd tan y cawn ni yr *all clear*, ac os na fydd hynny yn digwydd... Wel fyddwn ni i gyd yn hwylio draw i Iwerddon yn union fel y trafodwyd a chario 'mlaen hefo plan B.'

Roedd Leswold yn ddiamynadd a'r dyhead ynddo i fwrw ati i wneud y job y munud hwnnw yn ca'l y gora arno. A fel sa rhywun newydd rhoid darn deg ceiniog yn dwll 'i din o, mi ddwedodd,

'Plan Bi *my arse*. Mae rhaid i ni neud o, siŵr. Plan A is ddy onli opshyn, neu 'da ni i gyd yn mynd i fod yn peni-les ar ôl yr holl draffath. Ffor ffyc mi Meri Adams, wi ar nirli ddêr! Licyl *things* sydd ar ôl i'w sortio allan.'

'Wn i hynny,' medda Toni, 'ond mae'r licyl *things* 'na yn *things* pwysig iawn. Mae'n rhaid i bawb a phob dim fod yn eu lle. Mae'n rhaid inni wahanu'r ddau sy'n cludo'r cerrig yn gynta a chadw un yn y bar a gadal i'r llall setlo yn lolfa'r gweithiwrs, wedyn Daf, a Daf yn unig sydd i benderfynu ydan ni'n ca'l y gola gwyrdd neu beidio. Fydd dim isio i chi'ch dau boeni am be sy'n digwydd i fyny grisia'r llong, mi nawn ni edrych ar ôl hynny. Canolbwyntiwch chi ar gyfnewid y cerrig a dim byd arall, iawn?'

Toedd Leswold rioed wedi bod yn rhan o ddim byd fel hyn o'r blaen, felly mi nodiodd ei gytundeb a chrafu ei glustia oherwydd ei nerfusrwydd.

Roedd eu paratoada wedi bod yn rhai trylwyr. Ac fel criw *semi* proffesiynol o ladron deimonds, mi aeth ymarferion ola y prynhawn hwnnw yn foddhaol ar y cyfan a'r ffenast o gyfle a oedd ganddynt i weithredu'r gorchwyl, sef o dan ddeuddeg munud, yn edrach yn hollol bosib. Toedd y siwrnai hon ddim wedi bod yr un hawsa i'r un ohonyn nhw, a phob un ohonynt wedi gorfod cludo sach o ofidia personol ar ei gefn. Ond ffawd gan amla sydd yn tynnu eneidia fel y rhain at ei gilydd a gyrru egni anweledig o gerrynt cynnas fel trydan drwyddynt.

◆ ◆ ◆

Pwysodd Cidw fotwm cloch *buzzer* drws ffrynt gweithdy Ishmael yr Iddew yn Soho. Edrychodd at y camera a oedd uwch ei ben a chodi ei fawd. Agorwyd y drws, aeth i mewn ac i lawr y grisia nes dod at ddrws o faria dur trwchus. Pwysodd gloch arall a gwenu ar y camera am yr eilwaith. Anadlodd i mewn yn ddofn a dal ei wynt gan fod ei holl obeithion ynta a'r criw yn dibynnu ar be oedd drwy'r drws o'i flaen; agorwyd y porth. Cafodd groeso twymgalon gan yr hen Iddew oherwydd bydda cledr ei law o hyd yn cosi'n reit arw wrth feddwl am arian sychion yn eu cyffwrdd. Esboniodd Cidw i'r gŵr eiddil, os âi popeth yn iawn, mi ddylia'r cerrig fod yn ei feddiant erbyn y bora Mawrth canlynol. Rhoddodd Cidw wadan o bres yn ei law am y gwaith a wnaethpwyd ganddo yn barod ac mi gafodd weld y cerrig ffug am y tro cynta. Roedden nhw'n anhygoel o debyg i'r rhai roeddent am eu dwyn, ond mai *Quartz* tryloyw oeddan nhw. Fedrai Cidw ddim deud y gwahaniaeth rhwng y rhain a'r rhai go iawn a dyna oedd yr her wrth gwrs. Roedd yr Iddew craff wedi gwneud campwaith ar y saith carreg yn ei ddwylo, fel brodyr a chwiorydd i'r rhai go iawn a oedd yn y llunia a gafodd gan Jiffy.

Er mwyn hwyluso a chyflymu'r broses o'u torri yn ddeimonds perffaith, byddai'r Iddew yn sicrhau gwasaneth ei fab i weithio'n gyfochrog ag o. Mi oedd ganddo gwsmeriaid yn aros yn eiddgar iawn yn barod i'w prynu meddai, ac os bydda'r cerrig cystal â'r garreg gynta a gafodd gan Cidw, addawodd yr Iddew iddo oddeutu chwe deg mil o bunnoedd am bob un. Newyddion da iawn i Cidw felly. Ar ôl iddo gyfrio y costa i gyd, mi roedd hi'n bosib i bawb o'r criw ga'l deugian mil o leia yn eu pocedi am eu gwaith a'u hamser.

◆ ◆ ◆

Rowliodd Gronw gasgan olew at ddrysa y sied fawr cyn iddyn nhw i gyd fynd ati i dynnu'r llunia a'r holl blania oddi ar y wal y tu mewn ac unrhyw beth arall a allai awgrymu fod 'na ddiawl o opyreshyn ar y gweill. Brwsiodd Carbo a Leswold y llawr concrid yn lân i ddileu'r patryma lliwgar o sialc a ddynodai lle y bu lloria'r llong lonydd. Taflwyd pob dim arall oedd wedi cyflawni ei bwrpas i mewn i'r gasgan.

Llnaodd Antonia gefn y wagan geffyla yn lân a chododd Mici dair belsan o wellt i'r cefn a chwalu llwch lli a rhisgl hyd waelod y trwmbal er mwyn i'r stalwyn ga'l siwrnai gyfforddus wrth hwylio dros y môr i Iwerddon ar ei bedair pedol.

◆ ◆ ◆

Ni ffarweliodd Dafydd â'r un ohonyn nhw. Gwyddai fod ei griw yn barod a'r misoedd a dreuliodd yn paratoi ar gyfer hyn wedi cyrraedd ei benllanw. Roedd popeth arall yn dibynnu ar eu dealltwriaeth dawel. Os bydda petha'n gweithio'n iawn iddynt, câi ynta lithro'n ôl i normalrwydd bywyd a cherddad law yn llaw gyda Jiffy heibio i Fryn y Briallu a chael ymgolli yn y ddinas fawr ddrwg unwaith eto, heb orfod plesio na rhedag i neb bellach. Gobeithiai'n dawel bach na fyddai'n rhaid iddo ddychwelyd i'w hen aelwyd eto am dipyn go lew. Hwn fyddai'r cyfla iddo dorri'n rhydd o gaethiwed y fargen a wnaeth gyda'i dad, a chael rhyddid i ddianc rhag y gadwyn deuluol.

◆ ◆ ◆

Taniodd Carbo glwt roedd o wedi ei socian mewn petrol a'i daflu i mewn i geg ddu y gasgen. Ar ôl eiliad neu ddwy, mi ffrwydrodd y cwbwl yn wenfflam. Wedi iddo ostegu, taniodd ei smocsan efo'r fflama. Cludwyd y dwmi dillad gan Gronw a'i daflyd draed gynta i mewn i'r gasgan nes fod y clycha a wnïwyd i'r defnydd yn tincial, ac o fewn dim roedd ei dei a'i siwt ar dân. Syllodd Carbo ar ei wyneb yn meddalu yn ara deg yn y gwres. Trodd ymaith rhag edrych. Fedrai o ddim gwylio'r gwynab yn toddi. Anodd iawn iddo oedd ca'l marwolaeth ei dad allan o'i feddwl. Mi oedd fel sa fo wedi ei golli ddwywaith. Teimlai dristwch yn treiddio trwyddo, ing mewnol yn ei arteithio, hiraeth na fedrai ei amgyffred.

Roedd hi'n dal i bigo bwrw glaw mân budur ond doedd o ddim yn teimlo'r gwlybaniaeth wrth sefyll yno yn ei fest o flaen y tân. Daeth Les ato a thaflyd gwellt i mewn i'r gasgan. Mygwyd y fflama a chododd stêm drewllyd. Edrychodd Carbo yn wargam arno wrth ogleuo'r cachu ceffyl.

'Sori,' meddai Leswold.

Ond mi ailgyfododd y fflam mewn dim. Un da oedd Carbo am gynnal y fflama.

'Dwi 'di stacio'r coed yn erbyn y wal os ti isio mwy i gadw'r ffeiar 'ma i fynd, synshain. Dwi a Mic am fynd bac tw ddy Royal. Tyd hefo ni uff iw want. Mae 'na mini bar yn y llofft does, riplenishd wudd seidar oer i ni.'

Atebodd Carbo ddim.

'Glywist di fi?'

'Do… Wela i chi fory, iawn Les.'

Llnaodd Les y dafna manion o law oddi ar ei sbectol drwchus a deud, 'Ti'n siŵr ŵan?'

Cododd ei fawd heb edrych arno.

'Ôl reit, wela'i di, syni.'

'Les?'

'Ia?'

'Fedri di nôl dau ddril bit i mi yn y bora? Cyn i ni adal.'

'Ai, dim probs. O lle?'

'Dos i weld Trefor yn Gwenlli stôrs, Pengroes. Mae Mici yn gwybod lle mae'r siop. Gofyn iddo fo am rei *titanium* deimond *tipped*. Fydd o'n aros amdana chdi. Mae hi 'di cau ar ddydd Sul fel arfar, ond mi agorith i chdi, medda fo, os ffoni di o gynta.'

'No boddyr, bryddyr. Pa seis ti isio i mi ga'l?'

'Ti'n gwbod, dwyt? Yr un seis â'r rhei 'da ni'n eu defnyddio'n barod, ynde.'

'O ia! Ond tw bi onest efo chdi, dwi'n hopeless hefo seisys petha.'

'*Two millimeters* a dim mwy. Gofyn i Tref am y rhei gora sy gynno fo. Fydd o'n dallt.'

Ar hynny daeth Michael Finnley i'r golwg a chododd fflama y gasgan yn uwch wrth iddo daflyd y stancia o goed a ddefnyddiwyd fel bar y llong i mewn i'r pair.

'Iawn, washi?'

'Fel newydd.'

Gwahanodd y cymala llwydaidd i arddangos twll glas tywyll. Safodd y ddau yn edrach ar Carbo yn syllu ar y fflama. Teimlai Mici drosto.

'Dwi'n dallt yn iawn sti, be wt ti mynd drwyddo fo. Mi

fysa fo… be dwi'n feddwl ydi… mae o'n falch iawn ohona chdi.'

Edrychodd Carbo ddim arno, mond syllu ar y fflama yn plethu am ei gilydd.

'Dy dad dwi'n feddwl.'

'Wn i.'

'Gin i blant 'yn hun sti, does? Ta waeth, 'da ni i gyd yn mynd trwyddi weithia, dydan? Paid â hel gormod o feddylia am y peth Carbo neu mi neith o dy ben di i mewn. Iawn? Dim dringo y mynydd sydd yn bwysig naci, ond dod 'nôl lawr ohono'n saff wedyn, de.'

Nodiodd Carbo.

Teimlai Mic fod y sgilffyn yn sownd yn ei feddylia ar ôl ca'l gwybod y gwir yn y fath fodd. Gadael iddo fod am heno fydda ora.

'Amsar mynd, Leswold. Ti'n dod?'

'Ai, sypôs so. Wela i di yn bora, y twat tena.'

'Ddim os na wela i di gynta, ffatso.'

'Nos dawch, washi,' meddai Mic a rhoi ei law ar ei ysgwydd.

'Hei Mic!'

'Be?'

Saliwtiodd wrth ddeud. 'Diolch ti.'

'At ease *soldier*. Dwi'n prowd iawn ohona chdi.'

◆ ◆ ◆

Syllodd Antonia arno am yn hir iawn ar ôl i'r hogia adael a fynta'n sefyll â'i gefn ati fel delw yn gwylio'r gwreichion yn troelli i'r nen.

Mi oedd ganddi hi syniad go lew be oedd yn mynd drwy ei

ben o oherwydd ei fod yn berson gwahanol iawn heno i'r un roedd o y bora 'ma. Ei ymarweddiad yn fwy llonydd rywsut, fel rhaeadr gwyllt wedi rhewi'n wydr llonydd a'i ystum bywiog a hwyliog wedi ei feddiannu gan rwbath amgenach. Ai hi oedd yn gyfrifol am ei newid? Caeodd y drysa dur yn glep er mwyn tynnu ei sylw, gan obeithio y bydda'n troi tuag ati. Ond chymrodd o ddim pwt o sylw ohoni. Dyma'i ffordd o ddelio â'r sefyllfa, mae'n rhaid, a darparu gogyfer â'r joban ger eu bron. Gadawodd lonydd iddo ym mhlygion ei fyfyrdoda a gwres y tân.

Teimlai ynta bistyll o hiraeth fel dur gwynias yn tywallt trwyddo.

◆ ◆ ◆

Roedd hi'n llanw aruthrol o uchal yn Aberdesach, yr ucha a fu ers talwm iawn a hen ŵr y lloer wedi gwthio a thynnu'r môr i'w eithafion. Cariodd y gwyntoedd yr ewyn claerwyn am yr ucheldir, cyn rhuo a hyrddio yn ei flaen i lawr am gwm Bwlch y Gloch. Ysgydwyd fframia'r ffenestri yn eu rhigola a chwipiai'r glaw fel drain ar y gwydra.

Roedd darogan baromedr Gronw wedi bod yn llygad ei le am unwaith. Gwrandawodd Antonia ar y storm yn cynyddu a gobeithiai nad oedd Carbo yn dal allan yn ei chrafanga. Toc, clywodd gliciad y drws ffrynt yn codi a'r gwynt yn chwibanu drwy'r lloria pren fel sŵn babi bach yn wylofain.

Tynnodd ei dreinars *Adidas* mwdlyd, cyn mentro i fyny am y ciando yn ei sana. Gwrandawodd hitha arno'n agor tapia'r bathrwm i frwsio'i ddanadd a chael slemp o olchiad sydyn. Roedd yn trio ei ora i fod yn dawel rhag styrbio neb wrth deimlo'i ffordd ar hyd y landin i'r stafall sbâr yn y cefn.

Ond mi glywodd hitha ei ebychiada.

'Aw Ffagin hel! Y bastyn!' wrth iddo daro bodyn ei droed ar goes y gwely. Llyncodd ei boer past dannedd *minty* lawr y ffordd anghywir, dechreuodd fygu a thagu 'run pryd a gwnaeth syna fel hen fegin dyllog. Allai hitha ddim peidio codi ato i ga'l gweld a oedd o'n iawn. Sibrydodd o'r tu allan i ddrws y stafall sbâr.

'Ti'n iawn? A'i nôl dŵr i chdi, ia?' Ond chafodd hi ddim atab ganddo.

Fedrai o ddim ei hateb, oherwydd ei fod yn tagu fel maharan. Ei fai o'i hun oedd hynny, wrth gwrs, am ei fod wedi bod yn smocio'i hun yn stiwpyd yn y sied fawr wrth gysgodi o'r storm a mwytho'r graith a ailagorwyd mor frwnt.

Neidiodd i mewn i'r gwely wedi rhynnu hyd at fêr ei esgyrn.

Daeth Antonia i mewn gyda glasiad o ddŵr iddo. Gwelodd ynta ei bod yn gwisgo top pyjamas ei thad a oedd dri seis yn rhy fawr iddi, ond mi fysai'r hogan yn edrach yn styning mewn sach bara ceirch.

Sibrydodd, 'cofn iddi ddeffro Gronw. 'Wt ti'n ocê, Carbo?'

Tawelodd ei dagu fymryn.

'Yndw, ond dwi'n siŵr bo fi wedi torri bawd 'yn nhroed ar goes y ffwjin gwely 'ma!'

Cymerodd joch go helaeth o'r gwydriad. 'Diolch i ti. Mae'n fflipin ffrising yn y gwely 'ma. Tyd ata i am funud bach nei di, i mi ga'l cnesu 'chydig. Plîs!'

'Dwi 'di rhoid potal ddŵr poeth yna'n barod i chdi.'

Gwyddai mai teimlo'n unig oedd o, go iawn.

'Ond 'di honno 'im 'run fath, nac 'di? Plîs tyd ata i.'

'Dwn i'm wir. Wt ti'n gaddo bihafio?'

Toedd hitha ddim yn llawn trystio ei hun chwaith os fysa hi'n dod i hynny.

'Wel yndw, siŵr. Dwi'n dallt y sgôr ŵan, dydw!'

Cododd gornel y cynfasa ac mi aeth i mewn ato.

'Tro di rownd ta ac mi gnesa i chdi o'r tu ôl, yli.'

'Be? Ti 'm yn trystio fi, nag wt?'

'Dwi'm yn trystio 'run dyn, Carbo bach. 'Da chi i gyd 'run fath yn y pen draw.'

'Wel am beth ofnadwy i ddeud.'

Ond mi oedd o'n wir angan coflaid. Cododd Toni y cynfasa a lapiodd y blancedi yn dynn amdano fel stret-jacet fel na fedra fo ddim symud modfadd. Gwenodd iddo'i hun a theimlai'n glyd braf wrth i'r storm ddal i ruo y tu allan.

'Wt ti'n dechra cnesu?'

'Ew yndw, lyfli diolch i ti.'

Mi roedd Toni yn ogleuo'n lyfli ac ynta'n drewi o fwg tân y gasgan. Teimlodd ei chorff yn ei gnesu'n ara deg ac roedd ei chael hi mor agos ato'n gneud iddo deimlo'n llawer gwell. Gan ei bod hi'n dechra codi awydd arno, triodd feddwl am injans ceir a gêr bocsys neu unrhyw beth cyffelyb. Unrhyw beth i arbad ei gala rhag cledu. Mi ddechreuodd bodyn ei droed throbio ac mi helpodd hynny rhywfaint ar ei achos. Gorweddodd y ddau fel dau swllt mewn pocad gynnas.

'Oedd hi'n uffar o glec 'fyd, doedd?' sibrydodd.

'Be?' medda hitha.

'Wel y ciw pŵl 'na ar gefn pen y Snêls 'na, de!'

Dechreuodd y ddau ga'l y gigyls mwya diawledig nes bod y gwely yn crynu. A gan eu bod nhw'n trio bod yn dawel rhag deffro Gronw, gwnaeth hynny betha'n waeth ac mi gafodd ynta ryw ryddhad meddyliol iachusol.

Ar ôl iddyn nhw ddistewi tipyn a dod at eu coed, gofynnodd Carbo, 'O ia, gynna i gwestiwn i chdi 'fyd.'

Meddyliodd ei fod o'n mynd i ofyn rwbath dwys iawn iddi.

'Be?'

'Pam oddan ni angan y moto beics ta? O'n i'n meddwl eu bod nhw'n mynd i fod yn rhan o'r job 'ma.'

'Wel, mi oddan nhw ar y dechra, ond mi newidiodd y cynllunia. Mi oddan ni'n mynd i'w defnyddio nhw fel *getaway*.'

'Www! Ecseiting ac i le oddan ni'n mynd i'w reidio nhw felly? Ar yn penna i'r môr oddi ar y llong, ia?'

'Ddim ar y llong roddan ni mynd i ddwyn y cerrig yn wreiddiol, y lob.'

'O lle ta?'

'Dio'm otsh rŵan, nac 'di!'

'Yndi, siŵr.'

'Blydi hel! Mi wt ti'n amhosib weithia.'

'Dyna pam ti'n licio fi, de.'

'Pwy sy'n deud hynny 'lly?'

'Y chdi de. Hefo'r llgada lliw llechan 'na sgen ti.'

Methodd ei chalon guriad.

'Mi oddan ni mynd i'w dwyn nhw o siop jiwlyr ym Mangor, ond fel dudish i, mi newidiodd y plania.'

'Be? O sêff y siop, ia?'

'Ia.'

'Wel fysa hynny wedi bod yn anoddach o lawar, yn bysa? Y larwms a petha.'

'Cywir, Carbo. Dyna pam 'da ni'n neud o fel hyn, yli.'

Gorweddodd y ddau mewn twyllwch a thawelwch yn

gwrando ar y dymestl yn chwyrlïo yr ochor arall i'r gêbl end.

'Braf 'di gwrando ar storm pan ti 'di lapio'n saff ac yn gynnas yn y gwely, ynde Ton?'

'Yndi, mae'n lyfli.'

Roedd o'n torri ei fol isio troi rownd ati i'w mwytho a charu, ond fedra fo ddim. Roedd yn gaeth yn y gwely fel sosij wedi lapio'n dynn mewn pestri o flancedi.

Gorweddodd y ddau yn gytûn yn gwrando ar sgyrsia'r awelon.

'Be wt ti am wneud ar ôl dod 'nôl o Werddon ta, Carbo?'

'Dwn i'm 'sti. Dwi 'm 'di meddwl am y peth yn iawn, eto.'

Pysgota am wybodaeth oedd hi wrth gwrs, er mwyn ca'l gwybod be oedd ei blania nesa fo ond toedd 'na ddim ffiars o berig ei bod hi'n mynd i ddangos ei gwir deimlada iddo, wel ddim heno, beth bynnag.

'Ond dwi ddim am neud jobs doji byth eto, mae hynny'n saff.'

'Blydi hel! Be? Ti am fynd yn strêt?'

'Yndw.'

'Wel mai'n anodd tynnu castia drwg o hen gi, yn dydi?'

'Llai o'r hen 'na, thanciw feri mytsh. Ella ofynna i Mici Ffinn ga i *start* ganddo fo yn y garij. Mae o'n hen foi iawn, gen i lot o amsar iddo fo.'

'Yndi, mae o'n foi da. Un o'r goreuon. O'n i wedi meddwl sôn wrtha chdi am ofyn iddo fo os fydda ganddo fo joban i chdi yn y garij.' Wrth gwrs, mi fuasai hynny yn ei galluogi hitha i ga'l gwybod lle bydda fo wedyn.

'O, diolch, Mam.'

'Hei, paid â bod mor *cheeky*. Dwi mond dair blynadd yn hŷn na chdi.'

'Ga i fod yn toi boi i chdi ta?'

Chwerthodd y ddau, nes cafwyd tawelwch unwaith eto.

'Be wt ti am neud ta?'

Meddyliodd cyn ei ateb.

'Mynd 'nôl i 'mywyd bob dydd de.'

'Be? Edrych ar ôl ceffyla y *rich and* ffêmys tua *Chester* 'na, ia?'

'*Pretty much.*'

Bu saib am dipyn, cyn iddo ddeud, "Na i fethu chdi sti.'

Teimlodd lwmp yn ei gwddw a dechreuodd tu mewn i'w thrwyn gosi wrth i ddagra ymhél. Tasa fo mond yn gwybod be oedd ei gwir deimlada hi tuag ato a'i bod hi isio ei ddal yn dynn yn ei breichia drwy'r nos tan y bora bach. Ond mi roedd yn rhaid iddi reoli ei hemosiyna hyd nes câi y weithred fawr oedd o'u blaena ei chyflawni.

'Nos dawch, Carbo.'

'O, paid â mynd ŵan. Mae'n 'nhraed i'n dal yn oer.'

'Dyro nhw ar y botal ddŵr poeth 'na ta.'

Rhoddodd sws iddo ar gefn ei ben a'i adael.

♦ ♦ ♦

Esgynnodd llygedyn y wawr tros grib Mynydd Llyffant a'r gwyntoedd cryfion a'r dilyw a fu wedi hen chwythu eu plwc. Rhedodd Ffred y ci rownd yr iard fel 'tai o wedi ffwndro, yn falch o'i ryddid, mae'n siŵr, ar ôl swatio drwy'r nos o flaen y tân er mwyn osgoi dannadd miniog y ddrycin.

Roedd prysurdeb mawr ar y buarth y bora hwnnw a phawb wrthi fel lladd nadroedd yn paratoi at ymadael. Casglodd Les a Carbo eu hoffer at ei gilydd. Ar ôl iddyn nhw jarjio batris y *drill* ac ati, paciwyd pob dim roedd eu hangan ar gyfer y gwaith yn dwt mewn un ces bach alwminiwm. Brwsiodd Gronw gôt y stalwyn nes ei fod yn sgleinio fel marmor du yn llewyrch haul y bora. Gosododd Toni ffrwyn amdano, cyn cario ei gyfrwy a gweddill *tack* Chief i mewn i'r wagan. Gwyddai y bydda'n chwith iawn iddi hi ar ei ôl, er anamal iawn y bydda hi'n dychwelyd adra i'w chartra erbyn hyn, felly toedd mond yn deg ei bod yn ei gludo dros y môr fel y câi gwmni, gofal a chariad rhywun arall.

Mi aeth Carbo ati i jecio olew, dŵr a phob hylif arall yn y fan a'r lori a chael golwg yn gyffredinol ar eu hinjans. Tynhaodd amball i glip jiwbilî ar beipia dŵr y wagan geffyl a'i thanio er mwyn ca'l clywad sut roedd hi'n rhedag ag mi roedd hi'n swnio'n reit iach ar ôl iddi gnesu. Trodd ei sylw wedyn at y fan wen ond roedd honno'n tician drosodd 'chydig bach yn rhy gyflym. Cymhwysodd ei rhediad rhywfaint nes bod ei glust yn hapus gyda'r grwndi o dan y bonat. Ei dad oedd wedi ei ddysgu ei bod hi'n bwysig iawn taro llygad craff dros bob cerbyd cyn gadael ar unrhyw siwrnai bwysig.

Daeth lwmp i'w wddw wrth feddwl amdano eto a chofiodd am y cyfnod pan oedd o'n blentyn a'r ddau ohonyn nhw'n mynd yn y pic yp tryc mawr coch am iard y sgrap ym Metws Gwerful Goch. 'Mynwent i beirianna a cherbyda' roedd ei dad yn galw'r lle. 'Cofebion o ddur ydyn nhw, Carwyn bach,' a nhwytha ill dau oedd y 'syrjyns o fecanics' a fydda'n eu hatgyfodi drwy gymeryd darna o'r ymadawedig a'u trawsblannu i'r cerbyda eraill.

Mi oedd yn ei ffendio hi'n anodd iawn dileu'r ddelwedd ddiweddara honno oedd ganddo ohono. Brathodd ddeigryn a chau'r bonat yn glep ar ei deimlada pan welodd fod Michael Finnley a Les Moore yn dod lawr y ffordd am y buarth.

Gyda phob dim mwy neu lai yn barod ar gyfer y trip, eitha tawal oedd pawb o amgylch y bwrdd derw a mond nodio a gwenu ar ei gilydd wnaethon nhw wrth fyta'u swpar ola. Ar ôl gorffan y bechdana caws a phicil, mi dolltodd Gronw banad i bawb o'r tebot ger y tân. Cerddodd Antonia yn ara deg drwodd o'r cefn yn cario cacan, un sbwnj efo eising fel eira arni a channwyll fechan binc yn ei chanol wedi ei thanio.

Gosododd y gacen o flaen Carbo a phlannu cusan fach ar ei foch.

'Pen-blwydd hapus, Carbo.'

Gwaeddodd y gweddill, 'Hwrê' fawr.

Gloywodd ei wynab fel lleuad llawn newydd. 'Be? Heddiw... heddiw ydi'r pedwerydd o Fai, ia?'

Chwerthodd pawb.

'Does gen i ddim syniad pa fis na dwrnod ydi hi rhwng pob dim. Mae hyn yn lyfli. Diolch yn fawr iawn, iawn.'

'Aldo wnaeth hi'n arbennig i chdi. Cyn iddo adal, wel'di fachgian.'

'Chwara teg iddo fo. Wel, am sypreis neis de.' Roedd yr hogyn yn hollol ddiffuant wrth ddiolch.

'Ffocin marfylys,' oedd ymatab Leswold, gan ei fod wedi ei siomi gan yr arlwy flaenorol. 'Chwytha'r gannwyll 'na allan ta a mêc y wish reit ffwgin handi, inni ga'l ei chwalu hi.'

Edrychodd am ennyd ar Toni, cyn cau ei lygaid gan chwythu yn ysgafn a diffodd fflam fechan y gannwyll binc. Taniodd obaith yn ei galon ynta.

Sleidiodd Mici amlen dros y bwrdd iddo. Ymunodd pawb gyda Gron i ganu pen-blwydd hapus. Teimlai 'chydig yn emosiynol, wrth weld fod pob un o'r giang wedi sgwennu ryw sylw doniol amdano a phob un hefyd wedi rhoi deg punt iddo yn y cerdyn ac arno lun o James Dean.

Efallai nad oedd ganddo deulu bellach, ond teimlai y bora hwn ei fod wedi ca'l ei fabwysiadu gan y rhai gora posib. Daeth y dagra'n ôl i gongol ei ddwy lygaid fawr brown. Cydiodd Gronw amdano'n dynn. Edrychodd y gweddill ar y llawr crawia llechi.

'Reit, tyd ŵan, Carbo' meddai Les a phasio ei *lock knife* iddo er mwyn i Carbo dorri'r gacan pen-blwydd. Mi gymerodd bawb sleisan a'i mwynhau gyda'u paneidia. Cymerodd Les ddau damad wrth gwrs ac mi wnaeth y byrthde boi yn siŵr bod Ffred, y ci defaid, yn ca'l sleisan slei o dan y bwrdd.

'Sut oedda chi'n gwybod na heddiw oedd 'y mhen-blwydd i ta?'

'Tydan ni'n gwybod bob dim amdana chdi washi. Tydw i'n cofio chdi yn ca'l dy eni, neno'r tad.'

Gwenodd ar bob un o'i gyfeillion o amgylch y bwrdd. Teimlai ynta eu cynhesrwydd tuag ato, a dychwelodd y gwreichion a fu ar ddisberod 'nôl i bydewa dyfnion ei llgada tywyll.

Canodd ffôn y tŷ a tharfu ar y prosidings.

'Helô, Bwlch tri wyth saith.'

Cidw y Ci Du oedd yno.

Fe bwysodd Gronw fotwm yr uchelseinydd fel y gallai pawb ei glywad. Mi ddywedodd ei fod newydd neidio ar y trên yn Euston a'i fod yn y cerbyd y tu ôl i'r cludwyr cerrig.

'Felly, ni on bois. *This is it* a phob lwc i chi gyd. Ofyr and owt.'

Gan eu bod nhw angan ffreshyn yp a newid eu dillad

cyn gadael, cododd pawb ar eu hunion, heblaw am Carbo a Gronw,

'Wyt ti am newid, Carbo? Mae dy ddillad di'n fwd ac yn olew i gyd, fachgian.'

'O'n i'm 'di dallt na mynd ar yn holidês oddan ni.'

Chwerthodd Gronw ar ei ateb.

'Gesh i shower bora 'ma, chi.'

Aeth i'w *holdall* ac estyn t-shyrt glân gwyn a phâr o Levi's newydd ohono. Stripiodd i'w drôns yn y fan a'r lle a gwasgaru diodrant yn gymyla o dan ei geseilia.

'Nefi wen, dyro gora iddi, bendith tad i ti, cyn i ti fygu y fi a'r ci 'ma hefo'r sglyfath peth.'

Rhoddodd bâr o sana glân am ei draed a tharo'i jaced ledar dros gefn y gadair. Steddodd a rowlio smocsan sydyn, taflodd hi i fyny a'i dal hi rhwng ei wefusa.

'Reit, redi tw roc, giaffar.'

'Mond gobeithio dy fod di, wir Dduw.'

Agorodd Gronw y cwpwrdd cornel ac estyn oriawr ohono.

'Fyddi di angan hon, Carbo? Ron i'n sylwi na toes gen ti 'run.'

'Iesu mawr, na, mae'n iawn, siŵr. Mae gynna ni stopwatsh beth bynnag chi!'

'Fydd Lesli Moore angan honno, bydd. Felly cymer hon gen i .'

'Wel… ym…' Toedd o ddim yn siŵr iawn be i ddeud. ''Da chi'n siŵr, ŵan?'

'Wel yndw, neu faswn i ddim yn ei chynnig hi i chdi.' Daliodd hi fyny o'i flaen. 'Mae hon yn chwaer i'r haul i chdi ga'l dallt 'y machgian i. Chollith hi 'run eiliad i ti, creda di fi.'

Studiodd wyneb yr oriawr wrth i Gronw osod y strap lledr am ei arddwrn. Roedd rwbath yn gyfarwydd ynddi, y bysidd aur, y rhifa coch a bys yr eiliad ddim yn tician, mond yn troelli'n esmwyth heibio marcia yr eiliada.

'Fydd dim rhaid i ti ei weindio hi, mae hi yn selff weindar, wel'di.'

'Wel, dwn i'm be i ddeud. Mond, diolch yn fawr iawn i chi.'

'Pen-blwydd hapus Carwyn Robaitsh.'

Cododd a chofleidio yr hen ffarmwr. 'Diolch i chi am bob dim, de. A dwi'n gwybod bellach na chi sydd wedi bod yn 'y ngwarchod i ers blynyddoedd. Mae 'yn nyled i yn...'

Torrodd Gronw ar ei draws, 'Taw â sôn, fachgian.'

Toedd o ddim y dyn gora am drafod, na delio gyda phetha fel hyn. Gwnaeth ryw sŵn tuchan a thagu er mwyn i Carbo ollwng ei afael.

'Reit ym... hen bryd i chi i gyd adael rŵan, ydi hi ddim? Dyro waedd i'r gweddill 'na i symud eu tina, wir Dduw.'

◆ ◆ ◆

Mi oedd Antonia yn edrych yn hyfryd yn ei throwsus reidio tyn at ei thin a'i bwtsias lledar marchogaeth at ei phenglinia. Safodd y tri yn edrych arni'n gegrwth wrth iddi arwain y stalwyn du i gefn y wagan. Edrychai Mici yn smart o'i go yn ei siwt tri darn gwyrdd tywyll. Roedd Les yn gwisgo ei siwt ddu arferol, yr un fydda'n ei gwisgo ar gyfer pob priodas a chnebrwng a'r slip-ons du hynny a oedd wedi eu weldio i'w draed o fora gwyn tan nos.

Llwythodd Carbo y ces bach a'i fagia o a rhai Les a Toni i'r caban yng nghefn y lori geffyla a safodd Gronw ar drothwy y drws i ffarwelio â nhw. Taniodd Mici y fan wen a dringodd Toni i sêt dreifar y lori, steddodd Les yn y canol wrth ei hymyl.

Weindiodd Carbo y ffenast i lawr a chodi ei fawd ar Gronw a gweiddi arno wrth adael.

'Yrra i bostcard i chi o'r *Emerald Isle,* giaffar!'

Gwyliodd ynta hwy'n diflannu dros y bryncyn a sŵn eu cyrn yn atsain lawr y cwm.

◆ ◆ ◆

'Duw, mae hi'n reit braf ca'l dod 'nôl i sifyleisesiyn 'fyd dydi,' sbowtiodd Carbo wrth iddyn nhw fynd dros y *flyover* hyll 'na sy'n hollti tre y Cofis. Ar hynny fe ganodd ffôn Les a pingiodd ffôns y ddau arall wrth iddyn nhw ddod 'nôl i wasanaeth.

'O no! Mam sy 'na. Mae 'na *twenty eight o voice mails* yma 'fyd. Ganddi hi ma'n nhw i gyd mae'n siŵr!'

'Well ti atab o felly, yn dydi!' meddai Antonia.

Edrychodd Les ar ei ffôn yn *horrified.*

Winciodd Carbo ar Toni. 'Dyro fo ar y lowd sbicar ta, Les, i ni ga'l laff.'

'*Piss off.*'

Mi gymerodd Les yr alwad a dal y ffôn yn dynn i'w glust rhag i'r ddau arall glywad ond roedd Meri Jên Moore yn gweiddi cymaint, mi fysan nhw wedi'i chlywad hi o Ynys Môn.

'Les? Wt ti yna? Ti'n clywed fi?'

'Yndw Mam lowd and cliar, fel cloch.'

'Dwi wedi trio cal gafals arna chdi ers dyddia.'

'O gynna i'm risepshyn fyny fama nag oedd Mam. Ddudish i hynny wrtha chi, yn do?'

'Wel, lle uffar wt ti hogyn? Borneo? Dwi wedi bod yn wyrid sic amdana chdi. Ac mae Bentli a Shandi yn peining amdana chdi rownd y tŷ 'ma, bechod ffor ddêr lityl sôls. 'Di dreifio fi'n hurt bost rownd y tŷ 'ma. A maen nhw reit off eu busgets a'u bwyd cathod a bob dim...'

Dechreuodd y ddau arall chwerthin.

'Shwshd y ffycars!'

'Be ddudist di Leswold?!'

'Ddim hefo chi o'n i'n siarad mam! Ylwch, nesh i ddeud byswn i ffwr am 'chydig ddyddia, yn do?'

'Wel, ffor iôr infformeshyn syni, tydi iôr old myddyr ddim yn cysgu o gwbwl pan wt ti ddim adra. Dwi wedi bod yn troi a trosi yn 'y ngwely, yn tanglo 'y nghyrlars yn fy hêr net ar y glustog bob gafals... tra wt ti Leswold yn ca'l whêl of y teim yn rwla mae'n siŵr.'

Roedd yn gas ganddi feddwl am ei mab yn ca'l amsar da yn rwla arall hebddi hi.

'Lwcin affdyr nymbar ŵan as iwshiwal, heb boeni dim am dy fam fach ar ben ei hun yn fan hyn.'

Roedd Carbo yn mygu chwerthin a'r dagra yn powlio lawr gruddia Toni nes ei bod hi'n ca'l traffath gweld y lôn o'i blaen.

'A ti'n gwybod yn iawn Leswold, dwi'm yn licio bod ar ben fy hun yn lle 'ma!'

'Fydda i'n ôl dydd Mawrth bydda!'

'O, feri iwsffyl! Ti ddim ifyn yma i fynd â fi i neud yn wicli shop i Lîdyl chwaith, nagwyt? Sgynna i'm tamad o fwyd i mi a'r cŵn bach yn y tŷ 'ma i chdi ga'l dallt!'

'Ffoniwch am dacsi ta, Mam.'

'Ffonio am dacsi? Ai don't bilif ut, maen nhw rhy ddrud siŵr. Feri ecspensif. Sa'n rhatach ca'l eroplên i Sbaen ac yn ôl ar be maen nhw yn jarjio. Crwcs ydyn nhw, y blydi lot ohonyn nw! Maen nhw isio tair punt cyn ti roid dy din ar sêt gefn!'

'Gafoch chi bres gan Mici gynna fi yn do?'

'Mici? Hy! Paid ti â sôn am y Slici Ffin 'na wrtha i. Nything byt trybyl hi us. Him and his ffansi wês, ac eniwes, pres bingo fi ydi rheinia.'

'Wel ffycin hel, Mam. Doswch i'r bingo ta! Maen nhw'n gneud bwyd yn fanno, tydyn?'

'Paid ti â meiddio rhegi'n frwnt ar dy fam! Disgrêsffwl! Feri dusapointing Leswold, ac os wt ti yn meddwl dod adra i fan hyn, don't iw boddyr... cos... cos... ella fydda i wedi marw o newyn o flaen y gas ffeiar. A fydd Bentli a Shandi bach 'di dechra byta fi o fy slupars yp usynt ut! Bechods drosta i!'

Mi aeth y ffôn yn fud. Mi driodd ei ffonio hi'n ôl yn syth, ond gwrthododd Meri Jên styfnig ei ateb.

'Blydi hel! Mae'r hen ddynas 'na'n colli arni, siŵr Dduw.'

Edrychodd ar y ddau arall, ond fedra fo wneud dim ond chwerthin gyda nhw.

◆ ◆ ◆

Edrychodd Gronw tua'r ffurfafen i astudio'r cymyla. Doedd arwyddion y tywydd am yr oria nesa ddim yn argoeli'n dda. Caeodd y drws derw y tu ôl iddo a tharo'i fys ar wydr y baromedr. Symudodd y nodwydd ddim. Sylwodd ar y gwagle o amgylch y bwrdd, y cadeira gweigion yn igam-ogam o'i gwmpas. Briwsion y gacan pen-blwydd oedd yr unig olion ar ôl o'r rhai a fu yno.

Tywalltodd ton iasol o dawelwch dros yr hen ffermdy ac mi deimlodd gryndod yn dod trosto fel tasa rhywun wedi cerddad dros ei fedd. Rhoddodd brociad i'r tân i'w atgyfodi ac wrth daflyd coedyn ar y cochni, sibrydodd bader syml iddo'i hun a rhoi cusan i'w wraig drwy fwlch bach o lwch oedd ar wydr y llun. Tolltodd wydryn o'r gwirod peryg bywyd a guddiai o afael pawb a'i sipian yn ara deg rhag llosgi ei lwnc. Estynnodd am ei getyn a'i danio gydag amlen wag y cardyn pen-blwydd. Eisteddodd yn ei gadair i gorlannu ei feddylia am 'chydig a mwynhau ennyd yng nghwmni ei getyn ond blas od iawn oedd ar y baco heddiw 'ma. Sugnodd eto, tagodd ar y mwg melys a gwaeddodd dros y tŷ nes bod llechi'r to yn clecian.

'Carbo! Y diawl bach drwg!'

◆ ◆ ◆

Trodd Toni y wagan geffyl i mewn i *lay by* yn ochra Gwalchmai.

'Faint o'r gloch ydi hi rŵan, Carbo?' holodd.

'Chwartar wedi chwerthin.'

'Callia'r twat,' ebychodd Les.

'Pum munud wedi pedwar.'

'Reit, dylia nhw fod yma unrhyw funud.'

Eisteddodd y tri yn y cab yn gwrando ar Bob Marley, gan gymeryd cip bob yn ail ar ddrych drws y dreifar. Pingiodd ffôn Toni. Negas gan Mici yn deud eu bod bron â chyrradd y man cyfarfod. Gwelsant fflachiada hedlamps yn y drych ac fe ddaeth y fan yn agosach ac agosach nes tynnu i mewn yn dynn yn nhin y lori. Daeth Cidw y Ci Du allan ohoni ac anelu'n syth at ddrws pasinjyr y wagan.

'Prynhawn da, ledi and gents. Reit wi'n falch o weud 'tho chi fod y cludwyr *en route*. Felly 'ma'ch papure i chi ga'l mynd ar y llong. Mae lle parco wedi ei gadw i'r lori, dyna pam chi'n moyn bod 'na'n gynnar. Unrhyw gwestiyne?'

Ysgydwodd y tri eu penna.

'Reit te. Wela i chi *on deck*, os gwedo nhw!'

'Diolch i ti,' meddai Toni.

'O ie, cyn i fi adel, o's 'da ti unrhyw Waci Baci arnot ti, Carbo, twla fe bant nawr. Ma 'da nhw sbanials *highly trained* yn sniffo a prowlan byti'r porthladd 'na. A so ni'n moyn i ti ga'l dy stopo nawr, 'yn ni?'

Cyffyrddodd big ei gap stabal a neidio i lawr o'r wagan. Roedd Cidw wedi meddwl am bob dim wrth gwrs ac ateb i bob digwyddiad posib ganddo.

◆ ◆ ◆

Daeth llais unigryw Bob Marley and the Wailers yn canu 'Redemption Song' drwy sbicars y lori wrth iddyn nhw fynd i mewn i borthladd Caergybi. Dangosodd Leswold ei rwystredigaeth am y trydydd tro yn olynol oherwydd ei fod yn gorfod diodda gwrando ar 'Y Bob Marmalêd a'r ffagin welingtyns 'ma drwy'r ffocin amsar.'

Gwelodd y tri y llong enfawr am y tro cyntaf. Gwnaeth y *Celtic Pride* i'r môr edrach fel pwll ar balmant wrth i'w hongliad mawr gwyn daflu ei chysgod tros yr harbwr cyfan. Ciwiai'r ceir a'r loris a phob dim arall oedd ar olwynion yn rhesi hir, taclus, fel dinci *toys* y tu ôl i'w gilydd. Disgwyliodd y tri yn amyneddgar i borth y llong agor a'u llyncu nhw oll i'w safn farus. Gan fod ganddyn nhw basys a thicedi wedi eu sortio gan Dafydd Aldo o flaen llaw, mi gafon nhw fynd i mewn i fol y fwystfiles yn ddigon diffwdan. Dilynodd Mici a Cidw nhw yn y fan wen.

Cysylltodd Cidw yn syth â Dafydd Aldo drwy decst i ddeud eu bod nhw i gyd ar ei bwrdd. Mater o aros a disgwyl oedd hi bellach.

Fe ganodd ffôn Mici tra oedd o'n ista hefo Cidw yn y fan. Gwelodd mai Julia, ei wraig oedd yn ei alw.

'Iawn pishyn? Sut wt ti biwtiffwl? A sut mae'r plant?'

'Pawb yn iawn sti, a dwi'n falch iawn o ga'l deud bod Polish wedi mynd adra o'r diwadd, diolch byth.'

'Wn i. Siaradish i hefo fo ddoe, yli.'

'Mae'r boi yn ddigon annwyl, ond Iesu mi oedd o fatha cynffon ar yn ôl i rownd y tŷ 'ma. Tun o *Mister Sheen* yn un llaw a hwfyr yn y llall. Fuo'r tŷ 'ma rioed mor lân.'

'Ha Ha! Fel 'na mae'r cradur. Mae o wedi sortio petha allan hefo'i wraig, o'r diwadd, medda fo. Diolch i ti am roid i fyny hefo fo.'

'Mae'n iawn, siŵr ond fydd o wedi mynd i edrych fatha omlet yn y diwadd. 'Di o'n byta dim byd arall... Sut wt ti ta, mystyri man?'

'*Champion* sti.'

'Be ddiawl ydi'r sŵn 'na?'

'Gwranda Jiw dwi ar ganol rwbath yn fama.'

'Ia, iawn siŵr.'

'Fydda i adra erbyn diwadd bora dydd Mawrth, ocê? A dwi'n edrych ymlaen at ych gweld chi i gyd.'

'Dwi a'r plant yn dy fethu di'n ofnadwy 'fyd a 'da ni'n edrych ymlaen at ga'l chdi adra efo ni. Cym ofal ia pish, be bynnag wt ti'n neud.'

''Na i siŵr. 'Run lleuad 'da'n ni'n weld lle bynnag ydan ni, cofia!'

'Wn i. Caru chdi.'

'A chditha 'fyd.'

Diffoddodd yr alwad.

Gwenodd Cidw arno. 'Pob dim yn iawn gatre odi fe? Y misys a'r rhai bach?'

'Yndyn diolch.'

Edrychodd Cidw ar ei Rolecs a deud fel tasa fo ar gychwyn ar grŵs i'r Caribî,

'Reit, wi'n mynd lan lofft. Wela i di yn y man.'

Steddodd Mici yn gwrando ar ddrysa yn agor a chau a lleisia y teithwyr eraill yn gymysgfa brith draphlith â'i gilydd wrth iddyn nhw adael eu cerbyda. Roedd ganddyn nhw awran cyn i'r *Celtic Pride* ddechra hwylio draw am Dún Loaghaire.

Teimlai'n annifyr yn ei groen, yn methu setlo yno rywsut. Dechreuodd nodwydd cwmpawd ei feddwl chwyrlïo i bob cyfeiriad unwaith yn rhagor, nes ei bod bron iawn yn dod oddi ar ei hechal. Teimlai bryder dwys yn cydio ynddo fo unwaith eto. Blasodd ddur a mwg yn ei geg, curai ei galon yn galed o dan ei wasgod a theimlai glostraffobia yn cau amdano. Rhedai diferyn o chwys i lawr asgwrn ei gefn. Toedd rŵan ddim yn amsar da iddo ga'l hedffyc meddyliol. Weindodd y ffenast i lawr a chyfogodd ar ffiwms y nwyon a ddeuai o'r moduron wrth iddyn nhw barcio. Llaciodd fymryn ar ei dei. Roedd yn rhaid iddo ddianc o'r fan am 'chydig. Ffendiodd ei ffordd allan i ddec gwaelod y llong. Llowciodd lond ysgyfaint o awyr iach yr heli. Anadlodd i mewn drwy ei drwyn ac yna allan yn ara deg bach drwy ei geg. Cofiai yr ymarferion anadlu a ddysgodd Antonia iddo flynyddoedd yn ôl pan âi atyn nhw i drio gwella. Dechreuodd ddiddymu yr atgofion cignoeth a ddeuai iddo ar adega fel hyn i'w boenydio, a cheisiodd reoli'r bwganod a oedd yn ei aflonyddu drwy ganolbwyntio ar gyfri'r craenia a'r cychod bychain a oedd ym mhen arall y cei.

Ceisiodd ymlacio ei ysgwydda a synfyfyrio wrth edrych allan dros yr harbwr gan ddal i ganolbwyntio ar ei anadlu.

Er ei fod wedi rhoi'r gora i smocio mwy neu lai ers gadael y fyddin, teimlai'r ysfa mwya sydyn i ga'l smôc. Ar hynny, clywodd leisia cyfarwydd yn dod o'r tu ôl iddo. Mi oedd Carbo a Les wedi mynd i deimlo'n anniddig ar ôl bod yn ista yn y lori cyhyd. Ond anwybyddodd Mici y ddau, fel y cytunwyd. Syllodd ar y cymyla a'r haul egwan y tu ôl iddynt yn ymdoddi'n ara deg fel llwyad o fêl tros y gorwel.

◆ ◆ ◆

Ymbinciodd Antonia yn nrych drws y wagan. Taenodd ei minlliw yn ofalus a rhoi 'chydig o *lipgloss* drosto, tynnodd ddwy gyrlan hir ddu i lawr o gwlwm ei gwallt heibio'i chlustia, ac agor dau fotwm top ei chrys gwyn cotwm. Cyfrodd wadan o bres a'i roi yn ei bag ysgwydd. Teimlai gryndod yn treiddio drwy loria'r llong wrth i'r propelars enfawr ddechra troelli, gan wneud i'w stumog hitha gordeddu.

Tywalltodd Dafydd Aldo ddiodydd i'r cwsmeriaid yn y bar. Rhedai amball blentyn fel wimblad o amgylch y lle wedi cynhyrfu'n lân o ga'l bod ar fwrdd y llong. Rhedent 'nôl a blaen at y ffenestri gan sgrechian a holi eu rhieni'n dragywydd pryd roedd y gwch am gychwyn hwylio. Ista ym mhen pella'r bar oedd Cidw a sŵn y plant bach yn mynd ar ei nyrfs. Ymddangosai fel petai'n darllen papur newydd, ond mewn gwirionedd, cadw llygaid roedd y Ci Du ar bob dim a ddigwyddai o'i gwmpas.

Daeth Les a Carbo 'nôl i eistedd wrth ymyl Toni yn y wagan.

'Iesu, lle fuast ti Toni? Mewn biwti salon ia? Ti'n edrach yn lyfli,' meddai Les wrthi.

Gwenodd arno, ond ddwedodd hi ddim gair.

Canodd corn y llong dros y porthladd a chlywodd pobol tre Caergybi ei sŵn undonog, fel y gwnaent yfory, drennydd a thradwy, ond eu bod bron iawn yn fyddar i'w nodyn bellach.

Teimlodd y tri ohonynt y *Celtic Pride* yn troi yn ara deg oddi wrth walia'r harbwr.

'Hiar wi go ta,' meddai Leswold.

Daeth llais y Capten dros yr uchelseinydd i groesawu ei holl deithwyr ac esbonio fod gwyntoedd eitha cryfion i'w disgwyl yn ystod y croesiad hwn ac y byddent yn gobeithio cyrraedd Dún Loaghaire o fewn tair awr a thri chwarter, 'chydig yn hwyrach na'r disgwyl, ond byddai'n diweddaru'r amseroedd yn ystod y siwrna.

Gwelodd Cidw o'r tu ôl i'w bapur newydd fod y cludwyr cerrig newydd swanio i mewn i'r bar. Cafodd chwistrelliad o adrenalin a chymerodd sip o'i frandi drwy'r rhew. Daliodd lygaid Dafydd Aldo a tharo congl pig ei gap stabal.

Mi aeth Dafydd ati'n syth i groesawu'r ddau gludwr yn fynwesol a gweini diodydd iddynt.

'*Pleasure to see you both again. Welcome aboard.*' Tolltodd eu harcheb ac mi holodd y lleia o'r ddau gludwr os oedd hi'n wir y bydda'r fordaith yn debygol o fod yn arw.

'*Force seven may be up to nine, we don't know yet, but it's nothing we can't handle.*'

Gor-ddeud oedd o wrth gwrs. Oherwydd, fel y gwyddai Dafydd a'r gweddill, mi oedd y cludwr hwn yn diodda o salwch môr yn echrydus!

Aeth y lleia i'w bocad yn syth ac estyn dwy dablet cysgu o botel fach a'u llyncu ar ei dalcian o'i wydr yn llawn o *rum and Coke.*

'*Will it be ok for me to get my head down in your lounge again tonight?*'

266

'*No problem, just let me know when you're ready, I'll let you in.*'

Chwerthodd ei bartnar a deud wrth ei fêt, '*All yours Tyffdi. You big girl's blouse,*' a throsglwyddodd y *briefcase* iddo.

Mi dywalltodd Dafydd ddau ddiod arall i'r cludwyr ac arllwysodd hannar llwy de o bowdr yn slei i mewn i ddiod y lleia a'i gymysgu'n reit dda. Dylia Tyffdi fod *out for the count* o fewn ugian munud. Ymddangosodd Mici yn y bar ac ordro sudd oren iddo'i hun, heb gydnabod Dafydd Aldo na Cidw wrth gwrs.

Agorodd Les ei fag yng nghaban cefn y wagan a thynnodd ofyrôls lliw brown ohono gyda'r llythrenna *C. P. M.* wedi eu gwnïo ar bocad y frest a *Celtic Pride Maintenance* mewn melyn ar ei chefn. Tynnodd ei slip-ons du a gwthio ei draed i mewn i'r ofyrôls. Gwnaeth Carbo sŵn mygu mawr.

'Jisys Les! Mae dy draed di'n drewi fatha dwy hen hadog.'

'Shyt ut a helpa fi roid hon dros 'yn sgwydda.'

Oherwydd fod gan Leswold stumog go helaeth, roedd yn rhaid i Carbo ei helpu i wisgo ei ofyrôls.

'Ddim yn bad at ôl, Leswold, ddim yn bad at ôl. Mae lliw brown yn siwtio chdi. Swn i'n gallu mynd amdana chdi 'yn hun. Ti'n reit ddel yn dy owtffit newydd.'

'Bi cweiyt, yr idiot. Faint o'r gloch 'di hi ŵan?'

'Twenti tw,' meddai, wrth iddo ynta roid yr ofyrôls *Celtic Pride Maintanance* dros ei ddillad mewn chwinciad.

'Ffaginel! Ti 'di rhechan hefyd, yn do Les!'

'Naddo tad, Chief sydd wedi gneud, mae'n rhaid.'

'Wela i di yn cab ffrynt y lori y ffwcsyn drewllyd.'

◆ ◆ ◆

Cyn iddi fynd fyny am y bar aeth Toni i ga'l golwg ar Chief y stalwyn i weld a oedd ganddo ddigon o fwyd a diod yn y bwcedi oedd yn hongian o'i flaen. Mi oedd y cradur i'w weld yn reit fodlon dan yr amgylchiada. Mwythodd ei ffrwyn a'i adael, cyn dymuno pob lwc i'r hogia a rhoi winc slei i Carbo.

Agorodd Carbo y ces bach tŵls am y trydydd gwaith i wneud yn siŵr fod popeth oedd eu hangan ynddo.

Erbyn hyn roedd y *Celtic Pride* wedi cyrraedd y dyfroedd dyfnion. Cludai'r môr yr horwth dur i fyny ac i lawr ar ei ysgwydda dyfrllyd. Roedd proffwydoliaeth Gronw am y tywydd yn agos iawn at ei lle.

Dechreuodd stumoga'r ddau droi yng nghab y lori oherwydd eu nerfusrwydd yn fwy na dim arall ac mi oedd Les wedi cnoi hynny o winedd oedd ganddo ac wedi dechra brathu'r croen ar dopia'i fysidd. Llusgodd y munuda heibio wrth iddyn nhw ddisgwyl.

Er mai dim ond ceir a loris oedd i'w gweld ym mhobman ar y llawr parcio, cynigiodd Carbo eu bod yn chwara gêm o 'I spy' er mwyn llosgi 'chydig o amser. Ochneidiodd Les i mewn ac allan yn swnllyd.

'Fedra i'm consyntretio ar gêms gwirion yndyr preshyr.'

'Yli Les, mi rwyt ti a fi'n mynd i fod yn *champion* fyny fanna. Mewn ac allan, slic a cyflym.'

'Os ti'n deud!'

Er eu bod nhw wedi bod yn disgwyl i ga'l y gola gwyrdd i gychwyn ar y gwaith, fe neidion nhw allan o'u tronsha pan agorodd Cidw ddrws y dreifar.

'Mae Daf wedi mynd â'r bachan i'r lolfa ers dros chwarter awr. Dyle fe fod yn sbarcd reit owt erbyn hyn. Chi on bois.'

Mi roddodd fag melfed du i Carbo gyda'r cerrig ffug ynddo a goriad locyr Dafydd Aldo a cherdyn allwedd i Les.

'Wela i chi nes mlân. Pob lwc *gents.*'

Wrth i fys yr eiliad gyrraedd canol y deuddag ar oriawr newydd Carbo, gwasgodd Les fotwm ei stopwatsh.

'Awê ta, Les.'

Neidiodd o'r lori a chychwyn am y lloria ucha. Mi fysai wedi ffendio ei ffordd i lolfa'r gweithiwrs mewn twyllwch dudew ar ôl yr holl ymarferion.

Sylwodd Cidw fod y *croupier* ar fin agor y casino bach ac ar hynny arnofiodd Antonia i mewn gan droi penna amball un, yn enwedig y mwya o'r ddau gludwr oedd yn ista wrth y bar. Roedd gofyn iddi hoelio ei sylw o'r eiliad gynta. Eisteddodd lled stôl oddi wrtho a dal papur hannar can punt rhwng ei bys a'i bawd i aros ei thro i ga'l diod. Eitha tawel oedd y bar erbyn hyn, a'r plant bach a fu yn cadw reiat yn swatio o dan flancedi gyda'u rhieni. Roedd golwg reit bryderus ar amball un o'r rheini hefyd gan fod y môr yn bytheirio a'r heli'n llyfu'r ffenestri.

◆ ◆ ◆

Dyrnai calon Les wrth iddo wthio'r cerdyn allwedd i mewn i'r drws. Trodd y gola bach coch yn wyrdd. Daliodd ei anadl wrth fynd i mewn i'r stafall.

Anadlodd allan ei ryddhad pan welodd Tyffdi yn hollol ddiymadferth yn un o gadeiria esmwyth y lolfa, gyda'r *briefcase* wedi ei handcyffio i'w arddwrn. Clodd y drws o'r tu mewn.

◆ ◆ ◆

Daeth Mici at y bar a chynnig diod i Antonia fel tasa fo erioed wedi ei chyfarfod, a gwnaeth hitha yn hollol siŵr fod y cludwr yn ei chlywed wrth iddi wrthod ei gynnig yn oeraidd.

Cerddodd Cidw draw at y bwrdd cardia yn y casino bach a chadw ei lygada a'i glustia'n llydan agorad.

Sipiodd Antonia ei diod i'r gwaelod drwy welltyn gan ddal llygad y cludwr bob hyn a hyn a thaflu awgrym o wên fach serchus i'w gyfeiriad. Cynigiodd ynta ddiod arall iddi ac fe gafodd ei synnu pan dderbyniodd hitha ei gynnig gyda'i gwên toddi calonna gangstars. Yn sgil hyn, cododd sgwrs rhyngddynt. Yn naturiol roedd ynta wrth ei fodd bod y ferch arbennig yma'n cymeryd gymaint o sylw ohono fo, yn enwedig ar ôl iddi wrthod cynnig y boi arall wrth y bar.

Edrychodd Les ar ei stopwatsh. Dyla ei bartnar *in crime* fod yno unrhyw eiliad. Agorodd y bocs tŵls alwminiwm a dechra tynnu'r teclynna ohono ar gyfer y gwaith. Wrth i Carbo ddynesu at goridor y stafall, fe gyfarfu y llong â mynydd o don. Dringodd ei bow i'w brig a daeth ei miloedd o dunelli i lawr yn galed ar yr heli nes peri i'w rhybedion wingo yn y dur. Ysgydwodd y *Celtic Pride* drwyddi. Trodd amball wydryn drosodd yn y bar a bu bron i amball un, gan gynnwys Les, golli ei falans yn llwyr.

Fe ofynnodd Dafydd Aldo i bawb yn y bar aros yn eu seti, er lles eu diogelwch eu hunain.

◆ ◆ ◆

Clywodd Les guriada ysgafn ar ddrws y lolfa, roedd Carbo wedi cyrraedd.

◆ ◆ ◆

Edrychodd Dafydd ar ei oriawr a rhoddodd yr arwydd cudd i Antonia, Mici a Cidw y Ci Du i ddechra arni drwy osod ei liain gwyn sychu gwydra tros ei ysgwydd dde. Gêm on, dim troi 'nôl. Ymunodd Mici â'r bwrdd cardia a chynigiodd Toni i'r cludwr eu bod ill dau yn mynd i chwara *Blackjack*. Dilynodd o hi fel oen bach swci at y byrdda gamblo. Roedd o'n amlwg wedi ei gyfareddu ganddi.

◆ ◆ ◆

Gwisgodd y ddau yn lolfa'r gweithiwrs bâr o fenyg *latex*, a gwthiodd Les wadin i dylla clustia Tyffdi. Cododd Carbo fraich y cludwr yn ofalus a'i gosod ar y *briefcase* oedd ar ei benglinia. Estynnodd am y ddau bin y bydda'n eu defnyddio i agor y cyffion. Gosododd un pin rhwng ei wefusa a rhoi y llall yn nhwll bach y clo. Ond gan fod y môr yn dymhestlog, toedd hyn ddim mor hawdd ag y buodd ar fwrdd y llong sialc yn y sied fawr. Mi oedd gofyn iddyn nhw ddal ei law a'r cyffion yn hollol lonydd er mwyn eu hagor.

◆ ◆ ◆

Lle i bedwar yn unig oedd o amgylch y bwrdd cardia, felly mi alla Cidw, Mici a Toni reoli rhywfaint ar y chwara, gan gymeryd arnynt nad oeddan nhw erioed wedi cyfarfod o'r blaen. Gêm o pwy fedrai ddod yn agosa at ddau ddeg un ydi hi ac nid chwara yn erbyn ei gilydd oeddan nhw, ond yn erbyn y *croupier*, felly roedd brafado yn hollbwysig, er mwyn denu'r cludwr i chwara cardia mor hir â phosib. Gosododd Cidw arian mawr ar y bwrdd gwyrdd o flaen ei gardia a dechreuon nhw herio'i gilydd gyda'u harian.

◆ ◆ ◆

Llwyddodd Carbo i agor y cyffion am arddwrn Tyffdi. Doedd
'na ddim arwydd o gwbwl ei fod yn ymwybodol o beth oedd
yn digwydd o'i gwmpas. Roedd y tabledi cysgu a'r powdrach
llorio eliffant roddodd Dafydd Aldo yn ei ddiod yn amlwg
yn gweithio. Felly, dyma ddechra ar y drilio. Mesurwyd
a marciwyd top *y briefcase* du gyda dotyn gwyn *tippex* a
dechreuodd Les arni. Ar ôl eiliada o drio drilio'r twll bychan,
fe dorrodd y darn tyllu yn ei hannar.

'O ffyc! Mae'n uffernol o galad, mae'n rhaid.'

'No panic, Leswold. Mae gynna ni rei sbâr does… *When all
else fails*, dos i weld Tref yn Gwenlli stors Bengroes fydda dad
yn i ddeud.'

'Gwd thincin oedd hynna, synshain!'

'Ai… Oedd o'n iawn 'fyd.'

Tynnodd Carbo y darn bach tyllu a dorrodd allan o gaead
y ces gyda pleiars. Gosododd ddarn tyllu newydd sbon yng
ngena'r dril a thrio eto. Gwasgodd yn dyner ac yn ara deg.

'Sut 'da ni am amsar Les?'

'Saith munud.'

Teimlodd flaen y tamad yn torri trwadd.

''Da ni i mewn.'

Gwthiodd Les weiren gopr dena i ddal y sbring oddi mewn
y *briefcase* i lawr, rhag i hwnnw godi a rhoi galwad yn syth i
Hustons and Co yn Llundain i ddeud bod y bocs trysor wedi ei
agor cyn cyrraedd pen y daith.

Yna, dechreuodd y ddau weithio ar gloeon y *combination*.

◆ ◆ ◆

'*Place your bets,*' meddai'r llafnas o *croupier*. Gosododd Mici y *maximum bet* ar y ddau gardyn cynta, gwnaeth Cidw yr un fath.

Dilynodd y cludwr eu hesiampl, ond drwy chwara dwy law ar yr un pryd er mwyn dyblu ei gyfla a dangos ei hun i'r Eidales hardd. Toedd dim affliw o beryg ei fod o am edrych yn llwfr o flaen y ddau foi diarth yma.

◆ ◆ ◆

Roedd y chwys yn bowndian o dalcian Les wrth iddo ganolbwyntio ar droi yr olwynion bychin ar glo y *combination*. Rowliodd y *Celtic Pride* drosodd ar un ochor yn sydyn, a bu bron i'r ddau ddisgyn ar ben Tyffdi... Daliodd y ddau yn ei gilydd a sadio.

Sibrydodd Carbo, 'Iawn, Les?'

'Ai... mai'n ryff dydi? O'n i ddim yn disgwyl hyn!'

'Dal ati, mêt! Mi agorith sti.'

Edrychodd ar ei oriawr. Pedwar munud i fynd.

◆ ◆ ◆

Collodd y cludwr wyth llaw ar ôl ei gilydd. Typical, meddyliodd Mici. Isio iddo fo ennill oeddan nhw, wrth gwrs. Gwnaeth Dafydd Aldo yn saff fod un o'i gydweithwyr yn cludo rowndia o ddiodydd at y bwrdd er mwyn cadw'r gelyn yno. Pe digwyddai'r cludwr adael a mynd 'nôl i lofa'r gweithiwrs, bydda'n tati bei ar Carbo a Les, a'r holl joban.

Sylwodd y tri wrth y bwrdd cardia fod y cludwr yn casho i mewn ei 'chydig enillion a'i fod am roi'r gora i'r gêm.

Aeth Antonia'n syth at y bar i dynnu sylw ei brawd at yr hyn oedd yn digwydd.

'Mae'n rhaid inni'i gadw fo yma yn hirach, sis.'

'Jisys Daf. O'n i'n meddwl bod y boi 'ma'n licio gamblo!'

'Mae o fel arfar. Dwi rioed 'di weld o'n gadal y bwrdd cardia, mond i fynd i biso. Mae'n rhaid i ni stolio fo rywsut.'

♦ ♦ ♦

Mi oedd y ddau yn lolfa'r gweithiwrs yn ca'l traffath agor *combinations* y *briefcase*, a toedd y môr gwyllt oddi tanynt ddim yn helpu eu hachos o gwbwl.

'Hold ut stil ffo ffyc sêcs!'

'Cŵl hed, Les, cofia be ddysgish i chdi yn lle Gronw.'

'Ma' fatha bod ar rolar costar. Ai cant blydi dw ut.'

'Medri siŵr. Cyfra nhw am yn ôl a paid â brysio... *nice and easy lemon squeasy...* Ti'n cofio?'

♦ ♦ ♦

'*You're not going to leave the game now are you?*' holodd Cidw.

'*Not my night tonight, obviously,*' oedd ateb y cludwr. Yfodd ei ddiod ar ei dalcian a gneud hi am y drws.

'*Do I know you from somewhere, you look very familiar. We must have met before. In K.F.C. maybe,*' meddai Mici Ffinn.

'*Watch your lip pal, in case I split it open.*'

♦ ♦ ♦

O'r diwedd, agorodd Les a Carbo ddwy ochor y *briefcase* ac fe godwyd y caead yn ofalus gan ddal y weiren gopr yn ei lle. Rhoddodd Carbo ddwy fodfadd o dâp dros y tamad dur uwchben y sbring er mwyn ei ddal i lawr. Wrth iddo agor y caead yn llydan, dechreuodd Tyffdi wneud y synna rhyfedda. Toedd bosib bod y bwbach am ddeffro! Mi rewodd y ddau yn eu hunfan, a dal ei hanadl, nes aeth eu gwefusa'n las.

Wnaeth Tyffdi ddim deffro drwy ryw wyrth, ac fe anadlodd y ddau allan yn ara deg. Ymbalfalodd Carbo drwy'r ces yn ofalus, gwelodd y gwaith papur, tocyn go lew o arian sychion a ffeils o ryw fath neu gilydd ynddo, ond dim golwg o'r cerrig!

♦ ♦ ♦

Wrth i'r cludwr gerdded heibio'r bar, gwelodd Toni ei fod o'n gofyn i'w brawd am y *pass* i fynd i mewn i lolfa'r gweithiwrs at ei bartnar.

'*I owe you a drink don't I?*' meddai Toni yn swynol wrth i'r cludwr fynd heibio iddi. '*What was it? Whisky and...?*'

'*It's alright, love, I'll get my head down for an hour or two. It's a bit rough for me to be honest. Thanks all the same.*'

'*No, no. I insist.*' Cydiodd yn ei law. '*Have a drink on me.*' Ac meddai'n awgrymog, '*Since lady luck ain't with you tonight!*'

♦ ♦ ♦

Fe fu'n rhaid i Carbo wagio pob dim o'r *briefcase* er mwyn ei archwilio'n drylwyr ac o'r diwedd, reit ar y gwaelod, gwelodd be roedd o'n chwilio amdano.

♦ ♦ ♦

Fe ildiodd y cludwr i hud Antonia a derbyn y ddiod a gynigiodd hi iddo. Cymerodd Dafydd ei amser i'w dywallt a deud ei fod angan mynd i nôl mwy o rew. Unrhyw beth i'w gadw fo yno'n hirach.

◆ ◆ ◆

Dechreuodd Les baratoi y glud tair eiliad gyda huddyg o simna Bwlch y Gloch er mwyn llenwi'r twll bach ar dop y *briefcase* du. Cyfnewidiodd Carbo y cerrig mor sydyn ag y medrai ond wrth iddo'u cyfri un ar ôl y llall, sylwodd fod wyth carreg yn y *briefcase* a mond saith o'r rhai ffug oedd ganddo i'w cyfnewid. Be ffwc? Fedra fo ddim dallt y camgymeriad. Toedd 'na ddim cynllun arall o gwbwl wedi ei baratoi ar gyfer hyn. Mond un peth y gallai wneud o dan y fath amgylchiada. Cyfnewidiodd y saith carreg a rhoi un o'r deiamwyntia go iawn ym mhoced bach ei jîns, heb i Les sylwi. Gosododd bob dim arall 'nôl yn y ces a'i gau yn ofalus. Llenwodd Les y twll bach a wnaed efo'r glud a'r parddu a'i llnau heb adael hoel. Caeodd Carbo y cyffion 'nôl am arddwrn Tyffdi.

◆ ◆ ◆

Mi oedd y munuda diwetha wedi aros yn eu hunfan i Dafydd yn y bar a phob dim a oedd yn bodoli o'i gwmpas wedi ei arafu fel 'tai amser yn llusgo trwy driog oer, pob eiliad fel awr a phob munud fel diwrnod. Edrychodd ar ei oriawr. Byddai ei gyd-weithwyr yn mynd am eu brêc i'r lolfa unrhyw funud a gwyddai fod amsar yr hogia i wneud y lladrad wedi dod i ben.

◆ ◆ ◆

276

Nôl ym Mwlch y Gloch, gwelwodd Gronw wrth sugno gweddillion y cetyn a llyncu diferyn ola'r sglyfath gwirod stwff peryg. Syllodd trwy waelod trwchus y gwydryn a gweld bod ei ofidia wedi eu chwyddo. Y petha hynny na wyddai neb amdanynt, dim ond y fo, y gwir, y cariad a'r brawdgarwch. Ymdrechodd godi o'i gadair i fynd am y ciando, ond doedd dim cryfder yn ei freichia bôn derw heno, mond poena. Eisteddodd ar ei orsedd yn ei gaer o dristwch. Heno 'ma roedd y baich yn drymach nag y bu erioed. Triodd godi unwaith eto, ond fedrai o ddim. Roedd o'n brifo drosto ac yn fyr ei anadl. Saethodd poena i lawr ei fraich ac ar draws ei frest. Dechreuodd Ffred, y ci defaid ffyddlon, gnewian ei ofid a chododd ar ei bawenna ar y gadair i lyfu gwep ei feistr er mwyn trio ei ddeffro.

♦ ♦ ♦

'Munud i fynd Les.'

'Iawn.'

Agorodd Les dun mawr o *Chunky Vegtable Soup* a'i wagio yn ofalus dros grys a jaced Tyffdi a thywallt gwaelodion cynnwys y tun ar y llawr wrth draed y cludwr. Tynnodd y ddau eu hofyrôls a'u menyg a'u lapio'n dynn mewn bag plastig a'u gwthio i waelod y bin sbwriel. Wrth adael, mi sibrydodd Les.

'Clustia fo.'

'Be?'

'Mae isio tynnu'r *cotton wool* o'i glustia fo.'

'Www ia, 'fyd. Nais wan Leswold.'

Gadawodd Carbo y lolfa 'chydig o flaen Les a'i chychwyn hi'n ôl i'r gwaelodion am y wagan at Chief y stalwyn. Fel roeddent wedi ymarfer, gadawodd Les yr offer, gan gynnwys y deimonds gwerthfawr yn locyr Dafydd Aldo.

◆ ◆ ◆

Eiliada yn unig ar ôl i Les gerddad drwy'r bar a rhoi yr arwydd i'r gweddill fod y cerrig yn eu dwylo, fel petai, agorwyd drws y lolfa gan gyd-weithiwr i Dafydd a gwelodd hi fod dyn wedi chwdu drosto fo ei hun a'i sgidia. Rhedodd 'nôl i'r bar.

'*Quickly, quickly, Jaffyd, there's a man and he is not very well. He's been sick all over himself...*'

Torrodd Dafydd ar draws sgwrs ei chwaer a'r cotsyn arall o gludwr,

'*Sorry to interrupt but I think you should come with me. Your friend doesn't seem to be doing very well and he's been ill, very ill.*'

Cododd y cludwr yn syth, gan gofio ar ba berwyl yr oedd ar y siwrnai hon.

'*Excuse me,*' meddai wrth Antonia, '*don't move, I won't be too long. I'll be back.*'

Cododd Antonia o'i stôl yn syth ar ôl iddo adael. Mi oedd pawb wedi cyflawni'r hyn y gofynnwyd iddynt wneud. Cadw eu penna i lawr am awran a disgwyl i'r *Celtic Pride* barcio'i thin yn dwt ym mhorthladd Dún Loaghaire oedd rhaid ei wneud bellach.

Ar ôl i Dafydd ga'l trefn yn lolfa'r gweithiwrs a hel pawb oddi yno, cododd eu cyfloga o'i locar. Roedden nhw'n edrach yn ddeimonds perffaith, rhai garw ond yr union rai roeddan nhw wedi gobeithio eu ca'l. Ac i Jiffy roedd y diolch am hynny, wrth gwrs.

Trefnwyd y byddan nhw oll yn cyfarfod unwaith y bydda'r arian a gafwyd am y cerrig yn barod i'w ddosbarthu a phob symsan a sentan wedi ei weithio allan i'r geiniog. Tan hynny, pawb tros eu hunain oedd y fargian.

♦ ♦ ♦

Eisteddodd y tri yn y wagan yn methu credu be roeddan nhw newydd ei gyflawni a phob un isio sgrechian a gweiddi 'Iâ hwww' oherwydd y cynnwrf a deimlen nhw.

Eisteddodd Michael Finnley wrth y bar yn gwylio'r teithwyr eraill yn hel eu petha i adael y llong. Daeth y cludwr 'nôl i mewn yn rêl ceiliog dandi i chwilio am yr Eidales hardd, gyda'r gobaith ei bod hi'n dal yno, yn disgwyl amdano.

Gwelodd mai dim ond Mici oedd ar ôl yn eistedd ger y bar. Cododd hwnnw a mynd i'r toiled am bishad cyn gadael. Dilynodd y cludwr o i mewn i'r geudy.

'*So you think I'm chicken do you Mr K.F.C? I don't know who the fuck you are and I don't give a toss either. But I'll tell you one thing for nothing… I don't like your attitude, you Welsh prick.*'

'*You don't have to like me or my attitude, but you can give your father a message from me, you Canvey Island cunt. Tell him we never forget.*'

Ac mi roddodd y peniad gora y medra fo ar draws pont trwyn y cludwr, nes bod y *claret* yn sbowtio dros y drycha a'r walia. Cododd Mici o i fyny gerfydd ei golar.

'*So, you'll remember to tell your old man, won't you… That we Welsh pricks never, ever forget. You got it?*'

'*Yes,*' meddai a'i wynab llawn dryswch ag yn diferu o waed.

'*Say it back to me you sick murderin bastard.*'

Syllodd y cludwr arno gan ddallt fod *Karma* wedi dal i fyny â fo ac wedi ei frathu 'nôl yn galad.

'Say it!'

'You… you'll never ever forget.'

'Good. Now you make sure you tell him and the rest of the maggots.'

Gollyngodd ei golar a gadael.

◆ ◆ ◆

Cidw a Dafydd oedd y rhai cynta allan o'r cwch. Roeddan nhw angan dal y trên o'r harbwr i'r maes awyr yn Nulyn er mwyn dal eu ffleit 'nôl i Lundain, cyfarfod Jiffy, a gwerthu'r cerrig i Ishmael yr Iddew.

Gyrrodd Antonia gyda Carbo yn y wagan i fyny'r allt allan o'r harbwr a dilynwyd hwy gan Mici a Les yn y fan. Mi oedd gofyn iddyn nhw yrru ryw dair milltir i faestref yn Nulyn i le o'r enw Blackrock i gyfarfod â Shaun Cork yn nhafarn O'Donohoes. Hwn oedd y ffarmwr a fu yn ffrind i deulu Bwlch y Gloch ers stalwm stabal ac y fo fyddai'n cymeryd Chief y stalwyn a'r lori oddi ar Antonia am y pris a drefnwyd.

Gwenodd pawb fel giatia ar ei gilydd pan gyrhaeddon nhw faes parcio yr O'Donohoes a cherddodd y pedwar yn un rhes i mewn i'r dafarn. Cododd Shaun Cork ar ei union i gyfarch Toni wrth ei gweld ac aeth yr hogia'n syth at y bar i godi peint.

'Pleasure to see you, me darlin. I take it that you're all grand. How's Gronw, the old fox?'

Cofiodd hitha ei bod wedi anghofio rhoi galwad i ddeud wrtho bod y weithred wedi ei chyflawni.

'You've just reminded me Shaun, I've got to give him a call. Excuse me for a moment.'

Ffendiodd le tawel er mwyn ffonio adra ond toedd dim ateb ar ffôn y tŷ. Rhyfadd 'fyd meddyliodd. Triodd ei alw ar ei ffôn fach, ond doedd dim ateb ar honno chwaith. Lle uffar fedrai o fod yr adag yma o'r nos? Er mai chwartar wedi deg oedd hi, sy'n eitha hwyr i'r hen gradur, mi fyddai bownd o fod yn disgwyl am ei galwad yn eiddgar. Mi benderfynodd ei adael am rŵan a thrio eto yn hwyrach.

Eisteddodd y pedwar efo Shaun wrth y bwrdd cyn codi eu gwydra yn llawn o'r stwff du.

'*Sláinte*,' meddai'r cyfaill Gwyddelig.

'Iechyd da,' meddai'r pedwar a chymeryd jochiad go lew o'r Ginis a gadael hoel mwstásh gwyn uwch eu gwefla. Rhoddodd Shaun ddwy amlen i Toni, un hefo *cheque* am bum mil am yr hen lori geffyla a phedair mil Euro yn y llall am Chief, y stalwyn. Diolchodd iddo, ond fedrai Antonia ddim ymlacio.

'Ti'n iawn?' holodd Mici.

Ysgydwodd ei phen. 'Ches i ddim atab gan dad ym Mwlch y Gloch.'

'Be?'

'Dwi 'di trio ffonio fo a di o'm yn atab. Mae o'n disgwl galwad gynnan ni, yn dydi? Mae'n rhaid ei fod yn torri ei fol isio gwbod sut aeth hi. Ti'n gwbod sut mae o.'

'Ia, ti'n iawn.'

'Yli, well i mi fynd allan i jecio Chief a 'na i drio fo eto, iawn. Deud wrth yr hogia, nei di?'

Ffarweliodd â'i ffrind pedair coes bora oes am y tro ola, ond roedd rwbath elwach ar flaen ei meddwl. Triodd ffonio ei thad unwaith yn rhagor, ond chafodd hi ddim atab. Teimlai yn ei dŵr fod rwbath o'i le. Meddyliodd am roi galwad i'w brawd rhag ofn ei fod o wedi clywad rwbath, ond be fyddai'r pwynt poeni pen hwnnw.

Daeth Carbo allan a gweld bod golwg bryderus iawn ar Antonia wrth ddal y ffôn wrth ei chlust. Doedd dal dim ateb.

'Ffyc sêcs, lle mae o Carbo? Mae 'na rwbath yn bod, dwi'n deud 'tha chdi.'

'Hei, hei, cŵl hed ŵan. Yli dyro 'chydig o amsar iddo fo, ella fod o wedi mynd allan am awyr iach.'

'Na, neu fysa fo'n clywad y gloch sy tu allan i'r tŷ, yn bysa? Maen nhw'n gallu clywad honno'n canu o Talmynydd!'

Daeth Shaun Cork i ddeud ei fod yn amsar iddo adael gan fod ganddo siwrnai hir 'nôl adra i Ballybunion.

Adra oedd y gair mwya ym mhen Toni ar hyn o bryd. Teimlai yn fwy gofidus bob eiliad ac ar ôl ffarwelio efo'r Gwyddal, fe alwodd hitha gyfarfod wrth fwrdd y dafarn i drafod petha. Dywedodd Mici yn bwyllog efallai fod Gronw yn cysgu'n sownd a'i fod yn methu clywed y ffôn. Ond gwrthododd Toni unrhyw eglurhad. Doedd hyn ddim yn gneud sens o gwbwl iddi hi. Mi oedd hi'n gwybod yn ei chalon y bysa fo yno o flaen y bwrdd derw bron â drysu yn disgwyl i'r ffôn ganu.

◆ ◆ ◆

Roedd sŵn bipian peirianna meddygol a lleisia nyrsys i'w clywed ar y ward a Gronw druan erbyn hyn yn eistedd yn un o wlâu yr ysbyty. Y peth calla wnaeth o oedd ffonio Gwil Posman a gofyn iddo fynd â fo yno. Wedi iddo ga'l pigiad go hegar a chyffuria at y boen, daeth ato'i hun yn go lew. Wedi dychryn oedd o'n fwy na dim ac yn meddwl yn siŵr ei fod o'n ca'l hartan! Gofynnodd i Gwil estyn am ei ffôn fach o bocad ei gôt. Gwelodd iddo fethu sawl galwad gan ei ferch. Cymrodd lymad o ddŵr ac er ei fod yn teimlo 'chydig bach yn benysgafn, mi alwodd hi 'nôl yn syth.

◆ ◆ ◆

Cododd yr awyren o faes awyr Dulyn fel wennol uwch y ddrycin. Gwenodd Dafydd Aldo a Cidw fel dau jeshyr cat ar ei gilydd. Teimlai Dafydd fod y baich wedi ei godi o'i ysgwydda o'r diwedd wrth hedfan uwchben y bwcad rhwd a'i gadael am y tro ola ac am byth. Roedd ar ben ei ddigon ac erbyn bora dydd Mawrth, bydda'r criw i gyd tua deugian mil o bunnoedd yn gyfoethocach a'r ddyled front honno wedi ei thalu'n ôl o'r diwedd. Fedrai o ddim aros i fynd ar ei wylia hefo Jiffy a chael gloddesta dan yr haul tanbaid a charu'n dyner yn awelon mwyn y nos.

◆ ◆ ◆

Mi aeth gwep Antonia yn wyn fel y galchen pan glywodd lais cryg ei thad,

'Ydach chi i gyd yn iawn 'y ngenath i?'

'Blydi hel Dad, ydach chi'n iawn ydi'r cwestiwn. A lle 'da chi wedi bod tan rŵan?'

'Aeth pob dim yn iawn? Ddalioch chi'r mellt?'

'Do,' ond doedd dim affliw o otsh ganddi am hynny rŵan. 'Da chi'n swnio'n uffernol, be sydd?'

'O 'di ca'l 'chydig o annwyd ar 'y mrest dwi, 'na'r cwbwl 'y mach i.'

'Peidiwch â deud clwydda!'

Mi gipiodd Gwil Posman y ffôn o'i law a deud bod ei thad wedi ca'l pwl o *angina*.

Mi aeth eu gobeithion o ga'l parti i ddathlu eu llwyddiant y noson honno yn yr O'Dohonoes yn syth i lawr y swani, gan fod Toni yn ysu am ddal y cwch cynta y medrai hi 'nôl adra i weld ei thad. Mi ffendiodd Mici ar intyrnet ei ffôn fod 'na gatamaran yn gadael Dún Loaghaire mewn 'chydig oria a bydda honno llawer yn gynt yn croesi drosodd na'r *Celtic Pride* ac felly mi gleciodd pawb eu peintia, heblaw am Les oedd wedi ordro lwmp o stêcsan, tships, pys, *onion rings a griddled tomotoes* iddo'i hun a *cheese cake* hefo *choclate ice cream* ar yr ochor yn bwdin. Gadawodd y tri arall ar ras 'nôl am yr harbwr er mwyn i Toni ddal y catamaran 'nôl i weld ei thad. Mi fyddai Les, Carbo a Mici yn gwerthu y fan yn Nulyn fel yr oeddan nhw wedi trefnu gwneud ac yn hedfan i Gaerdydd fora trannoeth.

Ar ôl cyrraedd yr harbwr camodd Carbo allan o'r fan gyda'i fag.

'Lle ti'n mynd, Carbo?' holodd Toni.

'Hefo chdi, 'te.'

'Sdim isio chdi, siŵr. Dos di at yr hogia, 'da chi'n haeddu sesh heno.'

'Na, mae'n iawn, siŵr.'

Teimlodd hitha ryddhad enfawr o ga'l ei gwmni.

'Fydd bob dim yn hyncidori, gei di weld,' meddai Mic wrth ei chofleidio. 'Ffonia fi pan gyrhaeddwch i ddeud sut mae o, iawn.'

Gadawodd Antonia a Carbo wrth ddrws *departures* yr harbwr.

◆ ◆ ◆

Mi oedd 'na weiddi mawr ar ward yr ysbyty a phawb yn edrych i gyfeiriad gwely Gronw wrth iddo ddiawlio Gwil Posman am ei sbragio.

'Be ddiawl ddoth dros dy ben di? Dim dy le di oedd deud wrthi. Isio chdi gadw dy hen drwyn main allan o 'musnas i oedd, y gwenci uffar!'

Daeth un o'r nyrsys draw i ddeud wrthynt dawelu ac esbonio nad oedd gwylltio fel hyn yn gneud unrhyw les i'w flydpreshyr o gwbwl, nac i'w galon o chwaith. Chwara teg i Gwil Posman, mond trio meddwl am iechyd Gronw oedd o, a toedd ganddo fo ddim abadeia be oedd y sefyllfa. Ond mi gafodd ei hel adra gan y nyrs.

◆ ◆ ◆

Siglodd y môr y llong ar ei chrud. Cysgodd Antonia ar draws y seti a'i phen ar benglinia Carbo. Gwnaeth glustog iddi o'i jaced ledar a'i dal yn saff yn ei freichia dros y tonna nôl i Gaergybi.

◆ ◆ ◆

Fel roedd hi'n dechra dyddio, gyrrodd Cidw a Dafydd Aldo drwy strydoedd Llundain. Roedd y Ci Du a Dafydd yn hapus eu calonna ond wedi blino digon i fedru cysgu ar big ceiliog. Matar bach fyddai mynd â'r cerrig draw at Ishmael y torrwr, iddo ynta ga'l golwg iawn arnyn nhw. Ond y cwbwl roedd Dafydd isio'i wneud oedd neidio i mewn i wely cynnes clyd i swatio a chysgu'n braf ym mreichia ei gariad.

◆ ◆ ◆

Roedd hwylia pen-i-gamp ar Gronw pan gyrhaeddodd y ddau forwr yr ysbyty a fynta yn eistedd ar erchwyn y gwely yn methu aros i ga'l mynd adra. Cydiodd Toni am ei thad yn dynn ond toedd o ddim isio ffys o gwbwl, na neb i yngan gair wrth ei brawd am y trip a gafodd i'r ysbyty. Y cwbwl roedd o isio gneud oedd ca'l mynd adra i Fwlch y Gloch ac wedyn câi o'r hanas i gyd ganddyn nhw. Ratlodd yr holl dabledi yn ei bocedi wrth iddo adael y sglyfath lle.

♦ ♦ ♦

Roedd ogla'r barlys o fragdy *Brains* yn hongian yn felys uwch afon Taf a chroesawyd Michael Finnley megis brenin coll gan ei wraig a'i blantos y bora hwnnw. Ond chafodd Les fawr o risepshon gan Meri Jên i ddechra arni, ond buan iawn y meiriolodd honno wrth iddi ei weld yn eistedd o flaen y gas ffeiar unwaith eto, yn brysur mynd drwy bacad cyfa o jinjr nyts ac yn gwrthod rhannu briwsionyn o'i fisgets hefo Shandi a Bentli y cŵn iap iap.

'O'n i 'di dechra meddwl na fyswn i byth yn dy weld di eto.'

'Fuas i 'mond ffwr am ffiw *days,* Mam!'

'Wel oedd o'n teimlo fel ityrnyti i mi, Leswold bach. Ond dwi mor falch bo chdi adra yn saff and sownd yn littyl soldiyr i.' Cofleidiodd ei mab mabwysiedig.

'Arglwydd mawr! Dorwch gora iddi wir Dduw.'

♦ ♦ ♦

Gwirionodd Ishmael ei ben yn lân pan welodd y cerrig a threfnwyd pris amdanynt yn y fan a'r lle gan Cidw a Jiffy. Tra bydda Cidw a Dafydd yn dal fyny â chwsg, Jiffy fydda'n dod i nôl y taliad yn hwyrach y prynhawn hwnnw, wedi i'r Iddew craff ga'l cyfla i godi'r arian sychion iddynt. Mi aeth Cidw draw at y Golden Lion a thaflu ceinioga at ffenast stafall wely Barbara y Landledi i'w deffro fel y câi ynta fwytha ganddi unwaith eto.

Cafodd Gronw yr holl hanes gan Toni a Carbo wrth iddynt ddynesu at Fwlch y Gloch. Udodd Ffred y ci ei groeso wrth eu gweld yn dod dros y bryncyn. Un cam i ffwrdd oedd y ci hwn cyn y medrai gynnal sgwrs gyda nhw, yn ôl Gronw. Ac ar ôl bechdan wy wedi ffrio a phanad, mi drodd pawb am eu gwlâu. Eisteddodd Carbo ar ochor y gwely yn y llofft sbâr i dynnu ei ddillad. Teimlodd lwmpyn ym mhocad fach ei jîns a thynnodd y deimond allan. Gwenodd iddo'i hun. Roedd o wedi anghofio popeth amdani yng nghanol bob dim. Daliodd hi'n dynn yng nghledr ei law dan wenu a tharo'i ben ar y glustog.

◆ ◆ ◆

Wrth i'r holl griw roi eu penna i lawr yn haeddiannol, aeth Jiffy i nôl dau gant wyth deg mil o bunnoedd oddi wrth yr Iddew, cyn gadael mewn tacsi am Gatwick heb edrych yn ôl...